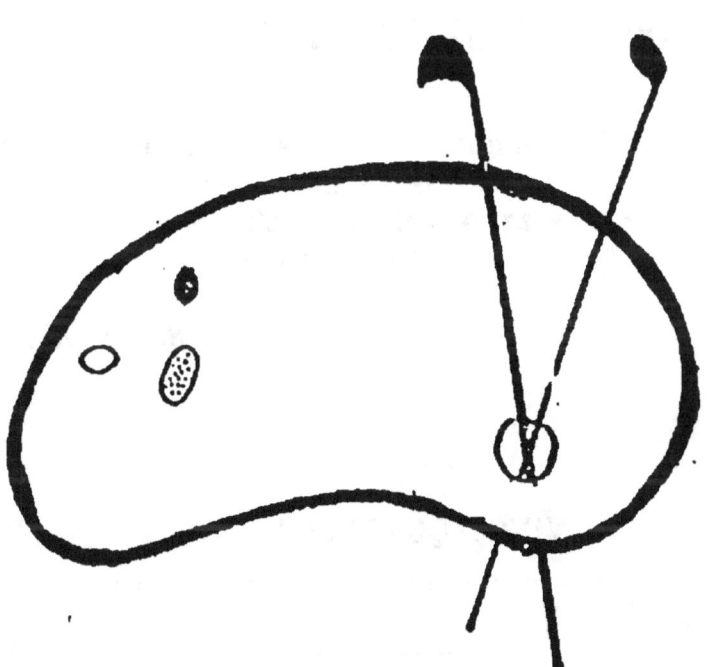

DEBUT D'UNE SERIE DE DOCUMENTS
EN COULEUR

LÉON DENIS

APRÈS LA MORT

EXPOSÉ DE LA DOCTRINE DES ESPRITS

SOLUTION SCIENTIFIQUE ET RATIONNELLE DES PROBLÈMES
DE LA VIE ET DE LA MORT
NATURE ET DESTINÉE DE L'ÊTRE HUMAIN
LES VIES SUCCESSIVES

Semper ascendens.

VINGT-QUATRIÈME MILLE
NOUVELLE ÉDITION REVUE ET AUGMENTÉE

PARIS
LIBRAIRIE DES SCIENCES PSYCHIQUES
42, RUE SAINT-JACQUES, 42
1909

LIBRAIRIE DES SCIENCES PSYCHIQUES
42, RUE SAINT-JACQUES. — PARIS

EXTRAIT DU CATALOGUE

LÉON DENIS. — *Christianisme et Spiritisme*, un vol. in-12, 418 pages, 6° mille 2 50
— *Dans l'Invisible (Spiritisme et Médiumnité)* un vol. in-12, de 466 pages, 5° mille 2 50
— *Le Problème de l'Être et de la Destinée*, in-12, de 540 pages, 5° mille 2 50
— *Pourquoi la Vie ?* In-18 de 48 pages, 91° mille... » 10

GABRIEL DELANNE. — *Le Spiritisme devant la Science*, 1 vol. 3 50
— *Le Phénomène spirite*, 1 vol. .... 2 »
— *L'Évolution animique*, 1 vol. 3 50
— *L'Âme est immortelle*, 1 vol. 3 50
— *Recherches sur la Médiumnité*, 1 vol. 3 50
METZGER. — *Essai de Spiritisme scientifique*, 1 vol. 2 50
— *Autour « des Indes à la planète Mars »*, 1 vol. .. 1 50
L. GARDY. — *Cherchons !* 1 vol. .... 2 »
— *Le Médium Home*, 1 vol. .... 1 »
Colonel de ROCHAS. — *Extériorisation de la Sensibilité*, 1 vol. .... 7 »
— *Extériorisation de la Motricité*, 1 vol. .... 8 »
W. CROOKES. — *Recherches sur le Spiritualisme*, 1 vol. 3 50
AKSAKOF. — *Animisme et Spiritisme*, 1 vol. ...... 10 »
RUSSELL WALLACE. — *Les Miracles et le Moderne Spiritualisme*, 1 vol. .... 5 »
D' PAUL GIBIER. — *Spiritisme ou fakirisme occidental*, 1 vol. 3 50
D' E. GYEL. — *L'Être subconscient*, 1 vol. ...... 4 »
H. CONSTANT. — *Le Christ, le Christianisme et la Religion de l'avenir*, 1 vol. 3 50
ED. GRIMARD. — *Une Échappée sur l'Infini*. 1 vol. 3 50
E. d'ESPERANCE. — *Au Pays de l'Ombre*, 1 vol. 4 »
M. SAGE. — *Madame Piper*, 1 vol. 3 50
M. de KOMAR. — *A travers l'Invisible*, 1 vol. .... 2 »
Compte rendu du Congrès spirite et spiritualiste international de 1900, 1 vol. .... 5 »

TOURS. — IMPRIMERIE. E. ARRAULT ET Cie.

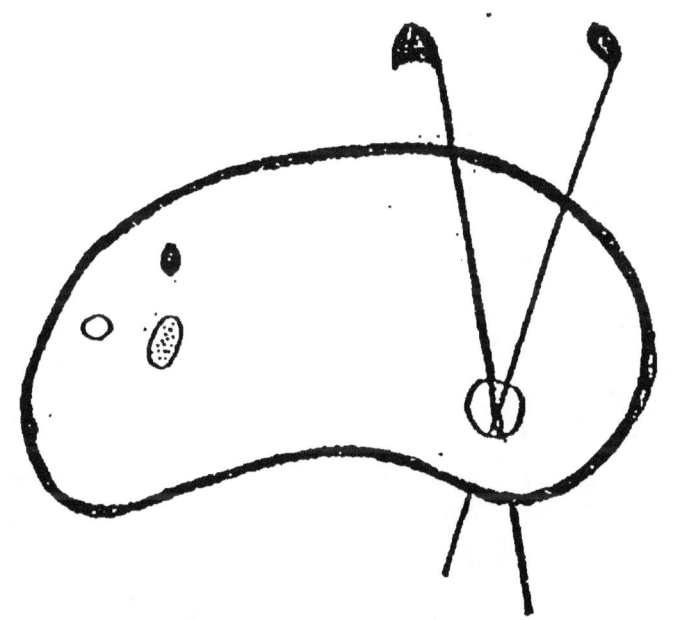

FIN D'UNE SERIE DE DOCUMENTS
EN COULEUR

APRÈS LA MORT

DU MÊME AUTEUR

(Même librairie)

Christianisme et Spiritisme. Les vicissitudes de l'Évangile ; la doctrine secrète du Christianisme ; relations avec les esprits des morts ; la nouvelle révélation. Un vol. in-12 (6ᵉ mille) 2 50

Dans l'Invisible, Spiritisme et Médiumnité. Traité de spiritualisme expérimental ; les faits et les lois. Un vol. in-12 (5ᵉ mille)........................ 2 50

Pourquoi la vie ? Ce que nous sommes ; d'où nous venons ; où nous allons. Brochure de propagande, in-18 de 48 pages (91ᵉ mille)................. 0 10

Le Problème de l'Être et de la Destinée. Études expérimentales sur les aspects ignorés de l'être humain. Les doubles personnalités ; la conscience profonde ; rénovation de la mémoire des vies antérieures. Un vol. in-12 (5ᵉ mille) 2 50

LÉON DENIS

APRÈS LA MORT

EXPOSÉ DE LA DOCTRINE DES ESPRITS

SOLUTION SCIENTIFIQUE ET RATIONNELLE DES PROBLÈMES
DE LA VIE ET DE LA MORT
NATURE ET DESTINÉE DE L'ÊTRE HUMAIN
LES VIES SUCCESSIVES

Semper ascendens.

VINGT-QUATRIÈME MILLE
NOUVELLE ÉDITION REVUE ET AUGMENTÉE

PARIS
LIBRAIRIE DES SCIENCES PSYCHIQUES
42, RUE SAINT-JACQUES, 42
—
1909

Aux nobles et grands Esprits qui m'ont révélé le mystère auguste de la destinée, la loi de progrès dans l'immortalité, dont les enseignements ont raffermi en moi le sentiment de la justice, l'amour de la sagesse, le culte du devoir, dont les voix ont dissipé mes doutes, apaisé mes soucis ; aux âmes généreuses qui m'ont soutenu dans la lutte, consolé dans l'épreuve, qui ont élevé ma pensée jusqu'aux hauteurs lumineuses où siège la vérité, je dédie ces pages.

INTRODUCTION

J'ai vu, couchées dans leurs linceuls de pierre ou de sable, les villes fameuses de l'antiquité, Carthage, aux blancs promontoires, les cités grecques de la Sicile, la campagne de Rome, avec ses aqueducs brisés et ses tombeaux ouverts, les nécropoles qui dorment leur sommeil de vingt siècles sous la cendre du Vésuve. J'ai vu les derniers vestiges de cités anciennes, autrefois fourmilières humaines, aujourd'hui ruines désertes que le soleil d'Orient calcine de ses brûlantes caresses.

J'ai évoqué les multitudes qui s'agitèrent et vécurent en ces lieux ; je les ai vues défiler devant ma pensée, avec les passions qui les consumèrent, leurs haines, leurs amours, leurs ambitions évanouies, leurs triomphes et leurs revers, fumées emportées par le souffle des temps. Et je me suis *dit : Voilà ce que deviennent les grands peuples, les capitales géantes : quelques pierres amoncelées, des tertres mornes, des sépultures ombragées de maigres végétaux, dans les rameaux desquels le vent du soir jette sa plainte. L'histoire a enregistré les vicissitudes de leur existence, leurs grandeurs passagères, leur chute finale, mais la terre a tout enseveli. Combien d'autres dont les noms mêmes sont inconnus ; combien de villes, de races, de civilisations gisent à jamais sous la nappe profonde des eaux, à la surface des continents engloutis !*

Et je me demandais pourquoi cette agitation des peuples de la terre, pourquoi ces générations se succédant comme les couches de sable apportées incessamment par le flot pour recouvrir les couches qui les ont précédées ; pourquoi ces travaux, ces luttes, ces souffrances, si tout doit aboutir au sépulcre. Les siècles, ces minutes de l'éternité, ont vu passer nations et royaumes, et rien n'est resté debout. Le sphinx a tout dévoré.

Où va donc l'homme dans sa course ? Au néant ou à une lumière inconnue ? La nature souriante, éternelle, encadre de ses splendeurs les tristes débris des empires. En elle, rien ne meurt que pour renaître. Des lois profondes, un ordre immuable président à ses évolutions. L'homme, avec ses œuvres, est-il seul destiné au néant, à l'oubli ?

L'impression produite par le spectacle des cités mortes, je l'ai retrouvée plus poignante devant la froide dépouille de mes proches, de ceux qui partagèrent ma vie.

Un de ceux que vous aimez va mourir. Penché vers lui, le cœur serré, vous voyez s'étendre lentement sur ses traits l'ombre de l'au-delà. Le foyer intérieur ne jette plus que de pâles et tremblantes lueurs ; le voilà qui s'affaiblit encore, puis s'éteint. Et maintenant, tout ce qui, en cet être, attestait la vie, cet œil qui brillait, cette bouche qui proférait des sons, ces membres qui s'agitaient, tout est voilé, silencieux, inerte. Sur cette couche funèbre, il n'y a plus qu'un cadavre ! Quel homme ne s'est demandé l'explication de ce mystère et, pendant la veillée lugubre, dans ce tête à tête solennel avec la mort, a pu ne pas songer à ce qui l'attend lui-même ? Ce problème nous intéresse tous, car tous nous subirons la loi. Il nous importe de savoir si, à cette heure, tout est fini, si la mort n'est qu'un morne repos dans l'anéantissement ou, au contraire, l'entrée dans une autre sphère de sensations.

Mais partout des problèmes se dressent. Partout, sur le vaste théâtre du monde, disent certains penseurs, la souffrance règne en souveraine, *partout l'aiguillon du besoin et de la douleur stimule la ronde effrénée, le branle terrible de la vie et de la mort. De toute part s'élève le cri d'angoisse de l'être se précipitant dans la voie qui mène à l'inconnu. Pour lui, l'existence ne semble qu'un perpétuel combat ; la gloire, la richesse, la beauté, le talent, des royautés d'un jour. La mort passe, elle fauche ces fleurs éclatantes et ne laisse que des tiges flétries. La mort est le point d'interrogation sans cesse posé devant nous, la première des questions à laquelle se rattachent des questions sans nombre, dont l'examen a fait la préoccupation, le désespoir des âges, la raison d'être d'une foule de systèmes philosophiques.*

Malgré ces efforts de la pensée, l'obscurité pèse encore sur nous. Notre époque s'agite dans les ténèbres et dans le vide, et cherche, sans le trouver, un remède à ses maux. Les progrès matériels sont immenses, mais, au sein des richesses accumulées par la civilisation, on peut encore mourir de privation et de misère. L'homme n'est ni plus heureux, ni meilleur. Au milieu de ses rudes labeurs, aucun idéal élevé, aucune notion claire de la destinée ne le soutient plus ; de là, ses défaillances morales, ses excès, ses révoltes. La foi du passé s'est éteinte ; le scepticisme, le matérialisme l'ont remplacée, et, sous leurs souffles, le feu des passions, des appétits, des désirs a grandi. Des convulsions sociales nous menacent.

Parfois, tourmenté par le spectacle du monde et les incertitudes de l'avenir, l'homme lève ses regards vers le ciel et lui demande la vérité. Il interroge silencieusement la nature et son propre esprit. Il demande à la science ses secrets, à la religion ses enthousiasmes. Mais la nature lui semble muette, et les réponses du savant et du prêtre ne suffisent pas à sa raison et à son cœur. Pourtant, il est une solution à ces problèmes, une solution plus grande, plus rationnelle, plus consolante que toutes celles offertes par les doctrines et les philosophies du jour, et cette solution repose sur les bases les plus solides qu'on puisse concevoir : le témoignage des sens et l'expérience de la raison.

Au moment même où le matérialisme a atteint son apogée et répandu partout l'idée du néant, une science, une croyance nouvelle, appuyée sur des faits, apparaît. Elle offre à la pensée un refuge où celle-ci trouve enfin la connaissance des lois éternelles de progrès et de justice. Une floraison d'idées que l'on croyait mortes, et qui sommeillaient seulement, se produit et annonce un renouveau intellectuel et moral. Des doctrines, qui furent l'âme des civilisations passées, reparaissent sous une forme agrandie, et de nombreux phénomènes, longtemps dédaignés, mais dont certains savants entrevoient enfin l'importance, viennent leur offrir une base de démonstration et de certitude. Les pratiques du magnétisme, de l'hypnotisme, de la suggestion; plus encore, les études de Crookes, R. Wallace, Lodge, Aksakof, Paul Gibier, A. de Rochas, Myers, Lombroso, etc., sur des faits d'ordre psychique, fournissent de nouvelles données pour la solution du grand problème. Des perspectives s'ouvrent, des formes d'existence se révèlent dans des milieux où l'on ne songeait plus à les observer. Et de ces recherches, de ces études, de ces découvertes se dégagent une conception du monde et de la vie, une connaissance des lois supérieures, une affirmation de la justice et de l'ordre universels, bien faites pour éveiller dans le cœur de l'homme, avec une foi plus ferme et plus éclairée en l'avenir, un sentiment profond de ses devoirs, un réel attachement pour ses semblables, capables de transformer la face des sociétés.

C'est cette doctrine que nous offrons aux chercheurs de tous ordres et de tous rangs. Elle a déjà été divulguée en de nombreux volumes. Nous avons cru devoir la résumer en ces pages, sous une forme différente, à l'intention de ceux qui sont las de vivre en aveugles, en s'ignorant eux-mêmes, de ceux que ne satisfont plus les œuvres d'une civilisation matérielle et toute de surface et aspirent à un ordre de choses plus élevé. C'est surtout pour vous, fils et filles du peuple, travailleurs dont la route est âpre, l'existence difficile, pour qui le ciel est plus noir, plus froid le vent de l'adversité ; c'est pour vous que ce livre a été écrit. Il ne vous apporte pas toute la science, — le cerveau humain ne saurait la contenir, — mais il peut être un degré de plus vers la vraie lumière. En vous prouvant que la vie n'est pas une ironie du sort, ni le résultat d'un stupide hasard, mais la conséquence d'une loi juste et équitable; en vous ouvrant les perspectives radieuses de l'avenir, il fournira un mobile plus noble à vos actions, il fera luire un rayon d'espérance dans la nuit de vos incertitudes, il allégera le fardeau de vos épreuves et vous apprendra à ne pas trembler devant la mort. Ouvrez-le avec confiance, lisez-le avec attention, car il émane d'un homme qui, par-dessus tout, veut votre bien.

Parmi vous, beaucoup peut-être rejetteront nos conclusions; un petit nombre seulement les acceptera. Qu'importe ! Nous ne cherchons pas le succès. Un seul mobile nous inspire : le respect, l'amour de la vérité. Une seule ambition nous anime : Nous voudrions, lorsque notre enveloppe usée retournera à la terre, que notre esprit immortel peut se dire : *Mon passage ici-bas n'aura pas été stérile, si j'ai contribué à apaiser une seule douleur, à éclairer une seule intelligence en quête du vrai, à réconforter une âme chancelante et attristée.*

APRÈS LA MORT

PREMIÈRE PARTIE

CROYANCES ET NÉGATIONS

I. — Les Religions. La Doctrine secrète.

Lorsqu'on jette un regard d'ensemble sur le passé, que l'on évoque le souvenir des religions disparues, des croyances éteintes, on est saisi d'une sorte de vertige à l'aspect des voies sinueuses parcourues par la pensée humaine. Lente est sa marche. Elle semble d'abord se complaire dans les cryptes sombres de l'Inde, les temples souterrains de l'Égypte, les catacombes de Rome, le demi-jour des cathédrales ; elle semble préférer les lieux obscurs, l'atmosphère lourde des écoles, le silence des cloîtres à la lumière du ciel, aux libres espaces, en un mot à l'étude de la nature.

Un premier examen, une comparaison superficielle des croyances et des superstitions du passé conduit inévitablement au doute. Mais, si l'on écarte le voile extérieur et brillant qui cachait à la foule les grands mystères, si l'on pénètre dans le sanctuaire de l'idée religieuse, on se trouve en présence d'un fait d'une portée considérable. Les formes matérielles, les cérémonies des cultes avaient pour but de frapper l'imagination du peuple. Derrière ces voiles, les religions anciennes apparaissaient sous un tout autre aspect ; elles revêtaient un caractère grave, élevé, à la fois scientifique et philosophique. Leur enseignement était double : extérieur et public, d'une part ; intérieur et secret, de l'autre, et, dans ce cas, réservé aux seuls initiés. Celui-ci a pu être reconstitué récemment, à la suite de patientes études et de nombreuses découvertes épigraphiques (1). Depuis lors, l'obscurité et la confusion qui régnaient dans les questions religieuses se sont dissipées, l'harmonie s'est faite avec la lumière. On a acquis la preuve que tous les enseignements religieux du passé se relient, qu'une seule et même doctrine se retrouve à leur base, doctrine transmise d'âge

---

(1) Voir Max Müller, *Essais sur l'histoire des religions* ; St-Yves d'Alveydre, *la Mission des Juifs* ; Ed. Schuré, *les Grands Initiés.*

en âge à une longue suite de sages et de penseurs.

Toutes les grandes religions ont eu deux faces, l'une apparente, l'autre cachée. En celle-ci est l'esprit; dans celle-là, la forme ou la lettre. Sous le symbole matériel, le sens profond se dissimule. Le brahmanisme dans l'Inde, l'hermétisme en Égypte, le polythéisme grec, le christianisme lui-même, à son origine, présentent ce double aspect. Les juger par leur côté extérieur et vulgaire, c'est juger la valeur morale d'un homme d'après ses vêtements. Pour les connaître, il faut pénétrer la pensée intime qui les inspire et fait leur raison d'être; du sein des mythes et des dogmes, il faut dégager le principe générateur qui leur communique la force et la vie. Alors on découvre la doctrine unique, supérieure, immuable, dont les religions humaines ne sont que des adaptations imparfaites et transitoires, proportionnées aux besoins des temps et des milieux.

On se fait, à notre époque, une conception de l'univers, une idée de la vérité, absolument extérieures et matérielles. La science moderne, dans ses investigations, s'est bornée à accumuler le plus grand nombre de faits, puis à en dégager les lois. Elle a obtenu ainsi de merveilleux résultats; mais, à ce compte, la connaissance des principes supérieurs et des causes premières lui restera à jamais inaccessible. Les causes secondes, elles-mêmes, lui échappent. Le domaine invisible de la vie est plus vaste que celui qui est embrassé par nos sens; là, règnent ces causes, dont nous voyons seulement les effets.

L'antiquité avait une tout autre manière de voir et de procéder. Les sages de l'Orient et de la Grèce ne dédaignaient pas d'observer la nature extérieure, mais c'est surtout dans l'étude de l'âme, de ses puissances intimes, qu'ils découvraient les principes éternels. L'âme était pour eux comme un livre, où s'inscrivent en caractères mystérieux toutes les réalités et toutes les lois. Par la concentration de leurs facultés, par l'étude méditative et profonde de soi-même, ils s'élevaient jusqu'à la Cause sans cause, jusqu'au Principe d'où dérivent les êtres et les choses. Les lois innées de l'intelligence leur expliquaient l'ordre et l'harmonie de la nature, comme l'étude de l'âme leur donnait la clef des problèmes de la vie.

L'âme, croyaient-ils, placée entre deux mondes, le visible et l'occulte, le matériel et le spirituel, les observant, les pénétrant tous les deux, est l'instrument suprême de la connaissance. Suivant son degré d'avancement et de pureté, elle reflète avec plus ou moins d'intensité les rayons du foyer divin. La raison et la conscience ne guident pas seulement nos jugements et nos actes; ce sont aussi les moyens les plus sûrs pour acquérir et posséder la vérité.

La vie entière des initiés était consacrée à ces recherches. On ne se bornait pas, comme de nos jours, à préparer la jeunesse par des études hâtives, insuffisantes, mal digérées, aux luttes et aux devoirs de l'existence. Les adeptes étaient choisis, préparés dès l'enfance à la carrière qu'ils devaient fournir, puis entraînés graduellement vers les sommets intellectuels d'où l'on peut dominer et juger la vie. Les principes de la science secrète leur étaient communiqués dans une mesure proportionnée au développement de leur intelligence et de leurs qualités morales. L'initiation était une refonte complète du caractère, un réveil des facultés endormies. L'adepte ne participait aux grands mystères, c'est-à-dire à la révélation des lois supérieures, que lorsqu'il avait su éteindre en lui le feu des passions, comprimer les désirs impurs, orienter les élans de son être vers le Bien et le Beau. Il entrait alors en possession de certains pouvoirs sur la nature et communiquait avec les puissances occultes de l'univers.

Les témoignages de l'histoire touchant Apollonius de Tyane et Simon le Mage, les faits, prétendus miraculeux, accomplis par Moïse et le Christ, ne laissent subsister aucun doute sur ce point. Les initiés connaissaient le secret des forces fluidiques et magnétiques. Ce domaine, peu familier aux savants de nos jours, à qui les phénomènes du somnambulisme et du psychisme semblent inexplicables et au milieu desquels ils se débattent, dans leur impuissance à les concilier avec des théories préconçues (1), ce domaine, la science orientale des sanctuaires l'avait exploré et en possédait toutes les clefs. Elle y trouvait des moyens d'action, devenus incompréhensibles pour le vulgaire, mais dont les phénomènes du spiritisme nous fourniraient aisément l'explication. Dans ses expériences physiologiques, la science contemporaine est arrivée au seuil de ce monde occulte connu des anciens et que régissent des lois rigoureuses. Jusqu'ici, elle n'a pas osé y pénétrer franchement ; mais le jour est proche où la force des choses et l'exemple des audacieux l'y contraindront. Alors elle reconnaîtra qu'il n'y a là rien de surnaturel, mais, au contraire, un côté ignoré de la nature, une manifestation des forces subtiles, un aspect nouveau de la vie qui remplit l'infini.

Si, du domaine des faits, nous passons à celui des principes, nous aurons tout d'abord à retracer les grandes lignes de la doctrine secrète. D'après elle, la vie n'est que l'évolution, dans le temps et dans l'espace, de l'esprit, seule réalité permanente. La matière est son expression inférieure, sa forme changeante. L'Être par excellence, source de tous les êtres, est

---

(1) Voir *la Suggestion mentale*, d'Ochorowitz.

Dieu, à la fois triple et un, essence, substance et vie, en qui se résume tout l'univers. De là, le déisme trinitaire qui, de l'Inde et de l'Égypte, est passé, travesti, dans la doctrine chrétienne : celle-ci, des trois éléments de l'être, a fait des personnes. L'âme humaine, parcelle de la grande âme, est immortelle. Elle progresse et remonte vers son auteur à travers des existences nombreuses, alternativement terrestres et spirituelles, et par un perfectionnement continu. Dans ses incarnations corporelles, elle constitue l'homme, dont la nature ternaire, corps, périsprit et âme, devient un microcosme ou petit monde, image réduite du macrocosme ou Grand Tout. C'est pourquoi nous pouvons retrouver Dieu au plus profond de notre être, en nous interrogeant dans la solitude, en étudiant et en développant nos facultés latentes, notre raison et notre conscience. La vie universelle a deux faces : l'involution, ou descente de l'esprit dans la matière par la création individuelle, et l'évolution, ou ascension graduelle par la chaîne des existences, vers l'Unité divine.

A cette philosophie se rattachait tout un faisceau de sciences : la science des nombres ou mathématiques sacrées, la théogonie, la cosmogonie, la psychologie, la physique. En elles, la méthode inductive et la méthode expérimentale se combinaient et se contrôlaient de façon à former un ensemble imposant, un édifice de proportions harmoniques.

Cet enseignement ouvrait à la pensée des perspectives capables de donner le vertige aux esprits mal préparés. Aussi le réservait-on aux forts. Si la vue de l'infini trouble et affole les âmes débiles, elle fortifie et grandit les vaillants. Dans la connaissance des lois supérieures, ils puisent la foi éclairée, la confiance en l'avenir, la consolation dans le malheur. Cette connaissance rend bienveillant pour les faibles, pour tous ceux qui s'agitent encore dans les cercles inférieurs de l'existence, victimes des passions et de l'ignorance. Elle inspire la tolérance pour toutes les croyances. L'initié savait s'unir à tous et prier avec tous. Il honorait Brahma dans l'Inde, Osiris à Memphis, Jupiter à Olympie, comme des images affaiblies de la Puissance suprême, directrice des âmes et des mondes. Ainsi la vraie religion s'élève au-dessus de toutes les croyances et n'en maudit aucune.

L'enseignement des sanctuaires avait produit des hommes vraiment prodigieux par l'élévation des vues et la puissance des œuvres réalisées, une élite de penseurs et d'hommes d'action, dont les noms se retrouvent à toutes les pages de l'histoire. De là sont sortis les grands réformateurs, les fondateurs de religions, les ardents semeurs d'idées : Krishna, Zoroastre, Hermès, Moïse, Pythagore, Platon, Jésus, tous ceux qui ont voulu mettre à la portée des foules les vérités sublimes qui faisaient leur supériorité. Ils ont jeté aux vents la semence qui féconde les âmes; ils ont promulgué la loi morale, immuable, partout et toujours semblable à elle-même. Mais les disciples n'ont pas su garder intact l'héritage des maîtres. Ceux-ci étant morts, leur enseignement a été dénaturé, rendu méconnaissable par des altérations successives. La moyenne des hommes n'était pas apte à percevoir les choses de l'esprit, et les religions ont vite perdu leur simplicité et leur pureté primitives. Les vérités qu'elles apportaient ont été noyées sous les détails d'une interprétation grossière et matérielle. On a abusé des symboles pour frapper l'imagination des croyants, et bientôt, sous le symbole, l'idée mère a été ensevelie, oubliée. La vérité est comparable à ces gouttes de pluie qui tremblent à l'extrémité d'une branche. Tant qu'elles y restent suspendues, elles brillent comme de purs diamants sous l'éclat du jour; dès qu'elles touchent le sol, elles se mêlent à toutes les impuretés. Tout ce qui nous vient d'en haut se salit au contact terrestre. Jusqu'au sein des temples, l'homme a porté ses passions, ses convoitises, ses misères morales. Aussi, dans chaque religion, l'erreur, cet apport de la terre, se mêle à la vérité, ce bien des cieux.

⁎

On se demande parfois si la religion est nécessaire. La religion (1), bien comprise, devrait être un lien unissant les hommes entre eux et les unissant par une même pensée au principe supérieur des choses.

Il est dans l'âme un sentiment naturel qui la porte vers un idéal de perfection auquel elle identifie le Bien et la Justice. S'il était éclairé par la science, fortifié par la raison, appuyé sur la liberté de conscience, ce sentiment, le plus noble que l'on puisse éprouver, deviendrait le mobile de grandes et généreuses actions; mais, terni, faussé, matérialisé, il est devenu trop souvent, par les soins de la théocratie, un instrument de domination égoïste.

La religion est nécessaire et indestructible, car elle puise sa raison d'être dans la nature même de l'être humain, dont elle résume et exprime les aspirations élevées. Elle est aussi l'expression des lois éternelles, et, à ce point de vue, elle doit se confondre avec la philosophie, qu'elle fait passer du domaine de la théorie à celui de l'exécution, et rend vivante et agissante.

Mais, pour exercer une influence salutaire, pour redevenir un mobile d'élévation et de progrès, la religion doit se dépouiller des travestis-

---

(1) Du latin *religare*, relier, unir.

sements qu'elle a revêtus à travers les siècles. Ce qui doit disparaître, ce n'est pas son principe ; ce sont, avec les mythes obscurs, les formes extérieures et matérielles. Il faut se garder de confondre des choses aussi dissemblables. La vraie religion n'est pas une manifestation extérieure, c'est un sentiment, et c'est dans le cœur humain qu'est le véritable temple de l'Éternel. La vraie religion ne saurait être ramenée à des règles ni à des rites étroits. Elle n'a besoin ni de formules, ni d'images ; elle s'inquiète peu des simulacres et des formes d'adoration, et ne juge les dogmes que par leur influence sur le perfectionnement des sociétés. Elle embrasse tous les cultes, tous les sacerdoces, s'élève au-dessus d'eux et leur dit : La vérité est plus haute que cela !

On doit comprendre cependant que tous les hommes ne sont pas en état d'atteindre ces sommets intellectuels. C'est pourquoi la tolérance et la bienveillance s'imposent. Si le devoir nous convie à détacher les bons esprits des côtés vulgaires de la religion, il faut s'abstenir de jeter la pierre aux âmes souffrantes, éplorées, incapables de s'assimiler des notions abstraites, et qui trouvent, dans leur foi naïve, soutien et réconfort.

Toutefois, on peut constater que le nombre des croyants sincères s'amoindrit de jour en jour. L'idée de Dieu, autrefois simple et grande dans les âmes, a été dénaturée par la crainte de l'enfer; elle a perdu sa puissance. Dans l'impossibilité de s'élever jusqu'à l'absolu, certains hommes ont cru nécessaire d'adapter à leur forme et à leur mesure tout ce qu'ils voulaient concevoir. C'est ainsi qu'ils ont rabaissé Dieu à leur propre niveau, lui prêtant leurs passions et leurs faiblesses, rapetissant la nature et l'univers, et, sous le prisme de leur ignorance, décomposant en couleurs diverses le rayon d'or de la vérité. Les claires notions de la religion naturelle ont été obscurcies à plaisir. La fiction et la fantaisie ont engendré l'erreur, et celle-ci, figée dans le dogme, s'est dressée comme un obstacle sur le chemin des peuples. La lumière a été voilée par ceux qui s'en croyaient les dépositaires, et les ténèbres dont ils voulaient envelopper les autres, se sont faites en eux et autour d'eux. Les dogmes ont perverti le sens religieux, et l'intérêt de caste a faussé le sens moral. De là un amas de superstitions, d'abus, de pratiques idolâtres, dont le spectacle a jeté tant d'hommes dans la négation.

La réaction s'annonce cependant. Les religions immobilisées dans leurs dogmes comme des momies sous leurs bandelettes, alors que tout marche et évolue autour d'elles, étouffées sous leurs enveloppes matérielles, s'affaiblissent chaque jour. Elles ont perdu presque toute influence sur les mœurs et la vie sociale, et sont destinées à mourir; mais, comme toutes choses, les religions ne meurent que pour renaître. L'idée que les hommes se font de la vérité se modifie et s'élargit avec les temps. C'est pourquoi les religions, qui sont des manifestations temporaires, des vues partielles de l'éternelle vérité, doivent se transformer dès qu'elles ont fait leur œuvre et ne répondent plus aux progrès et aux besoins de l'humanité. A mesure que celle-ci avance dans sa voie, il lui faut de nouvelles conceptions, un idéal plus élevé, et elle les trouve dans les découvertes de la science et les intuitions grandissantes de la pensée. Nous sommes arrivés à une heure de l'histoire où les religions vieillies s'affaissent sur leurs bases, où un renouveau philosophique et social se prépare. Le progrès matériel et intellectuel appelle le progrès moral. Un monde d'inspirations s'agite dans les profondeurs des âmes, fait effort pour prendre forme et naître à la vie. Ces deux grandes forces, impérissables comme l'esprit humain, dont elles sont les attributs, le sentiment et la raison, forces jusqu'ici hostiles et qui troublaient la société de leurs conflits, semant partout la discorde, la confusion et la haine, tendent enfin à se rapprocher. La religion doit perdre son caractère dogmatique et sacerdotal pour devenir scientifique ; la science se dégagera des bas-fonds matérialistes pour s'éclairer d'un rayon divin. Une doctrine va surgir, idéaliste dans ses tendances, positive et expérimentale dans sa méthode, appuyée sur des faits indéniables. Des systèmes opposés en apparence, des philosophies contradictoires et ennemies, le spiritualisme et le naturalisme, entre autres, trouveront en elle un terrain de réconciliation. Synthèse puissante, elle embrassera et reliera toutes les conceptions variées du monde et de la vie, rayons brisés, faces diverses de la vérité.

Ce sera la résurrection, sous une forme plus complète, rendue accessible à tous, de cette doctrine secrète qu'a connue le passé, l'avènement de la religion naturelle qui renaîtra simple et pure. Chaque père sera prêtre dans sa famille, enseignera et donnera l'exemple. La religion passera dans les actes, dans le désir ardent du bien; l'holocauste sera le sacrifice de nos passions, le perfectionnement de l'esprit humain. Telle sera la religion supérieure, définitive, universelle, au sein de laquelle se fondront, comme des fleuves dans l'Océan, toutes les religions passagères, contradictoires, causes trop fréquentes de division et de déchirement pour l'humanité.

II. — L'Inde.

Nous avons dit que la doctrine secrète se retrouvait au fond de toutes les grandes religions et dans les livres sacrés de tous les peuples. D'où vient-elle? Quelle est sa source? Quels hommes, les premiers, l'ont conçue, puis transcrite ? Les plus anciennes Écritures sont celles qui resplendissent dans les cieux (1). Ces mondes stellaires qui, à travers les nuits silencieuses, laissent tomber leurs tranquilles clartés, constituent les Écritures éternelles et divines dont parle Dupuis dans son ouvrage sur l'origine des cultes. Les hommes les ont sans doute longtemps consultées avant d'écrire, mais les premiers livres dans lesquels se trouve consignée la grande doctrine sont les Védas. C'est le moule où s'est formée la religion primitive de l'Inde, religion toute patriarcale, simple comme l'existence de l'homme dépourvu de passions, vivant d'une vie sereine et forte, au contact de la nature splendide de l'Orient (2).

Les hymnes védiques égalent en grandeur, en élévation morale, tout ce que le sentiment poétique a engendré de plus beau dans la suite des temps. Ils célèbrent Agni, le feu, symbole de l'Éternel Masculin ou Esprit créateur ; Sômâ, la liqueur du sacrifice, symbole de l'Éternel Féminin, Ame du monde, substance éthérée. Dans leur union parfaite, ces deux principes essentiels

---

(1) Les signes du Zodiaque.
(2) L'âge des Védas n'a pu être établi. Souryo-Shiddanto, astronome hindou dont les observations, contrôlées par la position respective et la marche des étoiles, remontent à cinquante-huit mille ans, parle des Védas comme d'ouvrages déjà vénérables par leur antiquité. (Dr Paul Gibier, *le Fakirisme occidental*, p. 86.)

de l'Univers constituent l'Être suprême, Zyaus ou Dieu.

L'Être suprême s'immole lui-même et se divise pour produire la vie universelle. Ainsi le monde et les êtres, issus de Dieu, retournent à Dieu par une évolution constante. De là, la théorie de la chute et de la réascension des âmes, que l'on retrouve en Occident.

Le sacrifice du feu résume le culte védique. Au lever du jour, le chef de la famille, à la fois père et prêtre, allumait la flamme sacrée sur l'autel de terre, et, avec elle, montait, joyeuse, vers le ciel bleu, la prière, l'invocation de tous à la force unique et vivante que recouvre le voile transparent de la nature.

Pendant que s'accomplit le sacrifice, disent les Védas, les Asouras, ou Esprits supérieurs, et les Pitris, âmes des ancêtres, entourent les assistants et s'associent à leurs prières. Ainsi la croyance aux Esprits remonte aux premiers âges du monde.

- Les Védas affirmaient l'immortalité de l'âme et la réincarnation :

« Il est une partie immortelle de l'homme, c'est elle, ô Agni, qu'il faut échauffer de tes rayons, enflammer de tes feux. — D'où est née l'âme ? Les unes viennent vers nous et s'en retournent ; les autres s'en retournent et reviennent. »

Les Védas sont monothéistes ; les allégories

qu'on y rencontre à chaque page dissimulent à peine l'image de la grande cause première, dont le nom, entouré d'un saint respect, ne pouvait être prononcé sous peine de mort. Quant aux divinités secondaires ou *dévas*, elles personnifiaient les auxiliaires inférieurs de l'Être divin, les forces de la nature et les qualités morales.

De l'enseignement des Védas découlait toute l'organisation de la société primitive, le respect de la femme, le culte des ancêtres, le pouvoir électif et patriarcal. Les hommes vivaient heureux et libres dans la paix.

A l'époque védique, dans la solitude des bois, au bord des fleuves et des lacs, des anachorètes ou *rishis* passaient leurs jours dans la retraite. Interprètes de la science occulte, de la doctrine secrète des Védas, ils possédaient déjà ces mystérieux pouvoirs, transmis de siècle en siècle, et dont jouissent encore les *fakirs* et les *yoguis*. De cette confrérie de solitaires est sortie la pensée créatrice, l'impulsion première qui a fait du Brahmanisme la plus colossale des théocraties.

Krishna, élevé par les ascètes au sein des forêts de cèdres que dominent les cimes neigeuses de l'Himalaya, fut l'inspirateur des croyances hindoues. Cette grande figure apparaît dans l'histoire comme celle du premier des réformateurs religieux, des missionnaires divins. Il renouvela les doctrines védiques, en les appuyant sur l'idée de la Trinité, sur celle de l'âme immortelle et de ses renaissances successives. Après avoir scellé son œuvre de son sang, il quitta la terre, laissant à l'Inde cette conception de l'univers et de la vie, cet idéal supérieur dont elle a vécu pendant des milliers d'années.

Sous des noms divers, cette doctrine s'est répandue sur le monde avec toutes les migrations d'hommes dont la haute région de l'Inde a été la source. Cette terre sacrée n'est pas seulement la mère des peuples et des civilisations ; elle est aussi le foyer des plus grandes inspirations religieuses.

Krishna, entouré d'un groupe de disciples, allait de ville en ville répandre son enseignement :

« Le corps, disait-il (1), enveloppe de l'âme qui y fait sa demeure, est une chose finie, mais l'âme qui l'habite est invisible, impondérable et éternelle.

« Le sort de l'âme après la mort constitue le mystère des renaissances. Comme les profondeurs du ciel s'ouvrent aux rayons des étoiles, ainsi les profondeurs de la vie s'éclairent à la lumière de cette vérité.

« Quand le corps est dissous, lorsque la sagesse a le dessus, l'âme s'envole dans les régions de ces êtres purs qui ont la connaissance du Très-Haut. Lorsque c'est la passion qui domine, l'âme vient de nouveau habiter parmi ceux qui se sont attachés aux

---

(1) *Baghavadgita*, traduction d'Émile Burnouf, C. Schlegel et Wilkins.

choses de la terre. De même, l'âme obscurcie par la matière et l'ignorance, est de nouveau attirée par le corps d'êtres irraisonnables.

« Toute renaissance, heureuse ou malheureuse, est la conséquence des œuvres pratiquées dans les vies antérieures.

« Mais il est un mystère plus grand encore. Pour parvenir à la perfection, il faut conquérir la science de l'Unité, qui est au-dessus de la sagesse; il faut s'élever à l'Être divin qui est au-dessus de l'âme et de l'intelligence. Cet être divin est aussi en chacun de nous :

« *Tu portes en toi-même un ami sublime que tu ne connais pas, car Dieu réside dans l'intérieur de tout homme, mais peu savent le trouver. L'homme qui fait le sacrifice de ses désirs et de ses œuvres à l'Être d'où procèdent les principes de toutes choses et par qui l'univers a été formé, obtient par ce sacrifice la perfection, car celui qui trouve en lui-même son bonheur, sa joie, et en lui-même aussi sa lumière, est un avec Dieu. Or, sachez-le, l'âme qui a trouvé Dieu est délivrée de la renaissance et de la mort, de la vieillesse et de la douleur, et boit l'eau de l'immortalité.* »

Krishna parlait de sa propre nature et de sa mission en des termes qu'il est bon de méditer. S'adressant à ses disciples :

« Moi et vous, disait-il, nous avons eu plusieurs naissances. Les miennes ne sont connues que de moi, mais vous ne connaissez même pas les vôtres. Quoique je ne sois plus, par ma nature, sujet à naître ou à mourir, toutes les fois que la vertu décline dans le monde, et que le vice et l'injustice l'emportent, alors je me rends visible, et ainsi je me montre d'âge en âge, pour le salut du juste, le châtiment du méchant et le rétablissement de la vertu.

« Je vous ai révélé les grands secrets. Ne les dites qu'à ceux qui peuvent les comprendre. Vous êtes mes élus, vous voyez le but, la foule ne voit qu'un bout du chemin (1). »

Par ces paroles, la doctrine secrète était fondée. Malgré les altérations successives qu'elle aura à subir, elle restera la source de vie, où, dans l'ombre et le silence, s'abreuveront tous les grands penseurs de l'antiquité.

La morale de Krishna n'était pas moins pure :

« Les maux dont nous affligeons notre prochain nous poursuivent, ainsi que notre ombre suit notre corps. — Les œuvres inspirées par l'amour de nos semblables sont celles qui pèseront le plus dans la balance céleste. — Si tu fréquentes les bons, tes exemples seront inutiles ; ne crains pas de vivre parmi les méchants pour les ramener au bien. — L'homme vertueux est semblable à l'arbre gigantesque dont l'ombrage bienfaisant donne aux plantes qui l'entourent la fraîcheur et la vie. »

Son langage s'élevait au sublime lorsqu'il parlait d'abnégation et de sacrifice :

« L'honnête homme doit tomber sous les coups des

(1) *Bagnavadgita.*

méchants comme l'arbre santal qui, lorsqu'on l'abat, parfume la hache qui l'a frappé. »

Lorsque des sophistes lui demandaient de leur expliquer la nature de Dieu, il répondait :

« L'infini et l'espace peuvent seuls comprendre l'infini. Dieu seul peut comprendre Dieu. »

Il disait encore :

« Rien de ce qui Est ne peut périr, car tout ce qui Est est contenu en Dieu. Aussi les sages ne pleurent ni les vivants ni les morts. Car jamais je n'ai cessé d'être, ni toi, ni aucun homme, et jamais nous ne cesserons d'être, nous tous, au delà de la vie présente (1). »

Au sujet de la communication avec les Esprits :

« Longtemps avant qu'elles se dépouillent de leur enveloppe mortelle, les âmes qui n'ont pratiqué que le bien acquièrent la faculté de converser avec les âmes qui les ont précédées dans la vie spirituelle (*swarga*) (2). »

C'est ce que les brahmes affirment encore de nos jours par la doctrine des Pitris. De tous temps, l'évocation des morts a été une des formes de leur liturgie.

Tels sont les principaux points de l'enseigne-

(1) *Mahabarata*, trad. H. Fauche.
(2) *Baghavadgita*.

ment de Krishna, que l'on retrouve dans les livres sacrés conservés au fond des sanctuaires du sud de l'Indoustan.

Dans le principe, l'organisation sociale de l'Inde fut calquée par les brahmes sur leurs conceptions religieuses. Ils divisèrent la société en trois classes, d'après le système ternaire ; mais, peu à peu, cette organisation dégénéra en privilèges sacerdotaux et aristocratiques. L'hérédité imposa ses bornes étroites et rigides aux aspirations de tous. La femme, libre et honorée aux temps védiques, devint esclave et, de ses fils, ne sut faire que des esclaves comme elle. La société se figea dans un moule inflexible, et la décadence de l'Inde en fut la conséquence inévitable. Pétrifiée dans ses castes et dans ses dogmes, elle s'est endormie de ce sommeil léthargique, image de la mort, que le tumulte des invasions étrangères n'a même pas troublé. Se réveillera-t-elle jamais ? L'avenir, seul, pourra le dire.

Les brahmes, après avoir établi l'ordre et organisé la société, ont perdu l'Inde par excès de compression. De même, ils ont ôté toute autorité morale à la doctrine de Krishna en l'enveloppant de formes grossières et matérielles. Si l'on ne considère que le côté extérieur et vulgaire du Brahmanisme, ses prescriptions puériles, son cérémonial pompeux, ses rites compliqués, les fables et les images dont il est si prodigue, on est porté à ne voir en lui qu'un amas de superstitions. Mais ce serait une faute de le juger seulement d'après ses apparences extérieures. Dans le Brahmanisme, comme dans toutes les religions antiques, il faut faire deux parts. L'une est celle du culte et de l'enseignement vulgaire, remplis de fictions qui captivent le peuple et aident à le conduire dans les voies de la servitude. A cet ordre d'idées se rattache le dogme de la métempsycose, ou renaissance des âmes coupables dans les corps d'animaux, d'insectes ou de plantes, épouvantail destiné à terroriser les faibles, système habile qu'a imité le Catholicisme dans sa conception des mythes de Satan, de l'enfer et des supplices éternels.

Autre chose est l'enseignement secret, la grande tradition ésotérique, qui fournit sur l'âme, sur ses destinées, sur la cause universelle, les spéculations les plus élevées et les plus pures. Pour les recueillir, il faut pénétrer le mystère des pagodes, fouiller les manuscrits qu'elles renferment, interroger les brahmes savants.

***

Environ six cents ans avant l'ère du Christ, un fils de roi, Çakya-Mouni ou le Bouddha, fut frappé d'une profonde tristesse et d'une immense pitié à la vue des souffrances des hommes. La corruption avait envahi l'Inde par suite de l'altération des traditions religieuses et des abus d'une théocratie avide de domination. Renonçant aux grandeurs, à la vie fastueuse, le Bouddha quitte son palais et s'enfonce dans la forêt silencieuse. Après de longues années de méditation, il reparaît, apportant au monde asiatique, sinon une croyance nouvelle, du moins une nouvelle expression de la Loi.

D'après le Bouddhisme (1), la cause du mal, de la douleur, de la mort et de la renaissance, c'est le désir. C'est lui, c'est la passion qui nous attache aux formes matérielles et éveille en nous mille besoins sans cesse renaissants, jamais assouvis, qui deviennent autant de tyrans. Le but élevé de la vie est d'arracher l'âme aux enlacements du désir. On y parvient par la réflexion, l'austérité, le détachement graduel de toutes les choses terrestres, par le sacrifice du *moi*, par l'affranchissement de toutes les servitudes de la personnalité et de l'égoïsme. L'ignorance est le mal souverain, d'où découlent la souffrance et la misère ; et le premier moyen d'améliorer la vie dans le présent et dans l'avenir, c'est d'acquérir la connaissance.

La connaissance comprend la science de la nature, visible et invisible, l'étude de l'homme et celle des principes des choses. Ceux-ci sont

---

(1) Léon de Rosny, *le Bouddhisme* ; Burnouf, *la Science des religions*.

absolus et éternels. Le monde, sorti par sa propre activité d'un état uniforme, est dans une évolution continue. Les êtres, descendus du Grand Tout, afin de résoudre le problème de la perfection, inséparable de l'état de liberté, sont en voie de retour vers le bien parfait. Ils ne pénètrent dans le monde de la forme que pour y travailler à l'accomplissement de leur œuvre de perfectionnement et d'élévation. Ils peuvent le réaliser par la science, dit un *Oupanichad*; ils peuvent l'accomplir par l'amour, dit un *Pourana*.

La science et l'amour sont les deux facteurs essentiels de l'univers. Tant que l'être n'a pas acquis l'amour, il est condamné à poursuivre la chaîne des réincarnations terrestres.

Sous l'influence d'une telle doctrine, l'instinct égoïste voit se resserrer peu à peu son cercle d'action. L'être apprend à embrasser dans un même amour tout ce qui vit et respire. Et ce n'est encore là qu'une étape de son évolution. Celle-ci doit le conduire à ne plus aimer que l'éternel principe d'où émane tout amour et où tout amour doit nécessairement revenir. Cet état est celui de Nirvana.

Cette expression, diversement commentée, a causé bien des malentendus. Suivant la doctrine secrète du Bouddhisme (1), le Nirvana n'est pas,

---

(1) Sinnet, *le Bouddhisme ésotérique*.

comme l'enseignent l'Église du Sud et le grand prêtre de Ceylan, la perte de l'individualité, l'évanouissement de l'être dans le néant ; c'est la conquête, par l'âme, de la perfection, l'affranchissement définitif des transmigrations et des renaissances au sein des humanités.

Chacun fait sa destinée. La vie présente, avec ses joies et ses douleurs, n'est que la conséquence des bonnes ou des mauvaises actions accomplies librement par l'être dans ses existences antérieures. Le présent s'explique par le passé, non seulement pour le monde pris dans son ensemble, mais pour chacun des êtres qui le composent. On appelle *Karma* la somme des mérites ou des démérites acquis par l'être. Ce karma est pour lui, à tout instant de son évolution, le point de départ de l'avenir, la cause de toute justice distributive :

« *Moi, Bouddha* (1), *qui ai pleuré avec toutes les larmes de mes frères, dont le cœur a été brisé par la douleur de tout un monde, je souris et je suis content, car la liberté est. O vous qui souffrez, sachez. Je vous montre la vérité. Tout ce que nous sommes est le résultat de ce que nous avons pensé. Cela est fondé sur nos pensées ; cela est fait de nos pensées. Si un homme parle et agit d'après une pensée pure, le bonheur le suit comme une ombre. La haine n'a jamais été apai-*

(1) *Dhammapada.*

sée par la haine. *La haine n'est vaincue que par l'amour. Comme la pluie passe à travers une maison mal couverte, la passion passe à travers un esprit peu réfléchi. Par la réflexion, par la retenue, par la domination de soi-même, l'homme se fait une île qu'aucun orage ne peut ravager. L'homme revient moissonner les choses qu'il a semées. Ceci est la doctrine du Karma.* »

La plupart des religions nous recommandent le bien en vue d'une récompense d'outre-tombe. Il y a là un mobile égoïste et mercenaire, que l'on ne retrouve pas au même degré dans le Bouddhisme. Il faut pratiquer le bien, dit Léon de Rosny (1), parce que le bien est le but suprême de la nature. C'est en se conformant aux exigences de cette loi que l'on acquiert la seule satisfaction véritable, la plus belle que puisse goûter l'être dégagé des entraves de la forme et des attractions du désir, causes continuelles de déception et de souffrance.

La compassion du bouddhiste, sa charité s'étendent à tous les êtres. Tous, à ses yeux, sont destinés au Nirvana. Et, par les êtres, il faut entendre les animaux, les végétaux et même les corps inorganiques. Toutes les formes de vie s'enchaînent suivant la loi grandiose de l'évolution et du transformisme. Nulle part, la vie n'est absente dans l'univers. La mort n'est qu'une illu-

(1) *La Morale du Bouddhisme.*

sion, un des agents de la vie qui exige un renouvellement incessant et d'incessantes transformations. L'enfer — pour les initiés à la doctrine ésotérique — n'est autre chose que le remords et l'absence d'amour. Le purgatoire est partout où se rencontre la forme et où évolue la matière. Il est sur notre globe aussi bien que dans les profondeurs du firmament étoilé.

Le Bouddha et ses disciples pratiquaient le Dhyâna ou la contemplation, l'extase. L'esprit, dans cet état d'exaltation, communique avec les âmes qui ont quitté la terre (1).

Le Bouddhisme exotérique ou vulgaire, refoulé vers le vi° siècle aux deux extrémités de l'Inde, après des luttes sanglantes provoquées par les brahmes, a subi des vicissitudes diverses et de nombreuses transformations. Une de ses branches ou églises, celle du Sud, dans certaines de ses interprétations, semble incliner vers l'athéisme et le matérialisme. Celle du Thibet est restée déiste et spiritualiste. Le Bouddhisme est devenu en outre la religion du plus vaste empire du monde, la Chine. Ses fidèles composent aujourd'hui le tiers de la population du globe. Mais dans tous les milieux où il s'est répandu, de l'Oural au Japon, ses traditions primitives se sont voilées, altérées. Là, comme ailleurs, les formes

---

(1) Eug. Bonnemère, *l'Ame et ses manifestations à travers l'histoire.*

matérielles du culte ont étouffé les hautes aspirations de la pensée ; les rites, les cérémonies superstitieuses, les vaines formules, les offrandes, les tonneaux et moulins à prières ont remplacé l'enseignement moral et la pratique des vertus(1).

Cependant, les principaux enseignements du Bouddha ont été conservés dans les Soutras (2). Des sages, héritiers de la science et des pouvoirs des anciens ascètes, possèdent aussi, dit-on (3), la secrète doctrine dans son intégralité. Ils auraient fixé leur demeure loin des foules humaines, sur les plateaux élevés, d'où la plaine de l'Inde apparaît, vague et lointaine, comme dans un rêve. C'est dans la pure atmosphère et le silence des solitudes qu'habiteraient les *Mahatmas*. Possesseurs des secrets qui permettent de défier la douleur et la mort, ils passeraient leurs jours dans la méditation, en attendant l'heure problématique où l'état moral de l'humanité rendra possible la divulgation de leurs arcanes. Malheureusement, aucun fait bien authentique n'est venu jusqu'ici confirmer ces affirmations. La preuve de l'existence des *Mahatmas* est encore à faire.

Depuis vingt ans, de grands efforts ont été tentés pour répandre la doctrine bouddhique en

---

(1) G. Bousquet, *Revue des Deux-Mondes*, 15 mars 1876.
(2) *Le Lalita Vistara*, traduction Foucaux ; *le Lotus de la Bonne Loi*, traduction Eug. Burnouf.
(3) Sinnet, *le Bouddhisme ésotérique*.

Occident. Notre race, avide de mouvement, de lumière et de liberté, semble peu disposée à s'assimiler cette religion du renoncement, dont les peuples orientaux ont fait une doctrine d'anéantissement volontaire et d'affaissement intellectuel. Le Bouddhisme est resté dans notre Europe le domaine de quelques lettrés. L'ésotérisme thibétain est en honneur parmi eux. Sur certains points, celui-ci ouvre à l'esprit humain des perspectives étranges. La théorie des jours et des nuits de Brahma, *Manvantara* et *Pralaya*, renouvelée des anciennes religions de l'Inde, paraît bien un peu en contradiction avec l'idée du Nirvana. En tous cas, ces périodes immenses de diffusion et de concentration, à l'issue desquelles la grande Cause première absorbe tous les êtres et reste seule, immobile, endormie, sur les mondes dissous, jettent la pensée dans une sorte de vertige. La théorie des sept principes constitutifs de l'homme, celle des sept planètes (1), sur lesquelles se déroule la ronde de vie dans son mouvement ascensionnel, constituent aussi des vues originales et sujettes à examen.

Une chose domine cet enseignement. La loi de charité proclamée par le Bouddha est un des plus puissants appels au bien qui aient retenti en ce

(1) Au lieu des sept, seules connues des anciens, on en compte huit principales dans notre système solaire. L'existence d'une neuvième et d'autres encore est soupçonnée au delà de Neptune, par suite des perturbations subies par cette planète.

monde ; mais, suivant l'expression de Léon de Rosny (1), « cette Loi calme, cette Loi vide, parce qu'elle ne prend rien pour appui, est restée inintelligible pour la majorité des hommes dont elle révolte les appétits, auxquels elle ne promet pas le genre de salaire qu'ils veulent recevoir ».

Le Bouddhisme, malgré ses taches et ses ombres, n'en reste pas moins une des plus grandes conceptions religieuses qui aient paru en ce monde, une doctrine toute d'amour et d'égalité, une réaction puissante contre la distinction des castes établie par les brahmes. Elle offre sur certains points des analogies frappantes avec l'Évangile de Jésus de Nazareth.

III. — L'ÉGYPTE.

Aux portes du désert, les temples, les pylônes, les pyramides se dressent, forêt de pierres, sous un ciel de feu. Les sphinx contemplent la plaine, accroupis et rêveurs, et les nécropoles, taillées dans le roc, ouvrent leurs seuils profanés au bord du fleuve silencieux. C'est l'Égypte, terre étrange, livre vénérable, dans lequel l'homme moderne commence à peine à épeler le mystère des âges, des peuples et des religions (2).

L'Inde, disent la plupart des orientalistes, a

(1) Léon de Rosny, *la Morale du Bouddhisme.*
(2) Voir les travaux de François Lenormant et de Maspéro.

communiqué à l'Égypte sa civilisation et sa foi ; d'autres érudits affirment qu'à une époque reculée la terre d'Isis possédait déjà ses traditions propres (1). Elles étaient l'héritage d'une race éteinte, la race rouge, venue de l'Ouest (2), que des luttes formidables contre les blancs et des cataclysmes géologiques ont presque anéantie. Le sphinx de Giseh, antérieur de plusieurs milliers d'années (3) à la grande pyramide et élevé par les rouges vers l'endroit où le Nil se joignait alors à la mer (4), est un des rares monuments que ces temps lointains nous ont légués.

La lecture des stèles, celle des papyrus recueillis dans les tombeaux, permettent de reconstituer l'histoire de l'Égypte, en même temps que cette antique doctrine du Verbe-Lumière, divinité à la triple nature, à la fois intelligence, force et matière ; esprit, âme et corps, qui offre une analogie parfaite avec la philosophie de l'Inde. Ici, comme là, on retrouve, sous la gangue grossière

---

(1) Manéthon attribuait aux temples égyptiens une tradition de trente mille ans. (Voir Ed. Schuré, *les Grands Initiés*, p. 116.)

(2) Voir les découvertes de Leplongeon et H. Saville dans le Centre-Amérique, et les travaux de Roisel et d'Arbois de Jubainville sur les Atlantes.

(3) Un manuscrit de la quatrième dynastie (4.000 ans avant J.-C.) rapporte que le sphinx, enfoui sous les sables et oublié depuis des siècles, fut retrouvé fortuitement à cette époque. (Fr. Lenormant, *Histoire d'Orient*, XI, 55.)

(4) Le delta actuel a été formé par les alluvions successives déposées par le Nil.

des cultes, la même pensée cachée. L'âme de l'Égypte, le secret de sa vitalité, de son rôle historique, c'est la doctrine occulte de ses prêtres, voilée soigneusement sous les mystères d'Isis et d'Osiris, et étudiée au fond des temples par des initiés de tous rangs et de tous pays.

Les livres sacrés d'Hermès exprimaient, sous des formes austères, les principes de cette doctrine. Ils formaient une vaste encyclopédie. On y trouvait classées toutes les connaissances humaines. Tous ne sont pas parvenus jusqu'à nous. La science religieuse de l'Égypte nous a été surtout restituée par la lecture des hiéroglyphes. Les temples, eux aussi, sont des livres, et l'on peut dire de la terre des Pharaons que les pierres y ont une voix.

Le premier, parmi les savants modernes, Champollion découvrit trois sortes d'écriture dans les manuscrits et sur les monuments égyptiens (1). Par là fut confirmée l'opinion des anciens, que les prêtres d'Isis employaient trois ordres de caractères : les premiers, *démotiques*, étaient simples et clairs ; les seconds, *hiératiques*, avaient un sens symbolique ou figuré ; les autres étaient des hiéroglyphes. C'est ce que Héraclite exprimait par les termes de *parlant*, de *signifiant* et de *cachant*.

Les hiéroglyphes avaient un triple sens et ne

---

(1) Champollion, *l'Égypte sous les Pharaons.*

pouvaient être déchiffrés sans clef. On appliquait à ces signes la loi d'analogie qui régit les trois mondes, naturel, humain et divin, et permet d'exprimer les trois aspects de toutes choses par des combinaisons de nombres et de figures qui reproduisent la symétrie harmonieuse et l'unité de l'univers. Ainsi, dans un même signe, l'adepte lisait à la fois les principes, les causes et les effets, et ce langage avait pour lui une puissance extraordinaire.

Le prêtre, sorti de tous les rangs de la société, même des plus infimes, était le véritable maître de l'Égypte ; les rois, choisis et initiés par lui, ne gouvernaient la nation qu'à titre de mandataires. De hautes vues, une profonde sagesse présidaient aux destinées de ce pays. Au milieu du monde barbare, entre l'Assyrie féroce, passionnée, et l'Afrique sauvage, la terre des pharaons était comme une île battue des flots, où se conservaient les pures doctrines, toute la science secrète du monde ancien. Les sages, les penseurs, les conducteurs de peuples, Grecs, Hébreux, Phéniciens, Étrusques, venaient s'abreuver à cette source. Par eux, la pensée religieuse se répandait des sanctuaires d'Isis sur toutes les plages de la Méditerranée, allant faire éclore des civilisations diverses, dissemblables même, suivant le caractère des peuples qui la recevaient, devenant monothéiste en Judée avec Moïse, polythéiste en Grèce avec Orphée, mais uniforme dans son principe caché, dans son essence mystérieuse.

Le culte populaire d'Isis et d'Osiris n'était qu'un brillant mirage offert à la foule. Sous la pompe des spectacles et des cérémonies publiques se cachait le véritable enseignement, donné dans les petits et les grands mystères. L'initiation était entourée de nombreux obstacles et de réels dangers. Les épreuves physiques et morales étaient longues et multipliées. On exigeait le serment du silence, et la moindre indiscrétion était punie de mort. Cette discipline redoutable donnait à la religion secrète et à l'initiation une force, une autorité incomparables. A mesure que l'adepte avançait dans sa voie, les voiles s'écartaient, la lumière se faisait plus brillante, les symboles devenaient vivants et parlants.

Le sphinx, tête de femme sur un corps de taureau, avec des griffes de lion et des ailes d'aigle, c'était l'image de l'être humain, émergeant des profondeurs de l'animalité pour atteindre sa condition nouvelle. La grande énigme c'était l'homme, portant en lui les traces sensibles de son origine, résumant tous les éléments et toutes les forces de la nature inférieure.

Les dieux bizarres, à têtes d'oiseaux, de mammifères, de serpents, étaient d'autres symboles de la vie, dans ses multiples manifestations.

Osiris, le dieu solaire, et Isis, la grande nature, étaient partout célébrés ; mais, au-dessus d'eux, il était un Dieu innommé, dont on ne parlait qu'à voix basse et avec crainte.

Le néophyte devait apprendre avant tout à se connaître. L'hiérophante lui tenait ce langage :

« O âme aveugle, arme-toi du flambeau des mystères et, dans la nuit terrestre, tu découvriras ton double lumineux, ton âme céleste. Suis ce guide divin et qu'il soit ton génie, car il tient la clef de tes existences passées et futures (1). »

A la fin de ses épreuves, brisé par les émotions, ayant côtoyé dix fois la mort, l'initié voyait s'approcher de lui une image de femme, portant un rouleau de papyrus.

« Je suis ta sœur invisible, disait-elle, je suis ton âme divine, et ceci est le livre de ta vie. Il renferme les pages pleines de tes existences passées et les pages blanches de tes vies futures. Un jour, je les déroulerai devant toi. Tu me connais maintenant. Appelle-moi et je viendrai ! »

Enfin, sur la terrasse du temple, sous le ciel étoilé, devant Memphis ou Thèbes endormies, le prêtre racontait à l'adepte la vision d'Hermès, transmise oralement de pontife en pontife et gravée en signes hiéroglyphiques sur les voûtes des cryptes souterraines.

---

(1) Appel aux initiés, d'après le *Livre des Morts*.

Un jour, Hermès vit l'espace et les mondes, et la vie qui s'épanouit en tous lieux. La voix de la lumière qui emplissait l'infini lui révéla le divin mystère :

« La lumière que tu as vue, c'est l'intelligence divine qui contient toute chose en puissance et renferme les modèles de tous les êtres. Les ténèbres, c'est le monde matériel où vivent les hommes de la terre. Mais le feu qui jaillit des profondeurs, c'est le Verbe divin ; Dieu est le Père, le Verbe est le Fils, leur union, c'est la Vie.

« Quant à l'esprit de l'homme, sa destinée a deux faces : captivité dans la matière, ascension dans la umière. Les âmes sont filles du ciel, et leur voyage est une épreuve. Dans l'incarnation, elles perdent le souvenir de leur origine céleste. Captivées par la matière, enivrées par la vie, elles se précipitent comme une pluie de feu, avec des frissons de volupté, à travers les régions de la Souffrance, de l'Amour et de la Mort, jusque dans la prison terrestre où tu gémis toi-même et où la vie divine te paraît un vain rêve.

« Les âmes basses et méchantes restent enchaînées à la terre par de multiples renaissances, mais les âmes vertueuses remontent à coups d'ailes vers les sphères supérieures, où elles recouvrent la vue des choses divines. Elles s'en imprègnent avec la lucidité de la conscience éclairée par la douleur, l'énergie de la volonté acquise dans la lutte. Elles deviennent lumineuses, car elles possèdent le divin en elles-mêmes et le rayonnent dans leurs actes. Raffermis donc ton cœur, ô Hermès, et rassérène ton esprit obscurci, en contemplant ces vols d'âmes remontant l'échelle des sphères qui conduit au Père, là où tout s'achève, où tout commence éternellement. Et les sept sphères dirent ensemble : Sagesse! Amour! Justice! Beauté! Splendeur! Science! Immortalité (1)! »

Le pontife ajoutait :

« Médite cette vision. Elle renferme le secret de toutes choses. Plus tu apprendras à la comprendre, plus tu verras s'étendre ses limites. Car la même loi organique gouverne tous les mondes.

« Mais le voile du mystère recouvre la grande vérité. La totale connaissance ne peut être révélée qu'à ceux qui ont traversé les mêmes épreuves que nous. Il faut mesurer la vérité selon les intelligences, la voiler aux faibles qu'elle rendrait fous, la cacher aux méchants qui en feraient une arme de destruction. Renferme-la dans ton cœur et qu'elle parle par ton œuvre. La science sera ta force, la loi ton glaive, et le silence ton bouclier. »

La science des prêtres d'Égypte dépassait sur bien des points la science actuelle. Ils connaissaient le magnétisme, le somnambulisme, guérissaient par le sommeil provoqué et pratiquaient largement la suggestion. C'est ce qu'ils nommaient la magie (2).

(1) Voir le *Pimander*, le plus authentique des Livres d'Hermès Trismégiste.
(2) Diodore de Sicile et Strabon rapportent que les prêtres de l'antique Égypte savaient provoquer la clairvoyance, dans un but thérapeutique. Galien fait mention d'un temple, près de Memphis, célèbre pour ses cures hypnotiques.

L'initié n'avait pas de but plus élevé que la conquête de ces pouvoirs, dont l'emblème était la couronne des mages.

« Sache, lui disait-on, ce que signifie cette couronne. Toute volonté qui s'unit à Dieu pour manifester la vérité et opérer la justice entre, dès cette vie, en participation de la puissance divine sur les êtres et sur les choses, récompense éternelle des esprits affranchis. »

Le génie de l'Égypte fut submergé par le flot des invasions. L'école d'Alexandrie en recueillit quelques parcelles qu'elle transmit au Christianisme naissant. Mais, avant elle, les initiés grecs avaient fait pénétrer dans l'Hellade les doctrines hermétiques. C'est là que nous allons les retrouver.

IV. — La Grèce.

Parmi les peuples initiateurs, il n'en est pas dont la mission se manifeste avec plus d'éclat que celle des peuples de l'Hellade. La Grèce a initié l'Europe à toutes les splendeurs du Beau. C'est de sa main ouverte qu'est sortie la civilisation, et son génie, à vingt siècles de distance, rayonne encore sur notre pays. Aussi, malgré ses déchirements, ses luttes intestines, malgré sa déchéance finale, est-elle restée un sujet d'admiration pour tous les âges.

La Grèce a su traduire en un clair langage les beautés obscures de la sagesse orientale. Elle les exprima d'abord à l'aide de ces deux harmonies célestes qu'elle rendit humaines : la musique et la poésie. Orphée et Homère, des premiers, en ont fait entendre les accents à la terre charmée.

Plus tard, ce rythme, cette harmonie que le génie naissant de la Grèce avait introduits dans la parole et dans le chant, Pythagore, l'initié des temples égyptiens, les reconnut partout dans l'univers, dans la marche des globes qui se meuvent, futures demeures de l'humanité, au sein des espaces; dans l'accord des trois mondes, naturel, humain et divin, qui se soutiennent, s'équilibrent, se complètent, pour produire la vie dans son courant ascensionnel et sa spirale infinie. De cette vision formidable découlait, pour lui, l'idée d'une triple initiation, par laquelle l'homme, instruit des principes éternels, apprenait, en s'épurant, à se libérer des maux terrestres et à s'élever vers la perfection. De là tout un système d'éducation et de réforme, auquel Pythagore laissa son nom et qui produisit tant de sages et de héros.

Enfin Socrate et Platon, en popularisant les mêmes principes, en les répandant dans un plus large cercle, inaugurèrent le règne de la science ouverte, venant se substituer à l'enseignement secret.

Tel fut le rôle joué par la Grèce dans l'histoire

du développement de la pensée. A toutes les époques, l'initiation a exercé une influence capitale sur les destinées de ce pays. Ce n'est pas dans les fluctuations politiques qui ont agité cette race mobile et impressionnable, qu'il faut chercher les plus hautes manifestations du génie hellénique. Celui-ci n'avait son foyer, ni dans la sombre et brutale Sparte, ni dans la brillante et frivole Athènes, mais plutôt à Delphes, à Olympie, à Éleusis, refuges sacrés de la pure doctrine. Il s'y révélait dans toute sa puissance par la célébration des Mystères. Là, penseurs, poètes, artistes, venaient recueillir l'enseignement caché, qu'ils traduisaient ensuite à la foule en vivantes images et en vers enflammés. Au-dessus des cités turbulentes, toujours prêtes à se déchirer, au-dessus des formes changeantes de la politique, passant tour à tour de l'aristocratie à la démocratie et au règne des tyrans, un pouvoir suprême dominait la Grèce, le tribunal des Amphictyons, qui siégeait à Delphes et se composait des initiés du degré supérieur. Lui seul sauva l'Hellade aux heures de péril, en imposant silence aux rivalités de Sparte et d'Athènes.

Déjà au temps d'Orphée, les temples possédaient la science secrète.

« Écoute, disait le maître au néophyte (1), écoute les vérités qu'il faut taire à la foule et qui font la force

(1) *Hymnes orphiques.*

des sanctuaires. *Dieu* est un et toujours semblable à lui-même. Mais les *dieux* sont innombrables et divers ; car la Divinité est éternelle et infinie. Les plus grands sont les âmes des astres, etc.

« Tu es entré d'un cœur pur dans le sein des Mystères. L'heure solennelle est venue où je vais te faire pénétrer jusqu'aux sources de la vie et de la lumière. Ceux qui n'ont pas soulevé le voile épais qui recouvre aux yeux des hommes les merveilles invisibles, ne sont pas devenus fils des Dieux. »

Aux mystes et aux initiés :

« Venez vous réjouir, vous qui avez souffert ; venez vous reposer, vous qui avez lutté. Par vos souffrances passées, par l'effort qui vous amène, vous vaincrez, et, si vous croyez aux paroles divines, vous avez déjà vaincu. Car, après le long circuit des existences ténébreuses, vous sortirez enfin du cercle douloureux des générations et vous vous retrouverez tous comme une seule âme dans la lumière de Dionysos (1).

« Aimez, car tout aime. Mais aimez la lumière, et non les ténèbres. Souvenez-vous du but pendant le voyage. Quand les âmes retournent dans la lumière, elles portent, comme des taches hideuses sur leur corps éthéré, toutes les fautes de leur vie... Et, pour les effacer, il faut qu'elles expient et qu'elles reviennent sur la terre... Mais les purs, mais les forts s'en vont dans le soleil de Dionysos. »

---

(1) Selon l'expression de Pythagore, Apollon et Dionysos sont deux révélations du Verbe de Dieu, qui se manifeste éternellement dans le Monde.

⁎

Une imposante figure domine le groupe des philosophes grecs. C'est Pythagore, celui des fils d'Ionie qui sut le premier coordonner, mettre en lumière les doctrines secrètes de l'Orient, en faire une vaste synthèse qui embrassait à la fois la morale, la science et la religion. Son académie de Crotone fut une école admirable d'initiation laïque, et son œuvre, le prélude de ce grand mouvement d'idées qui, avec Platon et Jésus, allait remuer les couches profondes de la société antique et porter ses ondes jusqu'aux extrémités du continent.

Pythagore avait étudié pendant trente années en Égypte. A de vastes connaissances, il joignait cette intuition merveilleuse, sans laquelle l'observation et le raisonnement ne suffisent pas toujours à découvrir la vérité. Grâce à ces qualités, il put élever le magnifique monument de la science ésotérique, dont nous ne pouvons nous dispenser de retracer ici les lignes essentielles :

« L'essence en soi se dérobe à l'homme, disait la doctrine pythagoricienne (1). L'homme ne connaît que les choses de ce monde, où le fini se combine avec l'infini. Comment peut-il les connaître ? Parce qu'il y a entre lui et les choses une harmonie, un rapport, un principe commun, et ce principe leur est

---

(1) Ed. Schuré, *les Grands Initiés*, *Pythagore*, p. 329.

donné par l'Un, qui leur fournit avec leur essence la mesure et l'intelligibilité.

« Votre être à vous, votre âme est un petit univers. Mais elle est pleine de tempêtes et de discordes. Il s'agit d'y réaliser l'unité dans l'harmonie. Alors seulement Dieu descendra dans votre conscience, alors vous participerez à son pouvoir et vous ferez de votre volonté la pierre du foyer, l'autel d'Hestia, le trône de Jupiter. »

Les pythagoriciens appelaient esprit ou intelligence la partie active et immortelle de l'être humain. L'âme, c'était pour eux l'esprit, enveloppé de son corps fluidique, éthéré. La destinée de Psyché, l'âme humaine, sa descente et sa captivité dans la chair, ses souffrances et ses luttes, sa réascension graduelle, son triomphe sur les passions et son retour final à la lumière, tout cela constituait le drame de la vie, représenté dans les mystères d'Éleusis comme l'enseignement par excellence.

Selon Pythagore (1), l'évolution matérielle des mondes et l'évolution spirituelle des âmes sont parallèles, concordantes, et s'expliquent l'une par l'autre. La grande âme, répandue dans la nature, anime la substance qui vibre sous son impulsion et produit toutes les formes et tous les êtres. Les êtres conscients, par de longs efforts, se dégagent de la matière, qu'ils dominent et gou-

---

(1) Voir *Vers dorés de Pythagore*, traduction de Fabre d'Olivet ; *Pythagore et la Philosophie pythagoricienne*, par Chaignet.

vernent à leur tour, se libèrent et se perfectionnent à travers leurs existences innombrables. Ainsi l'invisible explique le visible, et le développement des créations matérielles est la manifestation de l'Esprit divin.

Si l'on recherche dans les traités de physique des anciens leur pensée sur la structure de l'univers, on se trouve en présence de données grossières et arriérées ; mais ce ne sont là que des allégories. L'enseignement secret donnait sur les lois de l'univers des notions autrement élevées. Aristote nous dit que les pythagoriciens connaissaient le mouvement de la terre autour du soleil. L'idée de la rotation terrestre est venue à Copernic en apprenant par un passage de Cicéron qu'Hycétas, disciple de Pythagore, avait parlé du mouvement diurne du globe. Au troisième degré de l'initiation, on enseignait le double mouvement de la terre.

Comme les prêtres d'Égypte, ses maîtres, Pythagore savait que les planètes sont nées du soleil et qu'elles tournent autour de lui, que chaque étoile est un soleil éclairant d'autres mondes et composant, avec son cortège de sphères, autant de systèmes sidéraux, autant d'univers régis par les mêmes lois que le nôtre. Mais ces notions n'étaient jamais confiées à l'écriture. Elles constituaient l'enseignement oral, communiqué sous le sceau du secret. Le vulgaire ne les aurait pas comprises ; on les eût considérées comme contraires à la mythologie et, par suite, sacrilèges (1).

La science secrète enseignait aussi qu'un fluide impondérable s'étend partout, pénètre tout. Agent subtil, sous l'action de la volonté, il se modifie et se transforme, s'affine et se condense suivant la puissance et l'élévation des âmes, qui se servent de lui et tissent leur vêtement astral dans sa substance. C'est le trait d'union entre l'esprit et la matière, et tout, les pensées, les événements, se grave en lui, s'y reflète comme des images dans un miroir. Par les propriétés de ce fluide, par l'action qu'exerce sur lui la volonté, s'expliquent les phénomènes de la suggestion et de la transmission des pensées. Les anciens l'appelaient, par allégorie, le voile mystérieux d'Isis ou le manteau de Cybèle qui enveloppe tout ce qui vit. Ce même fluide sert de moyen de communication entre le visible et l'invisible, entre les hommes et les âmes désincarnées.

La science de l'occulte formait une des branches les plus importantes de l'enseignement réservé. Elle avait su dégager de l'ensemble des phénomènes la loi des rapports qui unissent le monde terrestre au monde des Esprits. Elle développait avec méthode les facultés transcendantes de l'âme humaine et lui rendait possibles la lecture de la pensée et la vue à distance. Les

---

(1) Voir Ed. Schuré, *les Grands Initiés*.

faits de clairvoyance et de divination produits par les oracles des temples grecs, les sibylles et les pythonisses, sont attestés par l'histoire. Beaucoup d'esprits forts les considèrent comme apocryphes. Sans doute, il faut faire la part de l'exagération et de la légende, mais les découvertes récentes de la psychologie expérimentale nous ont montré qu'il y avait dans ce domaine autre chose qu'une vaine superstition. Elles nous engagent à étudier avec plus d'attention un ensemble de faits qui, dans l'antiquité, reposait sur des principes fixes et faisait l'objet d'une science profonde et étendue.

Ces facultés ne se rencontrent, en général, que chez des êtres d'une pureté et d'une élévation de sentiments extraordinaires; elles exigent une préparation longue et minutieuse. Delphes a possédé de tels sujets. Les oracles rapportés par Hérodote, à propos de Crésus et de la bataille de Salamine, le prouvent. Plus tard, des abus se mêlèrent à ces pratiques. La rareté des sujets rendit les prêtres moins scrupuleux dans leur choix. La science divinatoire se corrompit et tomba en désuétude. Selon Plutarque, sa disparition fut considérée par toute la société antique comme un grand malheur.

Toute la Grèce croyait à l'intervention des Esprits dans les choses humaines. Socrate avait son *daïmon* ou génie familier. Lorsque, à Marathon et à Salamine, les Grecs en armes repoussaient l'effroyable invasion des Perses, ils étaient exaltés par la conviction que les puissances invisibles soutenaient leurs efforts. A Marathon, les Athéniens crurent voir deux guerriers, brillants de lumière, combattre dans leurs rangs. Dix ans plus tard, la Pythie, sous l'inspiration de l'Esprit, indiqua à Thémistocle, du haut de son trépied, les moyens de sauver la Grèce. Xerxès vainqueur, c'était l'Asie barbare se répandant sur l'Hellade, étouffant son génie créateur, reculant de deux mille ans peut-être l'éclosion de la pensée dans son idéale beauté. Les Grecs, une poignée d'hommes, défirent l'armée immense des Asiatiques, et, conscients du secours occulte qui les assistait, c'est à Pallas-Athéné, divinité tutélaire, symbole de la puissance spirituelle, qu'ils adressaient leurs hommages, sur ce roc de l'Acropole qu'encadrent la mer éblouissante et les lignes grandioses du Pentélique et de l'Hymette.

La participation aux mystères avait beaucoup contribué à la diffusion de ces idées. Elle developpait chez les initiés le sentiment de l'invisible, qui, de là, sous des formes altérées, se répandait parmi le peuple. Car partout, en Grèce comme en Égypte et dans l'Inde, les mystères consistaient en une même chose : la connaissance du secret de la mort, la révélation des vies successives et la communication avec le monde occulte. Ces enseignements et ces pratiques produisaient sur les âmes des impressions profondes. Ils leur procuraient une paix, une sérénité, une force morale incomparables.

Sophocle appelle les Mystères « les espérances de la mort », et Aristophane écrit que ceux qui y prenaient part menaient une vie plus sainte et plus pure. On refusait d'y admettre les conspirateurs, les parjures, les débauchés.

Porphyre a dit :

« Notre âme doit être, au moment de la mort, ce qu'elle était durant les Mystères, c'est-à-dire exempte de passion, de colère, d'envie et de haine. »

Plutarque affirme en ces termes qu'on s'y entretenait avec les âmes des défunts :

« Le plus souvent, d'excellents Esprits intervenaient dans les Mystères, quoique parfois les pervers cherchassent à s'y introduire. »

Proclus ajoute (1) :

« Dans tous les Mystères, les dieux (ce mot signifie ici tous les ordres d'Esprits) montrent beaucoup de formes d'eux-mêmes, apparaissent sous une grande variété de figures et revêtent la forme humaine. »

La doctrine ésotérique était un lien entre le philosophe et le prêtre. C'est ce qui explique leur entente commune et le rôle effacé du sacerdoce

(1) Commentaires de la *République* de Platon.

dans la civilisation hellénique. Cette doctrine apprenait aux hommes à dominer leurs passions et à développer en eux la volonté et l'intuition. Par un entraînement graduel, les adeptes du degré supérieur arrivaient à pénétrer certains secrets de la nature, à diriger à leur gré les forces en action dans le monde, à produire des phénomènes d'apparence surnaturelle, mais qui étaient simplement la manifestation naturelle de lois inconnues du vulgaire.

Socrate et après lui Platon continuèrent, dans l'Attique, l'œuvre de Pythagore. Socrate, voulant garder la liberté d'enseigner à tous les vérités que sa raison lui avait fait découvrir, ne se fit jamais initier. Après sa mort, Platon passa en Égypte et y fut admis aux Mystères. Il revint s'aboucher avec les Pythagoriciens et fonda son académie. Mais sa qualité d'initié ne lui permettait plus de parler librement, et, dans ses œuvres, la grande doctrine paraît quelque peu voilée. Cependant, la théorie des migrations de l'âme et de ses réincarnations, celle des rapports entre les vivants et les morts, se retrouvent dans le *Phèdre*, le *Phédon* et le *Timée :*

« Il est certain que les vivants naissent des morts, que les âmes des morts renaissent encore. » (*Phèdre*.)

On connaît également la scène allégorique que Platon a placée à la fin de la *République*. Un génie prend sur les genoux des Parques les sorts et les diverses conditions humaines, et s'écrie :

« Ames divines! rentrez dans des corps mortels ; vous allez commencer une nouvelle carrière. Voici tous les sorts de la vie. Choisissez librement ; le choix est irrévocable. S'il est mauvais, n'en accusez pas Dieu. »

Ces croyances avaient pénétré dans le monde romain. De même que Cicéron dans le *Songe de Scipion* (ch. III), Ovide en parle en ses *Métamorphoses* (ch. XV). Au sixième livre de l'*Énéide*, de Virgile, Énée retrouve son père Anchise aux Champs Élyséens et apprend de lui la loi des renaissances. Tous les grands auteurs latins disent que des génies familiers assistent et inspirent les hommes de talent (1). Lucain, Tacite, Apulée, aussi bien que le Grec Philostrate, parlent fréquemment, dans leurs œuvres, de songes, d'apparitions et d'évocations des morts.

*
**

En résumé, la doctrine secrète, mère des religions et des philosophies, revêt des apparences diverses dans le cours des âges, mais partout la base en reste immuable. Née dans l'Inde et en Égypte, elle passe de là en Occident avec le flot

---

(1) Cicéron, *De Univers.*, 2, Maury 87 ; Apulée, *De Gen. Socral.* ; Ammien Marcellin, *Hist.*, I, 20, c. 6, p. 267.

des migrations. Nous la trouverons dans tous les pays occupés par les Celtes. Cachée en Grèce dans les Mystères, elle se révèle dans l'enseignement de maîtres tels que Pythagore et Platon, sous des formes pleines de séduction et de poésie. Les mythes païens sont comme un voile d'or qui drape dans ses replis les lignes pures de la sagesse delphique. L'école d'Alexandrie en recueille les principes et les infuse dans le sang jeune et impétueux du Christianisme. Déjà l'Évangile, comme la voûte des bois sous un clair rayon de soleil, était illuminé par la science ésotérique des Esséniens, autre branche d'initiés. La parole du Christ avait puisé à cette source, comme à une eau vive et intarissable, ses images variées et ses envolées puissantes. Ainsi partout, à travers la succession des temps et les remous des peuples, s'affirment l'existence et la perpétuité d'un enseignement secret, qui se retrouve identique au fond de toutes les grandes conceptions religieuses ou philosophiques. Les sages, les penseurs, les prophètes des temps et des pays les plus divers y ont trouvé l'inspiration, l'énergie qui fait accomplir de grandes choses, et transforme âmes et sociétés, en les poussant en avant dans la voie de l'évolution progressive.

Il y a là comme un grand courant spirituel qui se déroule dans les profondeurs de l'histoire. Il semble sortir de ce monde invisible qui nous domine, nous enveloppe, et où vivent et agissent encore les Esprits de génie qui ont servi de guides à l'humanité et n'ont jamais cessé de communiquer avec elle.

V. — La Gaule.

La Gaule a connu la grande doctrine. Elle l'a possédée sous une forme originale et puissante, et elle a su en tirer des conséquences qui ont échappé aux autres pays. « Il y a trois unités primitives, disaient les Druides : Dieu, la Lumière et la Liberté. » Alors que l'Inde était déjà organisée en castes immobiles, aux limites infranchissables, les institutions gauloises avaient pour bases l'égalité de tous, la communauté des biens et le droit électoral. Aucun des autres peuples de l'Europe n'a eu, au même degré que nos pères, le sentiment profond de l'immortalité, de la justice et de la liberté.

C'est avec vénération que nous devons étudier les tendances philosophiques de la Gaule, car la Gaule est notre grande aïeule, et nous retrouvons en elle, fortement accusés, toutes les qualités et aussi tous les défauts de notre race. Rien, d'ailleurs, n'est plus digne d'attention et de respect que la doctrine des Druides, lesquels n'étaient pas des barbares, comme on l'a cru à tort pendant des siècles.

Longtemps nous n'avons connu les Gaulois que d'après les auteurs latins et les écrivains catholiques ; mais ces sources doivent, à juste titre, nous être suspectes. Ces auteurs avaient un intérêt direct à dénigrer nos aïeux, à travestir leurs croyances. César a écrit ses *Commentaires* avec l'intention évidente de se rehausser aux yeux de la postérité. Pollion et Suétone l'avouent : cette œuvre fourmille d'inexactitudes, d'erreurs volontaires. Les chrétiens ne voient dans les Druides que des hommes sanguinaires et superstitieux, dans leur culte que des pratiques grossières. Pourtant, certains Pères de l'Église, Cyrille, Clément d'Alexandrie, Origène, distinguent avec soin les Druides de la foule des idolâtres et leur décernent le titre de philosophes. Parmi les auteurs antiques, Lucain, Horace, Florus considéraient la race gauloise comme dépositaire des mystères de la naissance et de la mort.

Le progrès des études celtiques (1), la publication des Triades et des chants bardiques (2) nous permettent de puiser à des sources plus sûres une juste appréciation des croyances de nos pères. La philosophie des Druides, reconsti-

---

(1) Voir Gatien Arnoult, *Philosophie gauloise*, t. Ier ; Henri Martin, t. Ier de l'*Histoire de France* ; Adolphe Pictet, *Bibliothèque de Genève* ; Alfred Dumesnil, *Immortalité* ; Jean Reynaud, *l'Esprit de la Gaule*.

(2) *Cyfrinach Beirdd Inys Prydain* : Mystères des bardes de l'Île de Bretagne, traduction Edward Williams, 1794.

tuée dans toute son ampleur, s'est trouvée conforme à la doctrine secrète de l'Orient et aux aspirations des spiritualistes modernes. Comme eux, ils affirmaient les existences progressives de l'âme sur l'échelle des mondes. Cette doctrine virile inspirait aux Gaulois un courage indomptable, une intrépidité telle qu'ils marchaient à la mort comme à une fête. Alors que les Romains se couvraient d'airain et de fer, nos pères se dépouillaient de leurs vêtements et combattaient la poitrine nue. Ils s'enorgueillissaient de leurs blessures et considéraient comme une lâcheté d'user de ruse à la guerre ; de là, leurs échecs réitérés et leur chute finale. Leur certitude des vies à venir était si grande qu'ils se prêtaient de l'argent remboursable sur d'autres mondes. Aux mourants, ils confiaient des messages pour leurs amis défunts. Les dépouilles des guerriers morts, disaient-ils, ne sont que des « enveloppes déchirées ». A la grande surprise de leurs ennemis, ils les abandonnaient sur les champs de bataille comme indignes de leur attention.

Les Gaulois ne connaissaient pas l'enfer. C'est ce dont Lucain les loue en ces termes, dans le chant I*er* de la *Pharsale* :

« Pour vous, les ombres ne s'ensevelissent pas dans les sombres royaumes de l'Érèbe, mais l'âme s'envole animer d'autres corps dans des mondes nouveaux. La mort n'est que le milieu d'une longue vie. Ils sont heureux, ces peuples qui ne connaissent pas la crainte suprême du trépas ! De là leur héroïsme au milieu des sanglantes mêlées et leur mépris de la mort. »

Nos pères étaient chastes, hospitaliers, fidèles à la foi jurée.

Nous trouvons dans l'institution des Druides la plus haute expression du génie de la Gaule. Elle ne constituait pas un corps sacerdotal. Le titre de druide équivalait à celui de sage, de savant. Il laissait à ceux qui le portaient toute liberté de choisir leur tâche. Quelques-uns, sous le nom d'eubages, présidaient aux cérémonies du culte, mais le plus grand nombre se consacrait à l'éducation de la jeunesse, à l'exercice de la justice, à l'étude des sciences et de la poésie. L'influence politique des Druides était grande, et leurs vues tendaient à réaliser l'unité de la Gaule. Ils avaient institué, dans le pays des Carnutes, une assemblée annuelle où se réunissaient les députés des républiques gauloises et où se discutaient les questions importantes, les graves intérêts du pays. Les Druides se recrutaient par voie d'élection. Il fallait vingt années d'études pour se préparer à l'initiation.

Le culte s'accomplissait sous la voûte des bois. Tous les symboles étaient empruntés à la nature. Le temple, c'était la forêt séculaire, aux colonnes innombrables, aux dômes de verdure que les rayons du soleil percent de leurs flèches d'or, pour se jouer sur les mousses en mille réseaux d'ombre et de lumière. Les plaintes du vent, le frémissement des feuilles l'emplissaient d'accents mystérieux qui impressionnaient l'âme et la portaient à la rêverie. L'arbre sacré, le chêne, était l'emblème de la puissance divine ; le gui, toujours vert, celui de l'immortalité. Pour autel, des blocs assemblés. « Toute pierre taillée est une pierre souillée, » disaient ces penseurs austères. Aucun objet sorti de la main des hommes ne déparait leurs sanctuaires. Les Gaulois avaient horreur des idoles et des formes puériles du culte romain.

Afin que leurs principes ne fussent, ni dénaturés, ni matérialisés par des images, les Druides proscrivaient les arts plastiques et même l'enseignement écrit. Ils confiaient à la seule mémoire des bardes et des initiés le secret de leur doctrine. De là, la pénurie de documents relatifs à cette époque.

Les sacrifices humains, tant reprochés aux Gaulois, n'étaient, pour la plupart, que des exécutions de justice. Les Druides, à la fois magistrats et justiciers, offraient les criminels en holocauste à la puissance suprême. Cinq années séparaient la sentence de l'exécution. Dans les temps de calamité, des victimes volontaires se livraient aussi en expiation. Impatients de rejoindre leurs aînés dans les mondes heureux, de s'élever vers le cercle de félicité, les Gaulois montaient gaiement sur la pierre du sacrifice et recevaient la mort au milieu d'un chant d'allégresse. Mais ces immolations étaient déjà tombées en désuétude au temps de César.

Teutatès, Esus, Gwyon n'étaient, dans le panthéon gaulois, que la personnification de la force, de la lumière et de l'esprit. Au-dessus de toutes choses, planait la puissance infinie que nos pères adoraient près des pierres consacrées, dans le majestueux silence des forêts. Les Druides enseignaient l'unité de Dieu.

Selon les Triades, l'âme se forme au sein de l'abîme, *anoufn*. Elle y revêt les aspects rudimentaires de la vie et n'acquiert la conscience et la liberté qu'après avoir été longtemps en proie aux bas instincts. Voici ce que dit le chant du barde Taliésin, célèbre dans toute la Gaule :

« Existant de toute ancienneté au sein des vastes océans, je ne suis point né d'un père et d'une mère, mais des formes élémentaires de la nature, des rameaux du bouleau, du fruit des forêts, des fleurs de la montagne. J'ai joué dans la nuit, j'ai dormi dans l'aurore ; j'ai été vipère dans le lac, aigle sur les cimes, loup-cervier dans la forêt. Puis, marqué par Gwyon (esprit divin), par le sage des sages, j'ai acquis l'immortalité. Il s'est écoulé bien du temps depuis que j'étais pasteur. J'ai longtemps erré sur la terre avant de devenir habile dans la science. Enfin j'ai brillé parmi les chefs supérieurs. Revêtu des habits sacrés, j'ai tenu la coupe des sacrifices. J'ai vécu dans cent mondes. Je me suis agité dans cent cercles (1). »

(1) *Barddas, cad. Goddeu.*

L'âme, dans sa course immense, disaient les Druides, parcourt trois cercles auxquels correspondent trois états successifs. Dans *anoufn*, elle subit le joug de la matière; c'est la période animale. Puis elle pénètre dans *abred*, cercle des migrations que peuplent les mondes d'expiation et d'épreuves; la terre est un de ces mondes.

L'âme s'incarne bien des fois à leur surface. Au prix d'une lutte incessante, elle se dégage des influences corporelles et quitte le cycle des incarnations pour atteindre *gwynfid*, cercle des mondes heureux ou de la félicité. Là s'ouvrent les horizons enchanteurs de la spiritualité. Plus haut encore se déploient les profondeurs de *ceugant*, cercle de l'infini, qui enserre tous les autres et n'appartient qu'à Dieu. Loin de se rapprocher du panthéisme, comme la plupart des doctrines orientales, le Druidisme s'en éloignait par une conception toute différente de la Divinité. Sa conception de la vie n'est pas moins remarquable.

D'après les Triades, l'être n'est, ni le jouet de la fatalité, ni le favori d'une grâce capricieuse. Il prépare, édifie lui-même ses destinées. Son but n'est pas la recherche de satisfactions éphémères, mais l'élévation par le sacrifice et par le devoir accompli. L'existence est un champ de bataille, où le brave conquiert ses grades. Une telle doctrine exaltait les qualités héroïques et épurait les mœurs. Elle était aussi éloignée des puérilités mystiques que des sécheresses décevantes de la théorie du néant; elle semble cependant s'être éloignée de la vérité sur un point; c'est en établissant (1) que l'âme coupable, en persévérant dans le mal, peut perdre le fruit de ses travaux et retomber dans les degrés inférieurs de la vie, redescendre dans les germes, d'où il lui faudra recommencer sa pénible et douloureuse ascension.

Toutefois, ajoutent les Triades, la perte de la mémoire lui permet de reprendre la lutte sans être entravée par les remords et les irritations du passé. Dans *Gwynfid*, elle retrouve, avec tous ses souvenirs, l'unité de sa vie; elle en renoue les fragments épars dans la succession des temps.

Les Druides possédaient des connaissances cosmologiques fort étendues. Ils savaient que notre globe roule dans l'espace, emporté dans sa course autour du Soleil. C'est ce qui résulte de cet autre chant de Taliésin, dit « le chant du monde » (2) :

« Je demanderai aux bardes, et pourquoi les bardes ne répondraient-ils pas? Je leur demanderai ce qui soutient le monde, pour que, privé de support, le monde ne tombe pas. Mais qui pourrait lui servir de support? Grand voyageur est le monde ! tandis qu'il

(1) Triade 26, *Triades bardiques*, publiées par l'école celtique de Glamorgan.
(2) *Barddas*, cad. *Goddeu*.

glisse sans repos, il demeure toujours dans sa voie, et combien la forme de cette voie est admirable, pour que le monde n'en sorte jamais ! »

César lui-même, si peu versé en ces matières, nous apprend dans ses *Commentaires* que les Druides enseignaient beaucoup de choses sur la forme et la dimension de la Terre, sur le mouvement des astres, sur les montagnes et les abîmes de la Lune. Ils disaient que l'univers, éternel, immuable dans son ensemble, se transforme incessamment dans ses parties ; que la vie, par une circulation sans fin, l'anime et s'épanouit sur tous ses points. Dépourvus des moyens d'observation dont la science moderne dispose, on se demande où nos pères pouvaient puiser de telles notions.

Les Druides communiquaient avec le monde invisible, mille témoignages l'attestent. On évoquait les morts dans les enceintes de pierre. Les Druidesses et les Bardes rendaient des oracles. Plusieurs auteurs rapportent que Vercingétorix s'entretenait, sous la sombre ramure des bois, avec les âmes des héros morts pour la patrie. Avant de soulever la Gaule contre César, il se rendit dans l'île de Sein, antique demeure des Druidesses. Là, au milieu des éclats de la foudre (1), un génie lui apparut et lui prédit sa défaite et son martyre.

(1) Bosc et Bonnemère, *Histoire nationale des Gaulois*

La commémoration des morts est de fondation gauloise. Le 1ᵉʳ novembre, on célébrait la fête des Esprits, non dans les cimetières, — les Gaulois n'honoraient pas les cadavres, — mais dans chaque demeure, où les bardes et les voyants évoquaient les âmes des défunts. Nos pères peuplaient les landes et les bois d'esprits errants. Les Duz et les Korrigans étaient autant d'âmes à la recherche d'une incarnation nouvelle.

L'enseignement des Druides se traduisait, dans l'ordre politique et social, en institutions conformes à la justice. Les Gaulois, se sachant animés d'un même principe, tous appelés aux mêmes destinées, se sentaient égaux et libres.

Dans chaque république gauloise, les chefs étaient élus à temps par le peuple assemblé. La loi celtique punissait du supplice du feu les ambitieux, les prétendants à la couronne. Les femmes prenaient place aux conseils, exerçaient les fonctions sacerdotales, étaient voyantes et prophétesses. Elles disposaient d'elles-mêmes et choisissaient leurs époux. La propriété était collective, la terre appartenant à la république. A aucun titre, le droit héréditaire ne fut connu de nos pères; l'élection décidait de tout.

La longue occupation romaine, puis l'invasion des Francs et l'introduction de la féodalité ont fait oublier nos véritables traditions nationales. Mais, un jour, le vieux sang gaulois s'est agité dans les veines du peuple. La révolution a entraîné dans son tourbillon ces deux importations de l'étranger : la théocratie, venue de Rome, et la monarchie, implantée par les Francs ; la vieille Gaule s'est retrouvée tout entière dans la France de 1789.

Une chose capitale lui manquait cependant : l'idée de solidarité. Le Druidisme fortifiait bien dans les âmes le sentiment du droit et de la liberté ; mais si les Gaulois se savaient égaux, ils ne se sentaient pas assez frères. De là ce manque d'unité qui perdit la Gaule. Courbée sous une oppression de vingt siècles, assagie par le malheur, éclairée par des lumières nouvelles, elle est devenue la nation une, indivisible. La loi de charité et d'amour, la seule que le Christianisme lui ait fait connaître, est venue compléter l'enseignement des Druides et former une synthèse philosophique et morale pleine de grandeur.

**

Du sein du moyen âge, comme une résurrection de l'esprit de la Gaule, se dresse une éclatante figure. Dès les premiers siècles de notre ère, Jeanne d'Arc était annoncée par une prophétie du barde Myrdwin ou Merlin. C'est sous le chêne des fées, près de la table de pierre, qu'elle entend souvent « ses voix ». Elle est chrétienne et pieuse, mais, au-dessus de l'Église terrestre, elle place l'Église éternelle, « celle de là-haut », la seule à qui elle se soumette en toutes choses (1).

Aucun témoignage de l'intervention des Esprits dans la vie des peuples n'est comparable à l'histoire touchante de la vierge de Domrémy. Au début du xve siècle, la France agonisait sous le pied de fer des Anglais. A l'aide d'une jeune fille, d'une enfant de dix-huit ans, les puissances invisibles raniment un peuple démoralisé, réveillent le patriotisme éteint, enflamment la résistance et sauvent la France de la mort.

Jeanne n'agit jamais sans consulter « ses voix », et, soit sur les champs de bataille, soit devant ses juges, toujours celles-ci inspirent ses paroles et ses actes. Un seul instant, dans sa prison de Rouen, ces voix semblent l'abandonner. C'est alors, qu'épuisée par la souffrance, elle consent à abjurer. Dès que les Esprits s'éloignent, elle redevient femme, faiblit, se soumet. Puis les voix se font entendre de nouveau, et elle relève aussitôt la tête devant ses juges :

« La voix m'a dit que c'était trahison que d'abjurer. La vérité est que Dieu m'a envoyée ; ce que j'ai fait est bien fait. »

Sacrée par sa passion douloureuse, Jeanne

(1) *Procès de réhabilitation de la Pucelle* (d'après les documents de l'École des chartes).

est devenue un exemple sublime de sacrifice, un sujet d'admiration, un profond enseignement pour tous les hommes.

VI. — Le Christianisme.

C'est au désert qu'apparaît ostensiblement, dans l'histoire, la croyance au Dieu unique, l'idée mère d'où devait sortir le Christianisme. A travers les solitudes pierreuses du Sinaï, Moïse, l'initié d'Égypte, guidait vers la Terre promise le peuple par qui la pensée monothéiste, jusqu'alors confinée dans les Mystères, allait entrer dans le grand mouvement religieux et se répandre sur le monde.

Le rôle du peuple d'Israël est considérable. Son histoire est comme le trait d'union qui relie l'Orient à l'Occident, la science secrète des temples à la religion vulgarisée. Malgré ses désordres et ses souillures, en dépit de ce sombre exclusivisme qui est un des côtés de son caractère, il a le mérite d'avoir adopté, jusqu'à l'incarner en lui, ce dogme de l'unité de Dieu, dont les conséquences dépasseront ses vues et prépareront la fusion des peuples en une famille universelle, sous un même Père, sous une seule Loi.

Ce but grandiose et lointain, les prophètes seuls, jusqu'à la venue du Christ, le connurent ou le pressentirent. Mais cet idéal, caché aux yeux du vulgaire, repris, transformé par le fils de Marie, reçut de lui sa rayonnante splendeur. Ses disciples le communiquèrent aux nations païennes, et la dispersion des Juifs aida encore à sa diffusion. Poursuivant sa marche parmi les civilisations croulantes et les vicissitudes des temps, il restera gravé en traits ineffaçables dans la conscience de l'humanité.

Un peu avant notre ère, en même temps que la puissance romaine monte et s'étend, on voit la doctrine secrète reculer, perdre de son autorité. Les vrais initiés se font rares. La pensée se matérialise ; les esprits se corrompent. L'Inde est comme endormie dans son rêve ; la lampe des sanctuaires égyptiens s'est éteinte ; et la Grèce, livrée aux rhéteurs et aux sophistes, insulte les sages, proscrit les philosophes, profane les Mystères. Les oracles sont muets ; la superstition et l'idolâtrie ont envahi les temples. L'orgie romaine se déchaîne sur le monde, avec ses saturnales, sa luxure effrénée, ses ivresses bestiales. Du haut du Capitole, la louve, repue, domine peuples et rois. César, empereur et dieu, trône dans une apothéose ensanglantée.

Pourtant, sur les rives de la mer Morte, des hommes conservent dans la retraite la tradition des prophètes et le secret de la pure doctrine. Les Esséniens, groupes d'initiés dont les colonies s'étendent jusqu'à la vallée du Nil, se livrent ouvertement à l'exercice de la médecine, mais leur but réel est plus élevé. Il consiste à enseigner à un petit nombre d'adeptes les lois supérieures de l'univers et de la vie. Leur doctrine est presque identique à celle de Pythagore. Ils admettent la préexistence et les vies successives de l'âme, et rendent à Dieu le culte de l'esprit.

Chez eux, comme chez les prêtres de Memphis, l'initiation est graduée et nécessite plusieurs années de préparation. Leurs mœurs sont irréprochables ; leur vie s'écoule dans l'étude et la contemplation, loin des agitations politiques, loin des menées d'un sacerdoce avide et jaloux (1).

C'est évidemment parmi eux que Jésus a passé les années qui précédèrent son apostolat, années sur lesquelles les Évangiles gardent un silence absolu. Tout l'indique : l'identité de ses vues avec celles des Esséniens, l'aide qu'ils lui prêtèrent dans plusieurs circonstances, l'hospitalité gratuite qu'il recevait à titre d'adepte, et la fusion finale de l'ordre avec les premiers chrétiens, fusion d'où sortit le Christianisme ésotérique.

Cependant, à défaut de l'initiation supérieure, le Christ possédait une âme assez vaste, assez débordante de lumière et d'amour, pour y puiser les éléments de sa mission. Jamais la terre

---

(1) Voir Josèphe, *Guerres des Juifs*, II, et Philon, *De la Vie contemplative*.

ne vit passer un plus grand esprit. Une sérénité céleste enveloppait son front. Toutes les perfections s'unissaient en lui pour former un type de pureté idéale, d'ineffable bonté. Dans son cœur est une immense pitié pour les humbles, les déshérités. Toutes les douleurs humaines, toutes les plaintes et les misères y trouvent un écho. Pour calmer ces maux, tarir ces larmes, pour consoler, pour guérir, pour sauver, il ira jusqu'au sacrifice de sa vie ; il s'offrira en holocauste pour relever l'humanité. Lorsque, pâle, il se dresse sur le Calvaire, cloué sur le bois infamant, il trouve encore dans son agonie la force de prier pour ses bourreaux et de prononcer ces paroles, qu'aucun accent, aucun élan de tendresse ne dépassera plus : « Mon Père, pardonne-leur, car ils ne savent ce qu'ils font ! »

Parmi les grands missionnaires, Christ, le premier de tous, a communiqué aux foules les vérités qui avaient été jusqu'alors le privilège du petit nombre. Par lui, l'enseignement caché devenait accessible aux plus humbles, sinon par l'intelligence, au moins par le cœur ; et cet enseignement, il le leur offrait sous des formes que le monde n'avait pas connues, avec une puissance d'amour, une douceur pénétrante, une foi communicative, qui faisaient fondre les glaces du scepticisme, ravissaient ses auditeurs et les entraînaient à sa suite.

Ce qu'il appelait « prêcher l'Évangile du

royaume des cieux aux simples », c'était mettre à la portée de tous la connaissance de l'immortalité et celle du Père commun. Les trésors intellectuels que des adeptes avares ne distribuaient qu'avec prudence, le Christ les répandait sur la grande famille humaine, sur ces millions d'êtres courbés vers la terre, qui ne savaient rien de la destinée et attendaient, dans l'incertitude et la souffrance, la parole nouvelle qui devait les consoler et les réchauffer. Cette parole, cet enseignement, il les a distribués sans compter, et il leur a donné la consécration de son supplice et de sa mort. La croix, cet antique symbole des initiés, que l'on retrouve dans tous les temples de l'Égypte et de l'Inde, est devenue, par le sacrifice de Jésus, le signe de l'élévation de l'humanité, arrachée à l'abîme des ténèbres et des passions inférieures, et ayant enfin accès à la vie éternelle, à la vie des âmes régénérées.

Le sermon sur la montagne condense et résume l'enseignement populaire de Jésus. La loi morale s'y montre avec toutes ses conséquences ; les hommes y apprennent à trouver leur élévation et leur bonheur, non dans les qualités brillantes, mais dans les vertus humbles et cachées : l'humilité, la charité, la bonté.

« Heureux les pauvres d'esprit (1), car le royaume

(1) Par cette expression, il faut entendre les esprits simples et droits.

des cieux est à eux. — Heureux ceux qui pleurent, car ils seront consolés. — Heureux ceux qui sont affamés de justice, car ils seront rassasiés. — Heureux ceux qui sont miséricordieux, car ils obtiendront miséricorde. — Heureux ceux qui ont le cœur pur, car ils verront Dieu (1). »

Ainsi s'exprime Jésus. Ses paroles ouvrent à l'homme des perspectives inattendues. C'est dans les profondeurs de son âme qu'est la source des joies à venir : « Le royaume des cieux est au dedans de vous ! » Et chacun peut le réaliser par la domination des sens, le pardon des injures et l'amour du prochain.

Aimer, pour Jésus, c'est toute la religion et toute la philosophie :

« Aimez vos ennemis, faites du bien à ceux qui vous persécutent et vous calomnient, afin que vous soyez les enfants de votre Père qui est dans les cieux, qui fait lever son soleil sur les bons et sur les méchants, et fait pleuvoir sur les justes et les injustes. Car si vous n'aimez que ceux qui vous aiment, quelle récompense en aurez-vous (2) ? »

Cet amour, Dieu même nous en donne l'exemple, car toujours ses bras sont ouverts au repentir. C'est ce qui ressort des paraboles de l'Enfant prodigue et de la Brebis égarée :

---

(1) Matthieu, v, 1-12 ; Luc, vi, 20-26.
(2) Matthieu, v, 44 et suiv.

« Ainsi votre Père qui est dans les cieux ne veut pas qu'un seul de ces petits périsse. »

N'est-ce pas là la négation de l'Enfer éternel, dont on a faussement attribué l'idée à Jésus ?

Si le Christ montre quelque rigueur et parle avec véhémence, c'est à ces pharisiens hypocrites qui se livrent à des pratiques minutieuses de dévotion et méconnaissent la loi morale. Le Samaritain schismatique est plus louable à ses yeux que le lévite qui a dédaigné de secourir un blessé. Il désapprouve les manifestations du culte extérieur et s'élève contre ces prêtres :

« Aveugles, conducteurs d'aveugles, hommes de rapine et de corruption qui, sous prétexte de longues prières, dévorent le bien des veuves et des orphelins. »

Aux dévots qui croient se sauver par le jeûne et l'abstinence, il dit :

« Ce n'est pas ce qui entre dans la bouche qui souille l'homme, mais ce qui en sort. »

Aux partisans de longues oraisons, il répond :

« Votre Père sait de quoi vous avez besoin avant que vous le lui demandiez. »

Jésus condamnait la hiérarchie sacerdotale en recommandant à ses disciples de ne choisir aucun chef, aucun maître. Son culte était le culte intérieur, le seul digne d'esprits élevés. C'est ce qu'il exprime en ces termes :

« Le temps vient où les vrais croyants adoreront le Père en esprit et en vérité, car ce sont là les adorateurs que le Père cherche. Dieu est esprit, et il faut que ceux qui l'adorent, l'adorent en esprit et en vérité. »

Il n'impose que la pratique du bien et la fraternité :

« Aimez votre prochain comme vous-mêmes, et soyez parfaits comme votre Père céleste est parfait. C'est là toute la loi et les prophètes. »

Dans sa simplicité éloquente, ce précepte révèle le but le plus élevé de l'initiation, la recherche de la perfection qui est en même temps celle de la puissance et de la félicité. A côté de ces enseignements de Jésus qui s'adressent aux simples, il en est d'autres dans lesquels la doctrine cachée des Esséniens est reproduite en traits de lumière (1). Tous ne pouvaient monter à ces hauteurs, et c'est pourquoi les traducteurs et les interprètes de l'Évangile en ont, à travers les siècles, altéré la forme et corrompu le sens. Malgré ces altérations, il est facile de reconstituer cet enseignement, si l'on se dégage de la

---

(1) On lit dans Marc (iv, 10-13) : Il leur dit : Il vous est donné de connaître le mystère du royaume de Dieu ; mais pour ceux qui sont du dehors, tout se traite par des paraboles. — La même pensée est exprimée par Matthieu, xiii, 11, 13.
Voir, pour tous détails sur la doctrine secrète du Christ, mon ouvrage *Christianisme et Spiritisme*, chap. IV, notes 4, 5, 6, etc.

superstition de la lettre pour voir les choses par la raison et par l'esprit. C'est surtout dans l'Évangile de Jean que nous en trouverons les traces encore visibles :

« Il y a plusieurs demeures dans la maison de mon Père. Je m'en vais vous préparer le lieu, et après que je m'en serai allé et que je vous aurai préparé le lieu, je reviendrai et je vous retirerai à moi, afin que, là où je serai, vous soyez aussi (1). »

La maison du Père, c'est le ciel infini avec les mondes qui le peuplent et la vie qui s'épanouit à leur surface. Ce sont là les stations innombrables de notre course, stations que nous sommes appelés à connaître si nous suivons les préceptes de Jésus. Celui-ci reviendra vers nous pour nous entraîner par l'exemple vers ces mondes supérieurs à la terre.

Nous y voyons aussi l'affirmation des vies successives de l'âme.

« En vérité, si un homme ne naît de nouveau, il ne peut entrer dans le royaume de Dieu (2). »

« Ce qui est né de la chair est chair, et ce qui est né de l'esprit est esprit.

« Ne vous étonnez pas de ce que je vous ai dit, qu'il fallait que vous naissiez de nouveau.

« L'Esprit souffle où il veut, et vous entendez bien sa voix, mais vous ne savez d'où il vient, ni où il va ;

(1) Jean, xiv, 2, 3.
(2) Jean, iii, 3.

il en est de même de tout homme qui est né de l'esprit (1). »

Quand les disciples du Christ l'interrogent et lui demandent : « Pourquoi les scribes disent-ils qu'il faut d'abord qu'Élie revienne ? » il répond : « Élie est déjà venu, mais ils ne l'ont point reconnu. » Et ils comprennent que c'est de Jean-Baptiste qu'il veut parler. Jésus leur dit encore, dans une autre circonstance :

« En vérité, entre tous les enfants des femmes, il n'y en a point de plus grand que Jean-Baptiste. Et, si vous voulez entendre, il est lui-même Élie qui doit venir. Que celui-là entende qui a des oreilles pour entendre. »

Le but à poursuivre par chacun de nous et par la société entière est clairement indiqué. C'est le règne du « Fils de l'homme », du Christ social, ou, en d'autres termes, le règne de la vérité, de la justice et de l'amour. Les vues de Jésus se portent vers l'avenir, vers ces temps qui nous sont annoncés.

« Je vous enverrai le consolateur. — J'aurais encore beaucoup de choses à vous dire, mais vous ne pouvez pas les porter présentement. — Quand cet esprit de vérité sera venu, il vous enseignera toute vérité, etc. (2). »

(1) Jean, III, 13.
(2) Jean, XVI, 12, 13. L'Église ne voit dans ces paroles que l'annonce du Saint-Esprit descendu quelques mois plus

Parfois il résumait en images grandioses, en traits de flamme, les vérités éternelles. Ses apôtres ne l'entendaient pas toujours, mais il laissait aux siècles et aux événements le soin de faire germer ces principes dans la conscience de l'humanité, comme la pluie et le soleil font germer le grain confié à la terre. C'est dans ce sens qu'il adressait aux siens ces paroles hardies : « Le ciel et la terre passeront, mais mes paroles ne passeront pas. »

Jésus s'adressait donc à la fois au cœur et à l'esprit. Ceux qui n'auraient pu comprendre Pythagore et Platon sentaient leurs âmes s'émouvoir aux éloquents appels du Nazaréen. C'est par là que la doctrine chrétienne domine toutes les autres. Pour atteindre la sagesse, il fallait, dans les sanctuaires de l'Égypte et de la Grèce, franchir les degrés d'une longue et pénible initiation, tandis que par la charité tous pouvaient devenir de bons chrétiens et des frères en Jésus.

Mais, avec le temps, les vérités transcendantes se voilèrent. Ceux qui les possédaient furent supplantés par ceux qui croyaient savoir, et le dogme matériel remplaça la pure doctrine. Dans son expansion, le Christianisme perdit en valeur ce qu'il gagnait en étendue.

tard sur les apôtres ; mais si l'humanité (car c'est à elle que s'adresse cette prophétie) n'était pas alors capable de comprendre la vérité, comment l'aurait-elle pu cinquante jours plus tard ?

A la science profonde de Jésus venait s'ajouter la puissance fluidique de l'initié supérieur, de l'âme affranchie du joug des passions, dont la volonté domine la matière et commande aux forces subtiles de la nature. Le Christ possédait la double vue ; son regard sondait les pensées et les consciences, il guérissait d'un mot, d'un signe, en imposant les mains ou même par sa seule présence. Des effluves bienfaisants s'échappaient de son être et, sur son ordre, les mauvais esprits s'éloignaient. Il communiquait à volonté avec les puissances célestes et, aux heures d'épreuve, puisait dans ce commerce la force morale qui le soutenait dans sa voie douloureuse. Au Thabor, ses disciples effrayés le voient s'entretenir avec Moïse et Élie. C'est ainsi que, plus tard, ils le verront apparaître, après le crucifiement, dans le rayonnement de son corps fluidique, éthéré, de ce corps dont Paul parlait en ces termes : « Il y a en chaque homme un corps animal et un corps spirituel (1), » et dont les expériences de la psychologie moderne démontrent d'ailleurs l'existence.

Les apparitions de Jésus après sa mort ne peuvent être mises en doute, car elles seules

---

(1) Iʳᵉ Cor. Dans cette même épître (xv, 5 à 8), Paul énumère les apparitions du Christ après sa mort. Il en compte six, entre autres une aux cinq cents « dont plusieurs sont encore vivants ». La dernière est celle du chemin de Damas, qui fit de Paul, ennemi acharné des chrétiens, le plus ardent des apôtres.

expliquent la persistance de l'idée chrétienne. Après le supplice du Maître et la dispersion des disciples, le Christianisme était mort moralement. Les apparitions et les entretiens de Jésus, seuls, rendirent aux apôtres leur énergie et leur foi.

∴

Certains auteurs ont nié l'existence du Christ et attribué à des traditions antérieures ou à l'imagination orientale tout ce qui a été écrit à son sujet. Un mouvement d'opinion s'est produit en ce sens, tendant à réduire aux proportions d'une légende les origines du Christianisme.

Il est vrai que le Nouveau Testament contient beaucoup d'erreurs. Plusieurs des événements qu'il relate se trouvent dans l'histoire d'autres peuples anciens, et certains faits attribués au Christ figurent également dans la vie de Krishna et dans celle d'Horus. Mais, d'autre part, il existe de nombreuses preuves historiques de l'existence de Jésus de Nazareth, et ces preuves sont d'autant plus péremptoires qu'elles nous sont fournies par les adversaires mêmes du Christianisme. Tous les rabbins israélites reconnaissent cette existence. Le Talmud en parle dans ces termes :

« La veille de Pâques, Jésus fut crucifié pour s'être livré à la magie et aux sortilèges. »

Tacite et Suétone mentionnent aussi le supplice de Jésus et le développement rapide des idées chrétiennes. Pline le Jeune, gouverneur de la Bithynie, rend compte de ce mouvement à Trajan, cinquante ans plus tard, dans un rapport qui a été conservé.

Comment admettre, d'ailleurs, que la croyance à un mythe ait suffi à inspirer aux premiers chrétiens tant d'enthousiasme, de courage, de fermeté en face de la mort, qu'elle leur ait donné les moyens de renverser le paganisme, de s'emparer de l'Empire romain et, de siècle en siècle, d'envahir toutes les nations civilisées ? Ce n'est assurément pas sur une fiction que l'on fonde une religion qui dure depuis vingt siècles et révolutionne la moitié d'un monde. Si l'on remonte de la grandeur des effets à la puissance des causes qui les ont produits, on peut dire avec certitude qu'il y a toujours une personnalité éminente à l'origine d'une grande idée.

Quant aux théories qui font de Jésus soit une des trois personnes de la Trinité, soit un être purement fluidique, elles paraissent aussi peu fondées l'une que l'autre. En prononçant ces paroles : « Que cette coupe passe loin de moi ! » Jésus s'est révélé homme, sujet à la crainte et aux défaillances. Jésus, comme nous, a souffert, a pleuré, et cette faiblesse tout humaine, en nous rapprochant de lui, le fait davantage notre frère, et rend son exemple et ses vertus plus admirables encore.

L'apparition du Christianisme a eu des résultats incalculables. Il a apporté au monde l'idée d'humanité que l'antiquité n'a pas connue dans son sens étendu. Cette idée, incarnée dans la personne de Jésus (1), a pénétré peu à peu dans les esprits, et aujourd'hui elle se manifeste en Occident avec toutes les conséquences sociales qui s'y rattachent. A cette idée il ajoutait celles de la loi morale et de la vie éternelle, qui avaient été seulement jusque-là le partage des sages et des penseurs. Dès lors, le devoir de l'homme sera de préparer par toutes ses œuvres, par tous les actes de la vie individuelle et sociale, le règne de Dieu, c'est-à-dire celui du Bien, de la Justice. « Que ton règne vienne sur la terre comme au ciel. »

Toutefois, ce règne ne peut se réaliser que par le perfectionnement de tous, par l'amélioration constante des âmes et des institutions. Ces notions renferment donc en elles une puissance de développement illimitée. Et il ne faut pas s'étonner qu'après vingt siècles d'incubation, de travail obscur, elles commencent à peine à produire leurs effets dans l'ordre social. Le Christianisme contenait, à l'état virtuel, tous les éléments du vrai progrès ; mais, dès les premiers siècles, il a dévié, et ses principes véritables, méconnus par

---

(1) Jésus s'appelle souvent « le fils de l'homme ». Cette expression se trouve vingt-cinq fois dans Matthieu.

ses représentants officiels, sont passés dans la conscience des peuples, dans l'âme de ceux-là mêmes qui, ne se croyant ou ne se disant plus chrétiens, portent inconsciemment en eux l'idéal rêvé par Jésus.

Ce n'est donc ni dans l'Église, ni dans les institutions du prétendu droit divin, qui n'est autre que le règne de la Force, qu'il faut chercher l'héritage du Christ. Ce sont là, en réalité, des institutions païennes ou barbares. La pensée de Jésus ne vit plus guère que dans l'âme du peuple. C'est par ses efforts pour s'élever, c'est par ses aspirations constantes vers un état social plus conforme à la justice et à la solidarité, que se révèle ce grand courant humanitaire dont la source est au sommet du Calvaire, et dont les flots nous portent vers un avenir qui ne connaîtra plus les hontes du paupérisme, de l'ignorance et de la guerre, soit civile, soit étrangère.

Le catholicisme a dénaturé les belles et pures doctrines de l'Évangile par ses conceptions de salut par la grâce, de péché originel, d'enfer et de rédemption. De nombreux conciles ont, dans tous les siècles, édifié de nouveaux dogmes, s'éloignant de plus en plus des préceptes du Christ. Le faste et la simonie ont envahi le culte. L'Église a dominé le monde par l'épouvante, par la menace des supplices, alors que Jésus voulait régner par l'amour et la charité. Elle a armé les peuples les uns contre les autres, élevé la persécution à la hauteur d'un système et fait couler des flots de sang.

En vain la science, dans sa marche progressive, a signalé les contradictions qui existent entre l'enseignement catholique et l'ordre réel des choses ; l'Église en est arrivée à la maudire comme une invention de Satan. Un abîme sépare maintenant les doctrines romaines de l'antique sagesse des initiés, qui fut la mère du Christianisme. Le matérialisme a profité de cet état de choses et poussé partout ses racines vivaces.

Par contre, le sentiment religieux s'est sensiblement affaibli. Le dogme n'exerce plus aucune influence sur la vie des sociétés. L'âme humaine, fatiguée des entraves dans lesquelles on l'avait enserrée, s'est élancée vers la lumière ; elle a brisé ces liens chétifs pour aller s'unir aux grands esprits qui ne sont ni d'une secte, ni d'une race, mais dont la pensée éclaire et réchauffe l'humanité entière. Affranchie de toute tutelle sacerdotale, elle veut désormais penser, agir et vivre par elle-même.

Nous ne voulons parler du catholicisme qu'avec modération. Cette croyance, nous ne l'oublions pas, a été celle de nos pères ; elle a bercé d'innombrables générations. Mais la modération n'exclut pas l'examen. Or, de tout examen sérieux il résulte ceci : l'Église infaillible s'est trompée, et dans sa conception physique de l'univers, et dans sa conception morale de la vie humaine. La terre n'est pas plus le corps central le plus important de l'univers, que la vie présente n'est l'unique théâtre de nos luttes et de nos progrès. Le travail n'est pas un châtiment, mais plutôt le moyen régénérateur par lequel l'humanité se fortifie et s'élève. Sa fausse idée de la vie a conduit le catholicisme à la haine du progrès et de la civilisation, et ce sentiment est exprimé sans réserve dans le dernier article du Syllabus :

« Anathème à qui dira : Le pontife romain peut et doit se réconcilier et se mettre en harmonie avec le progrès, le libéralisme et la civilisation moderne. »

Le catholicisme prête à l'Être suprême toutes nos faiblesses. Il en fait une sorte de bourreau spirituel qui voue aux derniers supplices les êtres débiles, ouvrage de ses mains. Les hommes créés pour leur bonheur, succombent en foule aux tentations du mal et vont peupler les enfers. Ainsi son impuissance égale son imprévoyance, et Satan est plus habile que Dieu !

Est-ce donc là le Père que Jésus nous fait connaître, lorsqu'il nous recommande en son nom l'oubli des offenses, lorsqu'il nous dit de rendre le bien pour le mal et nous prêche la pitié, l'amour, le pardon ? L'homme compatissant et bon serait-il supérieur à Dieu ?

Il est vrai que, pour essayer de sauver le monde, Dieu sacrifie son propre fils, membre de la Trinité et partie de lui-même, mais là encore on tombe dans une erreur monstrueuse, et on justifie la parole de Diderot : « Dieu a tué Dieu pour apaiser Dieu ! »

Le catholicisme a obscurci les consciences par la superstition, troublé les intelligences par l'idée sombre et terrible d'un Dieu vengeur. Il a déshabitué l'homme de penser ; il lui a appris à étouffer ses doutes, à annihiler sa raison et ses plus belles facultés, à s'éloigner de tous ceux qui cherchaient librement et sincèrement la vérité, à estimer seulement ceux qui portaient le même joug que lui.

Puis, à côté de l'enseignement erroné, les abus sans nombre, les prières et les cérémonies tarifées, la taxe des péchés, la confession, les reliques, le purgatoire et le rachat des âmes ; enfin les dogmes de l'Immaculée Conception et de l'infaillibilité du pape ; le pouvoir temporel, violation flagrante de ce précepte du Deutéronome (xviii, 1 et 2) qui défend aux prêtres « de posséder les biens de la terre et d'avoir part à aucun héritage, parce que le Seigneur est lui-même leur héritage », tout cela montre quelle distance sépare les conceptions catholiques des véritables enseignements des livres saints.

Néanmoins, l'Église a fait œuvre utile. Elle a eu ses époques de grandeur ; elle a opposé des digues à la barbarie ; elle a couvert le globe d'institutions de bienfaisance. Mais, comme pétrifiée dans ses dogmes, elle s'immobilise, tandis qu'autour d'elle tout marche et avance ; de jour en jour, la science grandit et la raison humaine prend son essor.

Rien n'échappe à la loi du progrès, les religions pas plus que le reste. Elles ont pu répondre aux besoins d'un temps et d'un état social arriérés, mais le moment arrive où ces religions, emprisonnées dans leurs formules comme en un cercle de fer, doivent changer ou mourir. C'est la situation du catholicisme. Ayant donné à l'histoire tout ce qu'il pouvait lui offrir, devenu impuissant à féconder l'esprit humain, celui-ci l'abandonne, et, dans sa marche incessante, s'avance vers des conceptions plus vastes et plus élevées. L'idée chrétienne ne périra pas pour cela ; elle se transformera seulement, pour reparaître sous une forme nouvelle et épurée. Un temps viendra où le catholicisme, ses dogmes et ses pratiques ne seront plus qu'un vague souvenir presque effacé de la mémoire des hommes, comme l'est pour nous le paganisme romain et scandinave. Mais la grande figure du Crucifié dominera les siècles, et trois choses subsisteront de son enseignement, car elles sont l'expression de la vérité éternelle : l'unité de Dieu, l'immortalité de l'âme et la fraternité humaine.

.*.

Malgré les persécutions religieuses, la doctrine secrète s'est perpétuée à travers les temps. On en retrouve la trace dans tout le moyen âge. Déjà, les initiés juifs l'avaient, à une époque reculée, consignée en deux ouvrages célèbres, le *Zohar* et le *Sepher-Jésirah*. Leur réunion forme la Kabbale, une des œuvres capitales de la science ésotérique (1).

Le Christianisme primitif en porte la forte empreinte. Les premiers chrétiens croyaient à la préexistence et à la survivance de l'âme en d'autres corps, comme nous l'avons vu par les propos tenus à Jésus sur Jean-Baptiste et sur Élie, et par cette question posée par les apôtres au sujet de l'aveugle-né, lequel semblait « s'être attiré cette punition par des péchés commis avant de naître » (2). L'idée de la réincarnation était tellement répandue dans le peuple juif, que l'historien Josèphe reprochait aux Pharisiens de son temps de n'admettre la transmigration des âmes qu'en faveur des gens de bien seulement (3). C'est ce qu'ils appelaient *Gilgul*, ou le roulement des âmes.

Les chrétiens se livraient aussi aux évocations et communiquaient avec les esprits des morts. On retrouve dans les Actes des Apôtres de nombreuses indications sur ce point (4); saint Paul,

---

(1) Voir le beau volume d'Ad. Franck, de l'Institut, sur *la Kabbale*.
(2) Jean, IX, 2.
(3) Josèphe, *Guerres des Juifs*, liv. VIII, chap. VII.
(4) Actes des Apôtres, VIII, 26 ; XI, 27, 28 ; XVI, 6, 7 ; XXI, 4.

dans sa première épître aux Corinthiens, décrit, sous le nom de dons spirituels, tous les genres de médiumnité (1). Il se déclare instruit directement par l'Église de Jésus dans la vérité évangélique.

On attribuait parfois ces inspirations aux mauvais Esprits, à ce que certains appelaient l'Esprit de Python :

« Mes bien-aimés, disait Jean l'Évangéliste, ne croyez pas à tout esprit, mais éprouvez si les esprits sont de Dieu (2). »

Les pratiques spirites furent en usage pendant plusieurs siècles. Presque tous les philosophes alexandrins, Philon, Ammonius Saccas, Plotin, Porphyre, Arnobe, se disent inspirés par des génies supérieurs; saint Grégoire thaumaturge reçoit les symboles de la foi de l'Esprit de saint Jean.

L'école d'Alexandrie resplendissait alors du plus vif éclat. Tous les grands courants de la pensée humaine semblaient s'y réunir et s'y confondre. Cette école célèbre avait produit une pléiade de brillants esprits, qui s'efforçaient de

---

(1) xiv, 26 à 29 ; xv, 44. Les médiums étaient alors appelés prophètes.
 Dans le texte grec des Évangiles on trouve presque toujours isolé le mot *esprit*. Saint Jérôme, le premier, y ajoute celui de saint, et ce sont les traducteurs français de la Vulgate qui en ont fait le Saint-Esprit.
(2) Ép. I, iv, 1.

fusionner la philosophie de Pythagore et de Platon avec les traditions de la Kabbale juive et les principes du Christianisme. Ils espéraient former ainsi une doctrine définitive, aux larges et puissantes vues, une religion universelle et impérissable. C'était le rêve de Philon. Comme Socrate, ce grand penseur a son Esprit familier, qui l'assiste, l'inspire, le fait écrire pendant le sommeil (1).

Il en est de même d'Ammonius et de Plotin, dont Porphyre dit qu'il était inspiré par un génie, « non pas de ceux nommés démons, mais de ceux que l'on appelle dieux » (2). Plotin a écrit un livre sur les Esprits familiers.

Comme eux, Jamblique était versé dans la théurgie et communiquait avec l'invisible.

De tous les champions du Christianisme ésotérique, Origène est le plus connu. Cet homme de génie, qui fut un grand philosophe et un saint, établit dans ses œuvres (3) que l'inégalité des êtres est la conséquence de leurs mérites divers. Les seules peines conformes à la bonté et à la justice divines sont, dit-il, les peines « médicinales », celles qui ont pour effet de purifier progressivement les âmes dans des séries d'existences, avant leur admission dans le ciel. Parmi les Pères de l'Église, beaucoup partageaient ses

(1) Philon, *De Migrat. Abraham.*, p. 393.
(2) Bayle, *Diction. phil. et hist.*, art. Plotin.
(3) *De Principiis.*

vues (1) et s'appuyaient sur les révélations des Esprits aux prophètes ou médiums (2).

Saint Augustin, le grand évêque d'Hippone, dans son traité *De Curâ pro mortuis*, parle des manifestations occultes et ajoute :

« Pourquoi ne pas attribuer ces opérations aux esprits des défunts et ne pas croire que la divine Providence fait un bon usage de tout pour instruire les hommes, les consoler, les épouvanter ? »

Dans sa *Cité de Dieu* (3), au sujet du corps lucide, éthéré, aromal, qui est l'enveloppe de l'âme et qui conserve l'image du corps charnel, ce Père de l'Église parle des opérations théurgiques connues sous le nom de Télètes, qui le rendaient propre à communiquer avec les Esprits et les Anges et à recevoir des visions admirables.

Au sujet de la pluralité des vies affirmée par Origène, Augustin s'exprime ainsi dans ses *Confessions* (4) :

« Mon enfance n'a-t-elle point succédé à un autre âge mort avant elle ?...

« Même avant ce temps-là, ai-je été quelque part ? Étais-je quelqu'un ? »

Cet autre passage de ses œuvres nous semble encore plus significatif :

(1) Voir *Histoire du Manichéisme*, par Beausobre, II, 595.
(2) Orig., *Contrà Celse*, p. 199, 562.
(3) *De Civit. Dei*, livre X, chap. ix et xi.
(4) *Confessions*, t. 1ᵉʳ, p. 28.

« J'ai l'assurance de trouver chez les Platoniciens bien des choses qui ne répugnent pas à nos dogmes... Cette voix de Platon, la plus pure et la plus éclatante qu'il y ait dans la philosophie, s'est retrouvée dans la bouche de Plotin, si semblable à lui, qu'ils paraissaient contemporains, et cependant assez éloignés par le temps pour que le premier des deux paraisse ressuscité dans l'autre (1). »

Saint Clément d'Alexandrie (2) et saint Grégoire de Nysse s'expriment dans le même sens. Ce dernier expose (3) que « l'âme immortelle doit être guérie et purifiée, et, si elle ne l'a pas été par sa vie terrestre, la guérison s'opère dans les vies futures et subséquentes ».

Dans bien des milieux, les Esprits combattaient le dogmatisme naissant de l'Église et soutenaient les hérésiarques. Ils se plaignaient de ce que les enseignements si simples de l'Évangile fussent obscurcis par des dogmes inventés et imposés à la croyance, malgré les révoltes de la raison. Ils s'élevaient contre le luxe déjà scandaleux des évêques (4).

Ces révélations étaient devenues autant d'entraves pour l'Église officielle. Les hérétiques y puisaient leurs arguments et leur force ; l'autorité du sacerdoce en était ébranlée. Avec la réin-

---

(1) *Augustini opera*, I, p. 291.
(2) *Stromat.*, liv. VIII, Oxford, 1715.
(3) *Grand discours catéchétique*, t. III, chap. viii, édition Morel.
(4) Le P. de Longueval, *Histoire de l'Église gallicane*, I, 81.

carnation, avec le rachat des fautes commises, par l'épreuve et le travail, dans la succession des vies, la mort n'était plus un sujet de terreur ; chacun se délivrait soi-même du purgatoire terrestre par ses efforts et ses progrès, et le prêtre perdait sa raison d'être. L'Église, ne pouvant plus ouvrir à son gré les portes du paradis et de l'enfer, voyait s'amoindrir son prestige et sa puissance.

Elle jugea donc nécessaire d'imposer silence aux partisans de la doctrine secrète, de renoncer à tout commerce avec les Esprits et de condamner leurs enseignements comme inspirés par le démon. C'est à partir de ce jour que Satan prit une importance de plus en plus grande dans la religion chrétienne. Tout ce qui gênait celle-ci lui fut attribué. L'Église déclara qu'elle seule était la prophétie vivante et permanente, l'unique interprète de Dieu. Origène et les Gnostiques furent condamnés par le concile de Constantinople (553) ; la doctrine secrète disparut avec les prophètes, et l'Église put accomplir à son aise son œuvre d'absolutisme et d'immobilisation.

On vit alors les prêtres romains perdre de vue la lumière que Jésus avait apportée en ce monde et retomber dans l'obscurité. La nuit qu'ils voulaient pour les autres se fit en eux-mêmes. Le temple ne fut plus, comme dans les temps anciens, l'asile de la vérité. Celle-ci abandonna les autels pour chercher un refuge caché. Elle descendit dans les classes pauvres ; elle alla inspirer d'humbles missionnaires, des apôtres obscurs, qui, sous le nom d'Évangile de saint Jean, cherchèrent à rétablir, sur différents points de l'Europe, la simple et pure religion de Jésus, la religion de l'égalité et de l'amour. Ces doctrines furent étouffées par la fumée des bûchers ou noyées dans des flots de sang.

Toute l'histoire du moyen âge est pleine de ces tentatives de la pensée, de ces réveils éclatants, suivis des réactions du despotisme religieux et monarchique et de périodes de morne silence.

Cependant la science sacrée était gardée, sous des aspects différents, par plusieurs ordres secrets. Les Alchimistes, les Templiers, les Rose-Croix, etc., en conservèrent les principes. Les Templiers furent poursuivis avec acharnement par l'Église officielle. Celle-ci redoutait au plus haut point les écoles secrètes et l'empire qu'elles exerçaient sur les intelligences. Sous le prétexte de sorcellerie, de pactes avec le diable, elle les détruisit presque toutes par le fer et le feu.

La Réforme réussit à arracher la moitié de l'Europe au joug de Rome. Le protestantisme est supérieur au catholicisme, parce qu'il repose sur le principe du libre examen. Sa morale est plus précise. Il a le mérite de se rapprocher davantage de la simplicité évangélique. Mais l'orthodoxie protestante ne saurait être considérée comme le dernier mot de la rénovation religieuse, en raison de son attachement exclusif à la « lettre qui tue » et au bagage dogmatique qu'elle a conservé en partie.

Malgré les efforts de la théocratie, la doctrine secrète ne s'est pas perdue. Longtemps, elle est restée cachée à tous les yeux. Les conciles et les sbires du Saint-Office avaient cru l'ensevelir à jamais; cependant sous la pierre scellée sur elle, cette doctrine vivait toujours, semblable à la lampe sépulcrale qui brûle, solitaire, dans la nuit.

Même au sein du clergé, il y eut toujours des partisans cachés de ces idées de réhabilitation par l'épreuve, de succession des vies et de communication avec l'Invisible. Certains d'entre eux osèrent élever la voix.

En 1843, dans son mandement, M. de Montal, évêque de Chartres, parlait en ces termes de la préexistence et des réincarnations :

« Puisqu'il n'est pas défendu de croire à la préexistence des âmes, qui peut savoir ce qui a pu se passer dans le lointain des âges entre des intelligences? »

Le cardinal Bona, le Fénelon de l'Italie, dans son traité *Du Discernement des Esprits*, s'exprimait ainsi :

« On a sujet de s'étonner qu'il se soit pu trouver des hommes de bon sens qui aient osé nier tout à fait les apparitions et les communications des âmes avec les vivants, ou les attribuer à une imagination trompée ou bien à l'art des démons. »

VII. — Matérialisme et Positivisme.

Comme l'Océan, la pensée a son flux et son reflux. Lorsque l'humanité pénètre, à un point de vue quelconque, dans le domaine des exagérations, une réaction vigoureuse se produit tôt ou tard. Les excès provoquent des excès contraires. Après des siècles de soumission et de foi aveugle, le monde, lassé du sombre idéal de Rome, s'est rejeté vers les doctrines du néant. Les affirmations téméraires ont amené des négations furieuses. Le combat s'est engagé, et la pioche du matérialisme a fait brèche dans l'édifice catholique.

Les idées matérialistes gagnent du terrain. En repoussant les dogmes de l'Église comme inacceptables, un grand nombre d'esprits cultivés ont, du même coup, déserté la cause spiritualiste et la croyance en Dieu. Écartant les conceptions métaphysiques, ils ont cherché la vérité dans l'observation directe des phénomènes, dans ce qu'on est convenu d'appeler la méthode expérimentale.

On peut résumer ainsi les doctrines matérialistes : Tout est matière. Chaque molécule a ses propriétés inhérentes, en vertu desquelles s'est formé l'univers avec les êtres qu'il contient. L'idée d'un principe spirituel est une hypothèse. La matière se gouverne elle-même par des lois fatales, mécaniques ; elle est éternelle, mais elle seule est éternelle. Sortis de la poussière, nous retournerons à la poussière. Ce que nous appelons âme, l'ensemble de nos facultés intellectuelles, la conscience, n'est qu'une fonction de l'organisme et s'évanouit à la mort. « La pensée est une sécrétion du cerveau », a dit Carl Vogt, et le même auteur ajoute : « Les lois de la nature sont des forces inflexibles. Elles ne connaissent ni la morale, ni la bienveillance. »

Si la matière est tout, qu'est-ce donc que la matière ? Les matérialistes eux-mêmes ne sauraient le dire, car la matière, dès qu'on l'analyse dans son essence intime, se dérobe, échappe et fuit comme un mirage trompeur.

Les solides se changent en liquides, les liquides en gaz ; au delà de l'état gazeux vient l'état radiant, puis, par des raffinements innombrables, de plus en plus subtils, la matière passe à l'état impondérable. Elle devient cette substance éthérée qui remplit l'espace, tellement ténue qu'on la prendrait pour le vide absolu, si la lumière ne la faisait vibrer en la traversant. Les mondes se baignent dans ses flots, comme dans ceux d'une mer fluide.

Ainsi, de degré en degré, la matière se perd en une poussière invisible. Tout se résume en force et en mouvement.

Les corps organiques ou inorganiques, nous

dit la science, minéraux, végétaux, animaux, hommes, mondes, astres, ne sont que des agrégations de molécules, et ces molécules sont elles-mêmes composées d'atomes, séparés les uns des autres, dans un état de mouvement constant et de renouvellement perpétuel.

L'atome est invisible, même avec l'aide des plus puissants grossissements. A peine peut-on le concevoir par la pensée, tellement sa petitesse est extrême (1). Et ces molécules, ces atomes s'agitent, se meuvent, circulent, évoluent en des tourbillons incessants, au milieu desquels la forme du corps ne se maintient qu'en vertu de la loi d'attraction.

On peut donc dire que le monde est composé d'atomes invisibles, régis par des forces immatérielles. La matière, dès qu'on l'examine de près, s'évanouit comme une fumée. Elle n'a qu'une réalité apparente et ne peut nous offrir aucune base de certitude. Il n'y a de réalité per-

(1) La théorie de l'atome indivisible et indestructible, qui, depuis deux mille ans, servait de base à la physique et à la chimie, vient d'être délaissée par la science, à la suite des découvertes de Curie, Becquerel, G. Le Bon, etc. Dès 1876, dans la *Synthèse chimique* (p. 164), Berthelot qualifiait déjà cette théorie de « roman ingénieux et subtil ». On voit par là, dit Le Bon (*Revue scientifique*, 31 octobre 1903), que certains dogmes scientifiques n'ont pas plus de consistance que les divinités des anciens âges. Avant eux, sir W. Crookes, le grand physicien anglais, l'avait déclaré : « La matière n'est qu'un mode de mouvement » (*Proc. Roy. Soc.*, n° 205, p. 472). Ainsi s'écroule le seul point d'appui sur lequel s'édifiait toute la théorie matérialiste.

manente, il n'y a de certitude que dans l'esprit. C'est à lui seul que le monde se révèle dans son unité vivante et dans son éternelle splendeur. Lui seul peut en goûter, en comprendre l'harmonie. C'est dans l'esprit que l'Univers se connaît, se réfléchit, se possède.

L'esprit est plus encore, il est la force cachée, la volonté qui gouverne et dirige la matière — *Mens agitat molem* — et lui donne la vie. Toutes les molécules, tous les atomes, avons-nous dit, s'agitent et se renouvellent incessamment. Le corps humain est comme un torrent vital où les eaux succèdent aux eaux. Chaque particule est remplacée par d'autres particules. Le cerveau lui-même est soumis à ces changements et notre corps tout entier se renouvelle en quelques années.

Il est donc inexact de dire que le cerveau produit la pensée. Il n'en est que l'instrument. A travers les modifications perpétuelles de la chair, notre personnalité se maintient et, avec elle, notre mémoire et notre volonté. Il y a dans l'être humain une force intelligente et consciente qui règle le mouvement harmonieux des atomes matériels suivant les besoins de l'existence; un principe qui domine la matière et lui survit.

Il en est de même de l'ensemble des choses. Le monde matériel n'est que l'aspect extérieur, l'apparence changeante, la manifestation d'une réalité substantielle et spirituelle qui se trouve au dedans de lui. De même que le *moi* humain n'est pas dans la matière variable, mais dans l'esprit, le *moi* de l'univers n'est pas dans l'ensemble des globes et des astres qui le composent, mais dans la Volonté cachée, dans la Puissance invisible et immatérielle qui en dirige les secrets ressorts et en règle l'évolution.

La science matérialiste ne voit qu'un côté des choses. Dans son impuissance à déterminer les lois de l'univers et de la vie, après avoir proscrit l'hypothèse, elle est obligée, elle aussi, de sortir de la sensation, de l'expérience et de recourir à l'hypothèse, pour donner une explication des lois naturelles. C'est ce qu'elle a fait en prenant pour base du monde physique l'atome, qui ne tombe pas sous les sens.

J. Soury, un des écrivains matérialistes les plus autorisés, n'hésite pas à avouer cette contradiction dans son analyse des travaux d'Hæckel : « Nous ne pouvons rien connaître, dit-il, de la constitution de la matière. »

Si le monde n'était qu'un composé de matière gouverné par la force aveugle, c'est-à-dire par le hasard, on ne verrait pas cette succession régulière, continue, des mêmes phénomènes, se produisant d'après un ordre établi ; on ne verrait pas cette adaptation intelligente des moyens au but, cette harmonie des lois, des forces, des proportions, qui se manifeste dans toute la nature. La vie serait un accident, un fait d'exception et non d'ordre général. On ne saurait expliquer cette tendance, cette impulsion qui, dans tous les âges du monde, depuis l'apparition des êtres élémentaires, dirige le courant vital, par des progrès successifs, vers des formes de plus en plus parfaites. Aveugle, inconsciente, sans but, comment la matière pourrait-elle se diversifier, se développer sur le plan grandiose dont les lignes apparaissent à tout observateur attentif ? Comment pourrait-elle coordonner ses éléments, ses molécules, de manière à former toutes les merveilles de la nature, depuis les sphères qui peuplent l'étendue jusqu'aux organes du corps humain : le cerveau, l'œil, l'ouïe, jusqu'à l'insecte, jusqu'à l'oiseau, jusqu'à la fleur ?

Les progrès de la géologie et de l'anthropologie préhistorique ont jeté de vives lumières sur l'histoire du monde primitif ; mais c'est à tort que les matérialistes ont cru trouver dans la loi d'évolution des êtres un point d'appui, un secours pour leurs théories. Une chose essentielle se dégage de ces études. C'est la certitude que la force aveugle ne domine nulle part d'une façon absolue. Au contraire, c'est l'intelligence, la volonté, la raison qui triomphent et règnent. La force brutale n'a pas suffi à assurer la conservation et le développement des espèces. Parmi les êtres, celui qui a pris possession du globe et asservi la nature, ce n'est pas le plus fort, le mieux armé physiquement, mais le mieux doué sous le rapport intellectuel.

Depuis son origine, le monde s'achemine vers un état de choses de plus en plus élevé. La loi du progrès s'affirme à travers les temps, dans les transformations successives du globe et les étapes de l'humanité. Un but se révèle dans l'univers, but vers lequel tout marche, tout évolue, les êtres comme les choses; et ce but, c'est le Bien, c'est le Mieux. L'histoire de la terre en est le plus éloquent témoignage.

On nous objectera sans doute que la lutte, la souffrance et la mort sont au fond de tout. Nous répondrons que l'effort et la lutte sont les conditions mêmes du progrès. Quant à la mort, elle n'est pas le néant, comme nous le prouverons plus loin, mais l'entrée de l'être dans une phase nouvelle d'évolution. De l'étude de la nature et des annales de l'histoire, un fait capital se dégage : c'est qu'il y a une Cause à tout ce qui est, et cette Cause, pour la connaître, il faut s'élever au-dessus de la matière, jusqu'au principe intellectuel, jusqu'à cette Loi vivante et consciente qui nous explique l'ordre de l'univers, comme les expériences de la psychologie moderne nous expliquent le problème de la vie.

.·.

On juge surtout une doctrine philosophique par ses conséquences morales, par les effets qu'elle produit sur la vie sociale. Considérées à ce point de vue, les théories matérialistes, basées sur le fatalisme, sont incapables de servir de mobile à la vie morale, de sanction aux lois de la conscience. L'idée toute mécanique qu'elles donnent du monde et de la vie, détruit la notion de liberté et, par suite, celle de responsabilité (1). Elles font de la lutte pour l'existence une loi inexorable, par laquelle les faibles doivent succomber sous les coups des forts, une loi qui bannit à jamais de la terre le règne de la paix, de la solidarité et de la fraternité humaine. En pénétrant dans les esprits, elles ne peuvent amener que l'indifférence et l'égoïsme chez les heureux, le désespoir et la violence chez les déshérités, la démoralisation chez tous.

Sans doute, il est des matérialistes honnêtes et des athées vertueux, mais ce n'est pas par suite d'une application rigoureuse de leurs doctrines. S'ils sont tels, c'est malgré leurs opinions et non à cause d'elles; c'est par une impulsion secrète de leur nature, et parce que leur conscience a su résister à tous les sophismes. Il n'en résulte pas moins logiquement que le matérialisme, en supprimant le libre arbitre, en faisant des facultés intellectuelles et des qualités morales la résultante de combinaisons chimiques, les sécrétions de la substance grise du cerveau,

---

(1) Büchner et son école n'hésitent pas à l'affirmer : « L'homme n'est pas libre, disent-ils, il va où son cerveau le pousse. » (Voir *Force et Matière.*)

en considérant le génie comme une névrose, abaisse la dignité humaine, enlève à l'existence tout caractère élevé.

Avec la conviction qu'il n'y a rien au delà de la vie présente, pas d'autre justice que celle des hommes, chacun peut se dire : A quoi bon lutter et souffrir ? A quoi bon la pitié, le courage, la droiture ? Pourquoi se contraindre et maîtriser ses appétits, ses désirs ? Si l'humanité est abandonnée à elle-même, s'il n'y a nulle part un pouvoir intelligent, équitable, qui la juge, la guide, la soutienne, quel secours peut-elle attendre ? Quelle aide lui rendra moins lourd le poids de ses épreuves ?

S'il n'y a dans l'univers ni raison, ni justice, ni amour, rien que la force aveugle, étreignant les êtres et les mondes sous le joug d'une fatalité sans pensée, sans âme, sans conscience, alors l'idéal, le bien, la beauté morale, sont autant d'illusions et de mensonges. Ce n'est plus en eux, mais dans la réalité brutale ; ce n'est plus dans le devoir, mais dans la jouissance, que l'homme doit voir le but de la vie, et, pour le réaliser, il doit passer par-dessus toute vaine sentimentalité.

Si nous venons du néant pour retourner au néant, si le même sort, le même oubli attend le criminel et le sage, l'égoïste et l'homme dévoué ; si, suivant les combinaisons du hasard, les uns doivent être exclusivement à la peine et les autres à la joie et à l'honneur, alors, il faut oser le proclamer, l'espérance est une chimère ; il n'y a plus de consolations pour les affligés, plus de justice pour les victimes du sort. L'humanité roule, emportée par le mouvement du globe, sans but, sans clarté, sans loi morale, se renouvelant par la naissance et par la mort, deux phénomènes entre lesquels l'être s'agite et passe sans laisser plus de trace qu'une étincelle dans la nuit.

Sous l'influence de telles doctrines, la conscience n'a plus qu'à se taire et à faire place à l'instinct brutal ; l'esprit de calcul doit succéder à l'enthousiasme, et l'amour du plaisir remplacer les généreuses aspirations de l'âme. Alors chacun ne songera qu'à soi. Le dégoût de la vie, la pensée du suicide viendront hanter les malheureux. Les déshérités n'auront plus que haine pour ceux qui possèdent et, dans leur fureur, ils mettront en pièces cette civilisation grossière et matérielle.

Mais non, la pensée, la raison se soulèvent frémissantes et protestent contre ces doctrines de désolation. L'homme, nous disent-elles, n'aura pas lutté, travaillé, souffert, pour aboutir au néant ; la matière n'est pas tout ; il y a des lois supérieures à elle, des lois d'ordre et d'harmonie, et l'univers n'est pas seulement un mécanisme inconscient.

Comment la matière aveugle pourrait-elle se

gouverner par des lois intelligentes et sages ? Comment, dénuée de raison, de sentiment, pourrait-elle produire des êtres raisonnables et sensibles, capables de discerner le bien du mal, le juste de l'injuste ? Quoi ! l'âme humaine est susceptible d'aimer jusqu'au sacrifice, le sens du beau et du bien est gravé en elle, et elle serait issue d'un élément qui ne possède ces qualités à aucun degré ? Nous sentons, nous aimons, nous souffrons, et nous émanerions d'une cause qui est sourde, inexorable et muette ? Nous serions plus parfaits et meilleurs qu'elle ?

Un tel raisonnement est un outrage à la logique. On ne saurait admettre que la partie puisse être supérieure au tout, que l'intelligence puisse dériver d'une cause inintelligente, que, d'une nature sans but, il puisse sortir des êtres susceptibles de poursuivre un but.

Le sens commun nous dit, au contraire, que, si l'intelligence, l'amour du bien et du beau sont en nous, il faut qu'ils proviennent d'une cause qui les possède à un degré supérieur. Si l'ordre se manifeste en toutes choses, si un plan se révèle dans le monde, c'est qu'une pensée les a élaborés, une raison les a conçus.

N'insistons pas sur des problèmes dont nous aurons à reprendre plus loin l'examen, et arrivons à une autre doctrine, qui a avec le matérialisme de nombreux points de contact. Nous voulons parler du positivisme.

Cette philosophie, plus subtile ou moins franche que le matérialisme, n'affirme rien, ne nie rien. Écartant toute étude métaphysique, toute recherche des causes premières, elle établit que l'homme ne peut rien savoir du principe des choses ; par conséquent, l'étude des causes du monde et de la vie serait superflue. Toute sa méthode se rapporte à l'observation des faits constatés par les sens et des lois qui les relient. Elle n'admet que l'expérience et le calcul.

Cependant la rigueur de cette méthode a dû se plier devant les exigences de la science, et le positivisme, comme le matérialisme, malgré son horreur de l'hypothèse, a été contraint d'admettre des théories non vérifiables par les sens. C'est ainsi qu'il raisonne sur la matière et la force, dont la nature intime lui est inconnue ; qu'il admet la loi d'attraction, le système astronomique de Laplace, la corrélation des forces, toutes choses impossibles à démontrer expérimentalement.

Plus encore, on a vu le fondateur du positivisme, Auguste Comte, après avoir éliminé tous les problèmes religieux et métaphysiques, revenir aux qualités occultes et mystérieuses des choses (1) et terminer son œuvre en fondant le culte de la Terre. Ce culte avait ses cérémonies,

---

(1) Voir, à ce sujet, *Ontologie*, de Durand de Gros (1871), ouvrage remarquable, qui réfute les doctrines positivistes.

ses prêtres salariés. Il est vrai que les positivistes ont renié ces aberrations. Nous n'insisterons pas sur ce point, pas plus que sur cette particularité de la vie de Littré, ce savant éminent, ce chef vénéré de l'athéisme moderne, se faisant baptiser à son lit de mort, après avoir accepté les visites fréquentes d'un prêtre catholique. Un tel démenti infligé aux principes de toute une vie doit cependant être signalé. Ces deux exemples, donnés par les maîtres du positivisme, démontrent l'impuissance de doctrines qui se désintéressent des aspirations de l'être moral et religieux. Ils prouvent qu'on ne fonde rien avec des négations ni avec l'indifférence; que, malgré tous les sophismes, il arrive une heure où la pensée de l'au-delà se dresse devant les sceptiques les plus endurcis.

Néanmoins, on ne peut méconnaître que le positivisme n'ait eu sa raison d'être et n'ait rendu d'incontestables services à l'esprit humain, en contraignant celui-ci à serrer davantage ses arguments, à préciser ses théories, à faire une part plus large à la démonstration. Fatigués des abstractions métaphysiques et des vaines discussions d'école, ses fondateurs ont voulu placer la science sur un terrain solide. Mais la base choisie par eux était si étroite que leur édifice a manqué à la fois d'ampleur et de solidité. En voulant restreindre le domaine de la pensée, ils ont annihilé les plus belles facultés de l'âme ;

en repoussant les idées d'espace, d'infini, d'absolu, ils ont ôté à certaines sciences, aux mathématiques, à la géométrie, à l'astronomie, toute possibilité de se développer et de progresser. On a vu ce fait significatif : c'est dans le champ de l'astronomie stellaire, science proscrite par Auguste Comte comme étant du domaine de l'*incognoscible*, que les plus belles découvertes ont été réalisées.

Le positivisme est dans l'impossibilité de fournir une base morale à la conscience. L'homme, ici-bas, n'a pas que des droits à exercer, il a aussi des devoirs à remplir ; c'est la condition essentielle de tout ordre social. Or, pour remplir ses devoirs, il faut les connaître, et comment les connaître, si l'on se désintéresse du but de la vie, des origines et des fins de l'être ? Comment nous conformer à la règle des choses, selon la propre expression de Littré, si nous nous interdisons d'explorer le domaine du monde moral et l'étude des faits de conscience ?

Dans un but louable, certains penseurs, matérialistes et positivistes, ont voulu fonder ce qu'ils ont appelé la morale indépendante, c'est-à-dire la morale dégagée de toute conception théologique, de toute influence religieuse. Ils ont cru trouver là un terrain neutre, où tous les bons esprits pouvaient se réunir. Mais les matérialistes n'ont pas réfléchi qu'en niant la liberté, ils rendaient toute morale impuissante et vaine.

Dépourvu de liberté, l'homme n'est plus qu'une machine, et une machine n'a que faire de morale. Il aurait fallu aussi que la notion du devoir fût acceptée par tous pour être efficace ; et sur quoi peut s'appuyer la notion du devoir dans une théorie mécanique du monde et de la vie ?

La morale ne peut être prise pour base, pour point de départ. Elle est une conséquence de principes, le couronnement d'une conception philosophique. C'est pourquoi la morale indépendante est restée une théorie stérile, une illusion généreuse, sans influence sur les mœurs.

Dans leur étude attentive et minutieuse de la matière, les écoles positivistes ont contribué à enrichir certaines branches des connaissances humaines ; elles ont perdu de vue l'ensemble des choses et les lois supérieures de l'univers. En s'enfermant dans leur domaine exclusif, elles ont imité le mineur qui s'enfonce de plus en plus dans les entrailles du sol, en découvre les trésors cachés, mais perd de vue le grand spectacle de la nature, se déployant sous les rayons du soleil.

Ces écoles n'ont pas même été fidèles à leur programme ; car, après avoir proclamé la méthode expérimentale comme le seul moyen d'arriver à la vérité, on les a vues se donner un démenti à elles-mêmes en niant *a priori* tout un ordre de phénomènes, de manifestations psychiques, que nous aurons à examiner. Chose à noter, la science positive a montré autant d'incrédulité dédaigneuse devant ces faits, qui venaient bouleverser ses théories, autant de parti pris que les hommes d'église les plus intolérants.

Le positivisme ne peut donc pas être considéré comme la dernière étape de la science. Celle-ci est progressive par essence et saura se compléter en avançant. Le positivisme n'est qu'une des formes temporaires de l'évolution philosophique. Les siècles n'ont pas succédé aux siècles, les œuvres des sages et des philosophes ne se sont pas accumulées pour aboutir à la théorie de l'*inconnaissable*. La pensée évolue, se développe et, chaque jour, pénètre plus avant. Ce qui était inconnu hier sera connu demain. La marche de l'esprit humain n'a pas de terme. Lui en fixer un, c'est méconnaître la loi du progrès ; c'est faire faillite à la vérité.

VIII. — La Crise morale.

De l'examen précédent il résulte que deux systèmes contradictoires et ennemis se partagent le monde de la pensée. Notre temps est, à ce point de vue, un temps de trouble et de transition. La foi religieuse s'attiédit, et les grandes lignes de la philosophie de l'avenir n'apparaissent encore qu'à une minorité de chercheurs.

Certes, l'époque où nous vivons est grande

par la somme des progrès réalisés. La civilisation moderne, puissamment outillée, a transformé la face de la terre; elle a rapproché les peuples en supprimant les distances. L'instruction s'est répandue; les institutions se sont améliorées. Le droit a remplacé le privilège, et la liberté triomphe de l'esprit de routine et du principe d'autorité. Une grande bataille se livre entre le passé, qui ne veut pas mourir, et l'avenir, qui fait effort pour naître à la vie. A la faveur de cette lutte, le monde s'agite et marche ; une impulsion irrésistible l'entraîne, et le chemin parcouru, les résultats acquis nous font présager des conquêtes plus merveilleuses encore.

Cependant, si les progrès accomplis dans l'ordre physique et dans l'ordre intellectuel sont remarquables, par contre, l'avancement moral est nul. Sur ce point, le monde semble plutôt reculer; les sociétés humaines, fiévreusement absorbées par les questions politiques, par les entreprises industrielles et financières, sacrifient leurs intérêts moraux au bien-être matériel.

Si l'œuvre de la civilisation nous apparaît sous de magnifiques aspects, elle a aussi, comme toutes les choses humaines, de sombres dessous. Sans doute, elle a amélioré dans une certaine mesure les conditions de l'existence, mais elle a multiplié les besoins à force de les satisfaire; en aiguisant les appétits, les désirs, elle a favorisé d'autant le sensualisme et augmenté la dépravation. L'amour du plaisir, du luxe, des richesses est devenu de plus en plus ardent. On veut acquérir, on veut posséder à tout prix.

De là, ces spéculations éhontées qui s'étalent en pleine lumière. De là, cet affaissement des caractères et des consciences, ce culte fervent que l'on rend à la fortune, véritable idole dont les autels ont remplacé ceux des divinités tombées.

La science et l'industrie ont centuplé les richesses de l'humanité, mais ces richesses n'ont profité directement qu'à une faible partie de ses membres. Le sort des petits est resté précaire, et la fraternité tient plus de place dans les discours que dans les cœurs. Au milieu des cités opulentes, on peut encore mourir de faim. Les usines, les agglomérations ouvrières sont devenues des foyers de corruption physique ou morale, comme les enfers du travail.

L'ivrognerie, la prostitution, la débauche répandent partout leurs poisons, tarissent la vie dans sa source et appauvrissent les générations, tandis que les feuilles publiques sèment à l'envi l'injure, le mensonge, et qu'une littérature malsaine excite les cerveaux et débilite les âmes.

Chaque jour, la désespérance, le suicide font de nouveaux ravages. Le nombre des suicidés, qui était de quinze cents en 1820, pour la France, est maintenant de plus de huit mille. Huit mille êtres, chaque année, faute d'énergie et de sens moral, désertent les luttes fécondes de la vie et se réfugient dans ce qu'ils croient être le néant ! Le nombre des crimes et délits a triplé depuis cinquante ans. Parmi les condamnés, la proportion des adolescents est considérable. Faut-il voir dans cet état de choses les effets de la contagion du milieu, des mauvais exemples reçus dès l'enfance, le défaut de fermeté des parents et l'absence d'éducation dans la famille ? Il y a tout cela, et plus encore.

Nos maux proviennent de ce que, malgré le progrès de la science et le développement de l'instruction, l'homme s'ignore encore lui-même. Il sait peu de chose des lois de l'univers ; il ne sait rien des forces qui sont en lui. Le « connais-toi toi-même » du philosophe grec est resté, pour l'immense majorité des humains, un appel stérile. Pas plus qu'il y a vingt siècles, moins peut-être, l'homme d'aujourd'hui ne sait ce qu'il est, d'où il vient, où il va, quel est le but réel de l'existence. Aucun enseignement n'est venu lui donner la notion exacte de son rôle en ce monde ni de ses destinées.

L'esprit humain flotte, indécis, entre les sollicitations de deux puissances.

D'un côté, les religions, avec leur cortège d'erreurs et de superstitions, leur esprit de domination et d'intolérance ; mais aussi avec les consolations dont elles sont la source et les faibles lueurs qu'elles ont gardées des vérités primordiales.

De l'autre, la science, matérialiste dans ses principes comme dans ses fins, avec ses froides négations et son penchant outré à l'individualisme; mais aussi avec le prestige de ses travaux et de ses découvertes.

Et ces deux colosses, la religion sans preuves et la science sans idéal, se défient, s'étreignent, se combattent sans pouvoir se vaincre, car chacune d'elles répond à un besoin impérieux de l'homme, l'une parlant à son cœur, l'autre s'adressant à son esprit et à sa raison. Autour d'elles, les ruines s'accumulent, les ruines de nombreuses espérances et d'aspirations détruites; les sentiments généreux s'affaiblissent, la division et la haine remplacent la bienveillance et la concorde.

Au milieu de cette confusion d'idées, la conscience a perdu sa boussole et sa voie. Elle va, anxieuse, au hasard, et, dans l'incertitude qui pèse sur elle, le bien et le juste se voilent. La situation morale de tous les malheureux qui ploient sous le fardeau de la vie, est devenue intolérable entre deux doctrines qui n'offrent comme perspective à leurs douleurs, comme terme à leurs maux, l'une que le néant, l'autre qu'un paradis inaccessible ou une éternité de supplices.

Les conséquences de ce conflit se font sentir

partout, dans la famille, dans l'enseignement et dans la société. L'éducation virile a disparu. Ni la science, ni la religion ne savent plus faire les âmes fortes, bien armées pour les combats de la vie. La philosophie, elle-même, en s'adressant seulement à quelques intelligences abstraites, abdique ses droits sur la vie sociale et perd toute influence.

Comment l'humanité sortira-t-elle de cet état de crise ? Il n'est pour cela qu'un moyen : trouver un terrain de conciliation où ces deux forces ennemies, le sentiment et la raison, puissent s'unir pour le bien et le salut de tous. Car tout être humain porte en lui ces deux forces, sous l'empire desquelles il pense et agit tour à tour. Leur accord procure à ses facultés l'équilibre et l'harmonie, centuple ses moyens d'action et donne à sa vie la rectitude, l'unité de tendances et de vues, tandis que leurs contradictions et leurs luttes amènent en lui le désordre. Et ce qui se produit en chacun de nous se manifeste dans la société entière et cause le trouble moral dont elle souffre.

Pour mettre fin à ce conflit, il faut que la lumière se fasse aux yeux de tous, grands et petits, riches et pauvres, hommes, femmes et enfants ; il faut qu'un nouvel enseignement populaire vienne éclairer les âmes sur leur origine, leurs devoirs et leurs destinées.

Car tout est là. Ces solutions seules peuvent

servir de base à une éducation virile, rendre l'humanité vraiment forte et libre. Leur importance est capitale, aussi bien pour l'individu, qu'elles dirigent dans sa tâche journalière, que pour la société, dont elles règlent les institutions et les rapports. L'idée que l'homme se fait de l'univers, de ses lois, du rôle qui lui échoit sur ce vaste théâtre, rejaillit sur toute sa vie et influe sur ses déterminations. C'est d'après elle qu'il se trace un plan de conduite, se fixe un but et marche vers lui. Aussi chercherions-nous en vain à éluder ces problèmes. Ils se posent d'eux-mêmes à notre esprit ; ils nous dominent, ils nous enveloppent dans leurs profondeurs ; ils forment le pivot de toute civilisation.

Chaque fois qu'une conception nouvelle du monde et de la vie pénètre dans l'esprit humain et s'infiltre de proche en proche dans tous les milieux, l'ordre social, les institutions et les mœurs s'en ressentent aussitôt.

Les conceptions catholiques ont créé la civilisation du moyen âge et façonné la société féodale, monarchique, autoritaire. Alors, sur terre comme au ciel, c'était le règne de la grâce et du bon plaisir. Ces conceptions ont vécu ; elles ne trouvent plus de place dans le monde moderne. Mais, en abandonnant les anciennes croyances, le présent n'a pas su les remplacer. Le positivisme matérialiste et athée ne voit plus dans la vie qu'une combinaison passagère de matière et de force, dans les lois de l'univers qu'un mécanisme brutal. Aucune notion de justice, de solidarité, de responsabilité. De là, un relâchement général des liens sociaux, un scepticisme pessimiste, un mépris de toute loi et de toute autorité, qui pourraient nous conduire aux abîmes.

Ces doctrines matérialistes ont amené chez les uns le découragement, chez les autres une recrudescence de convoitise ; partout elles ont poussé au culte de l'or et de la chair. Sous leur influence, une génération s'est élevée, génération dépourvue d'idéal, sans foi dans l'avenir, sans énergie dans la lutte, sans persévérance dans l'action, doutant d'elle-même et de tout.

Les religions dogmatiques nous conduisaient à l'arbitraire et au despotisme ; le matérialisme aboutit logiquement, inévitablement, à l'anarchie et au nihilisme. C'est pourquoi nous devons le considérer comme un péril, comme une cause de décadence et d'abaissement.

Peut-être trouvera-t-on ces appréciations excessives et sera-t-on porté à nous taxer d'exagération. Il nous suffirait, en ce cas, de nous reporter aux œuvres des matérialistes éminents et de citer leurs propres conclusions.

Voici, par exemple, ce qu'écrit, parmi tant d'autres, M. Jules Soury (1) :

---

(1) *Philosophie naturelle*, p. 210.

« S'il y a quelque chose de vain et d'inutile au monde, c'est la naissance, l'existence et la mort des innombrables parasites, faunes et flores, qui végètent comme une moisissure et s'agitent à la surface de cette infime planète. Indifférente en soi, nécessaire en tout cas, puisqu'elle est, cette existence qui a pour condition la lutte acharnée de tous contre tous, la violence ou la ruse, *l'amour, plus amer que la mort, paraîtra, au moins à tous les êtres vraiment conscients, un rêve sinistre, une hallucination douloureuse, au prix de laquelle le néant serait un bien.*

« Mais, si nous sommes les fils de la nature, si elle nous a créés et donné l'être, c'est nous, à notre tour, qui l'avons douée de toutes les qualités idéales qui la parent à nos yeux, qui avons tissé le voile lumineux sous lequel elle nous apparaît. L'éternelle illusion qui enchante ou qui tourmente le cœur de l'homme est donc bien son œuvre.

« Dans cet univers où tout est ténèbres et silence, lui seul veille et souffre sur cette planète, parce que lui seul, peut-être avec ses frères inférieurs, médite et pense. C'est à peine s'il commence à comprendre la vanité de tout ce qu'il a cru, de tout ce qu'il a aimé, le néant de la beauté, le mensonge de la bonté, *l'ironie de toute science humaine.* Après s'être naïvement adoré dans ses dieux et dans ses héros, quand il n'a plus ni foi ni espoir, voici qu'il sent que la nature elle-même se dérobe, qu'*elle n'était, comme tout le reste, qu'apparence et duperie.* »

Un autre écrivain matérialiste, poète de grand talent, Mme Ackermann, n'hésitait pas à tenir ce langage :

« Je ne dirai pas à l'humanité : Progresse ! Je lui dirai : Meurs ! car aucun progrès ne t'arrachera jamais aux misères de la condition terrestre. »

Ces vues ne sont pas seulement le partage de quelques écrivains. Grâce à une littérature qui déshonore le beau nom de naturalisme, par le moyen de romans, de feuilletons sans nombre, elles ont pénétré jusque dans les milieux les plus obscurs.

Avec cette opinion que le néant est préférable à la vie, peut-on s'étonner que l'homme prenne l'existence et le travail en dégoût ? Peut-on se refuser à comprendre pourquoi le découragement et la démoralisation s'infiltrent dans les esprits ? Non, ce n'est pas avec de telles doctrines que l'on inspirera aux peuples la grandeur d'âme, la fermeté dans les mauvais jours, le courage dans l'adversité !

Une société sans espérance, sans foi dans l'avenir, est comme un homme perdu dans le désert, comme une feuille morte qui roule au gré des vents. Il est bon de combattre l'ignorance et la superstition, mais il faut les remplacer par des croyances rationnelles. Pour marcher d'un pas ferme dans la vie, pour se préserver des défaillances et des chutes, il faut une conviction robuste, une foi qui nous enlève au-dessus du monde matériel ; il faut voir le but et y tendre directement. L'arme la plus sûre dans le combat terrestre, c'est une conscience droite et éclairée.

Mais si l'idée du néant nous domine, si nous croyons que la vie est sans lendemain et qu'à la mort tout est fini, alors, pour être logiques, le souci de l'existence matérielle et l'intérêt personnel devront primer tout autre sentiment. Peu nous importera un avenir que nous ne devons pas connaître ! A quel titre nous parlera-t-on de progrès, de réformes, de sacrifices ? S'il n'est pour nous qu'une existence éphémère, nous n'avons plus qu'à profiter de l'heure présente, à en prendre les joies, à en laisser les souffrances et les devoirs ! Tels sont les raisonnements auxquels aboutissent forcément les théories matérialistes, raisonnements que nous entendons formuler et que nous voyons appliquer chaque jour autour de nous.

Quels ravages ne peut-on attendre de ces doctrines, au milieu d'une riche civilisation, déjà très développée dans le sens du luxe et des jouissances physiques ?

Cependant tout idéal n'est pas mort. L'âme humaine a parfois le sentiment de sa misère, de l'insuffisance de la vie présente et de la nécessité de l'au-delà. Dans la pensée du peuple, une sorte d'intuition subsiste. Trompé pendant des siècles, le peuple est devenu incrédule à l'égard de tout dogme, mais il n'est pas sceptique. Vaguement, confusément, il croit, il aspire à la justice. Et ce culte du souvenir, ces manifestations touchantes du 2 novembre, qui portent les foules vers les tombes des morts aimés, dénotent aussi un instinct confus de l'immortalité. Non, le peuple n'est pas athée, puisqu'il croit à la justice immanente, comme il croit à la liberté, car toutes deux existent de par les lois éternelles et divines. Ce sentiment, le plus grand, le plus beau que l'on puisse trouver au fond de l'âme, ce sentiment nous sauvera. Pour cela, il suffira de faire comprendre à tous que cette notion, gravée en nous, est la loi même de l'univers, qu'elle régit tous les êtres et tous les mondes, et que, par elle, le bien doit finalement triompher du mal, et la vie sortir de la mort.

En même temps qu'il aspire à la justice, le peuple en cherche la réalisation. Il la cherche, sur le terrain politique comme sur le terrain économique, dans le principe d'association. La puissance populaire a commencé à étendre sur le monde un vaste réseau d'associations ouvrières, un groupement socialiste qui embrasse toutes les nations, et, sous un drapeau unique, fait entendre partout les mêmes appels, les mêmes revendications. Il y a là, qu'on ne s'y trompe pas, en même temps qu'un spectacle plein d'enseignements pour le penseur, une œuvre grosse de conséquences pour l'avenir. Inspirée par les théories matérialistes et athées, elle deviendrait un instrument de destruction, car son action se résoudrait en tempêtes violentes, en révolutions douloureuses. Contenue dans les bornes de la sagesse et de la modération, elle peut beaucoup pour le bonheur de l'humanité. Qu'un rayon d'en haut vienne éclairer ces foules en travail, qu'un idéal élevé vienne réchauffer ces masses avides de progrès, et, grâce à ce mouvement, on verra toutes les vieilles formes sociales se dissoudre et se fondre en un monde nouveau, basé sur le droit de tous, sur la justice et la solidarité.

*
* *

L'heure présente est une heure de crise et de renouvellement. Le monde est en fermentation, la corruption monte, l'ombre s'étend, le péril est grand ; mais derrière l'ombre nous voyons la lumière; derrière le péril nous voyons le salut. Une société ne peut périr. Si elle porte en elle des éléments de décomposition, elle porte aussi des germes de transformation et de relèvement. La décomposition annonce la mort, mais elle précède aussi la renaissance ; elle peut être le prélude d'une autre vie.

D'où viendront la lumière, le salut, le relèvement ? Ce n'est pas de l'Église ; elle est impuissante à régénérer l'esprit humain.

Ce n'est pas de la science. Elle ne s'occupe ni des caractères, ni des consciences, mais seulement de ce qui frappe les sens ; et tout ce qui fait la vie morale, tout ce qui fait les grands cœurs, les sociétés fortes : le dévouement, la vertu, la passion du bien, tout cela ne tombe pas sous les sens.

Pour relever le niveau moral, pour arrêter ces deux courants de la superstition et du scepticisme qui aboutissent également à la stérilité, ce qu'il faut à l'homme, c'est une conception nouvelle du monde et de la vie, qui, en s'appuyant sur l'étude de la nature et de la conscience, sur l'observation des faits, sur les principes de la raison, fixe le but de l'existence et règle notre marche en avant. Ce qu'il faut, c'est un enseignement d'où se dégage un mobile de perfectionnement, une sanction morale et une certitude pour l'avenir.

Or, cette conception, cet enseignement existent déjà et se vulgarisent tous les jours. Au milieu des disputes et des divagations des écoles, une voix s'est fait entendre : celle des Morts. De l'autre côté de la tombe, ils se sont révélés plus vivants que jamais ; devant leurs instructions, le voile qui nous cachait la vie future est tombé. L'enseignement qu'ils nous donnent va réconcilier tous les systèmes ennemis et, des cendres du passé, faire jaillir une flamme nouvelle. Dans la philosophie des Esprits, nous retrouvons la doctrine cachée qui embrasse tous les âges. Cette doctrine, elle la fait revivre ; elle en réunit les débris épars, les relie d'un ciment puissant pour en reconstituer un monument capable d'abriter tous les peuples, toutes les civilisations. Pour en assurer la durée, elle l'asseoit sur le roc de l'expérience directe, du fait sans cesse renouvelé. Grâce à elle, la certitude de la vie immortelle se précise aux yeux de tous, avec les existences innombrables et les progrès incessants qu'elle nous réserve dans la succession des temps.

Une telle doctrine peut transformer peuples et sociétés, en portant la clarté partout où est la nuit, en faisant fondre à sa chaleur tout ce qu'il y a de glace et d'égoïsme dans les âmes, en révélant à tous les hommes les lois qui les unissent dans les liens d'une étroite solidarité. Elle fera la conciliation avec la paix et l'harmonie. Par elle, nous apprendrons à agir avec un même esprit et un même cœur. L'humanité, consciente de sa force, s'avancera d'un pas plus ferme vers ses magnifiques destinées.

Cet enseignement, nous en exposerons les principes essentiels dans la deuxième partie de cet ouvrage, après quoi nous indiquerons les preuves expérimentales, les faits d'observation sur lesquels ils reposent.

DEUXIÈME PARTIE

LES GRANDS PROBLÈMES

IX. — L'Univers et Dieu.

Plus haut que les problèmes de la vie et de la destinée, se dresse la question de Dieu.

Si nous étudions les lois de la nature, si nous poursuivons la beauté idéale dont tous les arts s'inspirent, partout et toujours, au-dessus et au delà de tout, nous retrouvons l'idée d'un Être supérieur, nécessaire et parfait, source éternelle du bien, du beau et du vrai, à qui s'identifient la loi, la justice, la suprême raison.

Le monde, physique et moral, est gouverné par des lois, et ces lois, établies d'après un plan, dénotent une intelligence profonde des choses qu'elles régissent. Elles ne procèdent pas d'une cause aveugle : le chaos, le hasard ne sauraient produire l'ordre et l'harmonie. Elles n'émanent pas des hommes : des êtres passagers, limités dans le temps et l'espace, ne pourraient créer des lois permanentes et universelles. Pour les expliquer, logiquement, il faut remonter jusqu'à l'Être générateur de toutes choses. On ne saurait concevoir l'intelligence sans la personnifier dans un être, mais cet être ne vient pas s'ajouter à la chaîne des êtres. Il est le Père de tous, la source même de la vie.

La personnalité ne doit pas s'entendre ici dans le sens d'un être possédant une forme, mais plutôt comme l'ensemble des facultés constituant un tout conscient. La personnalité, dans la plus haute acception de ce mot, c'est la conscience, et c'est dans ce sens que Dieu est une personne, ou plutôt la personnalité absolue, et non pas un être ayant une forme et des limites. Dieu est infini et ne peut être individualisé, c'est-à-dire séparé du monde, ni subsister à part.

Quant à se désintéresser de l'étude de la cause première comme inutile et inconnaissable, suivant l'expression des positivistes, nous nous demandons s'il est réellement possible à un esprit sérieux de se complaire dans l'ignorance des lois qui règlent les conditions de son existence. La recherche de Dieu s'impose. Elle n'est autre que l'étude de la grande Ame, du principe de vie qui anime l'univers et se reflète en chacun de nous. Tout devient secondaire quand il s'agit du principe des choses. L'idée de Dieu est inséparable de l'idée de loi et surtout de loi morale, et nulle société ne peut vivre, ni se développer sans la connaissance de la loi morale. La croyance en un idéal supérieur de justice fortifie la conscience et soutient l'homme dans ses épreuves. Elle est la consolation, l'espérance de ceux qui souffrent, le suprême refuge des affligés, des abandonnés. Comme une aurore, elle éclaire de ses douces clartés l'âme des malheureux.

Sans doute on ne peut démontrer l'existence de Dieu par des preuves directes et sensibles ; Dieu ne tombe pas sous les sens. La Divinité s'est dérobée sous un voile mystérieux, peut-être pour nous contraindre à la rechercher, ce qui est bien l'exercice le plus noble et le plus fécond de notre faculté de penser, et aussi pour nous laisser le mérite de la découvrir. Mais il est en nous une force, un instinct sûr, qui nous porte vers elle et nous affirme son existence avec plus d'autorité que toutes les démonstrations et toutes les analyses.

Dans tous les temps, sous tous les climats, — et c'est là la raison d'être de toutes les religions, — l'esprit humain a senti le besoin de s'élever au-dessus de toutes les choses mobiles, périssables, qui constituent la vie matérielle et ne peuvent lui donner une complète satisfaction, pour s'attacher à ce qui est fixe, permanent, immuable dans l'univers, à quelque chose d'absolu et de parfait, à qui il identifie toutes les puissances intellectuelles et morales, et qui soit son point d'appui dans la marche en avant. Il a trouvé tout cela en Dieu, et rien en dehors de lui ne peut nous procurer cette sécurité, cette certitude, cette confiance en l'avenir, sans lesquelles nous flottons à tous les vents du doute et de la passion.

On nous objectera peut-être le funeste usage que les religions ont fait de l'idée de Dieu. Mais qu'importent les formes variées que les hommes ont prêtées à la Divinité? Ce ne sont plus là pour nous que des dieux chimériques, créés par la raison débile dans l'enfance des sociétés, ces formes poétiques, gracieuses ou terribles, étant appropriées aux intelligences qui les ont conçues. La pensée humaine, plus mûre, s'est éloignée de ces conceptions vieillies; elle a oublié ces fantômes et les abus commis en leur nom, pour se porter d'un élan puissant vers la Raison éternelle, vers Dieu, Ame du monde, foyer universel de vie et d'amour, en qui nous nous sentons vivre comme l'oiseau vit dans l'air, comme le poisson vit dans l'Océan, et par qui nous sommes reliés à tout ce qui est, a été et sera.

L'idée que les religions se sont faite de Dieu s'appuyait sur une révélation prétendue surnaturelle. Nous admettons encore aujourd'hui une révélation des lois supérieures, mais celle-là est rationnelle et progressive ; elle se fait à notre pensée par la logique des choses et par le spectacle du monde. Elle est écrite dans deux livres sans cesse ouverts sous nos yeux : le livre de l'univers, où les œuvres divines apparaissent en caractères grandioses ; le livre de la conscience, dans lequel sont gravés les préceptes de la morale. Les indications des Esprits, recueillies sur tous les points du globe par des procédés simples et naturels, n'ont fait que la confirmer. C'est au moyen de ce double enseignement que la raison humaine communie avec la raison divine au sein de la nature universelle, qu'elle en comprend, qu'elle en goûte les harmonies et les beautés.

.·.

A l'heure où le silence et la nuit s'étendent sur la terre, quand tout repose dans les demeures humaines, si nous portons nos regards vers l'infini des cieux, nous le verrons parsemé de feux innombrables. Des astres radieux, des soleils éblouissants, suivis de leurs cortèges de planètes, évoluent par milliers dans les profondeurs. Jusque dans les régions les plus reculées, des groupes stellaires se déploient comme des écharpes lumineuses. En vain le télescope sonde les cieux, nulle part il ne trouve de bornes à l'univers ; partout les mondes succèdent aux mondes, les soleils aux soleils ; partout des légions d'astres se multiplient au point de se confondre en une brillante poussière dans les abîmes sans fond de l'espace.

Quelle parole humaine pourrait vous décrire, merveilleux diamants de l'écrin céleste ? Sirius, vingt fois plus grand que notre Soleil, lui-même égal à plus d'un million de globes terrestres réunis; Aldébaran, Véga, Procyon, soleils roses, bleus, écarlates, astres d'opale et de saphir, qui déversez dans l'étendue vos rayons multicolores, rayons qui, malgré une vitesse de soixante et dix mille lieues par seconde, n'arrivent à nous qu'après des centaines et des milliers d'années ! Et vous, nébuleuses lointaines, qui enfantez des soleils, univers en formation, tremblantes étoiles à peine perceptibles, qui êtes des foyers gigantesques de chaleur, de lumière, d'électricité et de vie, mondes étincelants, sphères immenses ! et vous, peuples innombrables, races, humanités sidérales qui les habitez ! Notre faible voix s'essaye vainement à proclamer votre splendeur; impuissante, elle se tait, tandis que notre regard ébloui contemple le défilé des astres.

Et lorsque ce regard abandonne les vertigineux espaces pour observer les mondes plus voisins, les sphères, filles du Soleil, qui gravitent comme nous autour du foyer commun, qu'observe-t-il à leur surface ? Des continents et des mers, des monts et des plaines, d'épais nuages chassés par les vents, des neiges et des bancs de glace accumulés autour des pôles. Nous apprenons que ces mondes possèdent de l'air, de l'eau, de la chaleur, de la lumière, des saisons, des climats, des jours, des nuits, en un mot toutes les conditions de la vie terrestre, ce qui nous permet de voir en eux le séjour d'autres familles humaines, de croire, avec la science, qu'ils sont habités, l'ont été ou le seront un jour. Tout cela, astres flamboyants, chefs de systèmes, planètes secondaires, satellites, comètes vagabondes, tout cela, suspendu dans le vide, s'agite, s'éloigne, se rapproche, parcourt des orbes déterminés, emporté par des vitesses effrayantes à travers les régions sans fin de l'immensité. Partout le mouvement, l'activité, la vie se manifestent dans le spectacle de l'univers, peuplé de mondes innombrables, roulant sans repos dans la profondeur des cieux.

Une loi règle cette circulation formidable, la loi universelle de gravitation. Elle seule soutient, fait mouvoir les corps célestes, dirige autour des soleils lumineux les planètes obéissantes. Cette loi régit tout dans la nature, depuis l'atome jusqu'à l'astre. La même force qui, sous le nom d'attraction, retient les mondes dans leurs orbes, sous celui de cohésion, groupe les molécules et préside à la formation des corps chimiques.

Si, après ce regard rapide jeté sur les cieux, nous comparions la terre que nous habitons aux puissants soleils qui se balancent dans l'éther, auprès d'eux, elle nous paraîtrait à peine comme un grain de sable, comme un atome flottant dans l'infini. La terre est un des plus petits astres du ciel. Et cependant quelle harmonie dans sa forme, quelle variété dans sa parure ! Voyez ses continents découpés, ses péninsules effilées et les guirlandes d'îles qui les entourent ; voyez ses mers imposantes, ses lacs, ses forêts, ses végétaux, depuis le cèdre qui se dresse au flanc des monts jusqu'à l'humble fleur à demi cachée dans la verdure ; énumérez les êtres vivants qui la peuplent ; oiseaux, insectes, plantes, et vous reconnaîtrez que chacune de ces choses est une œuvre admirable, une merveille d'art et de précision.

Et le corps humain, n'est-il pas un vivant laboratoire, un instrument dont le mécanisme touche à la perfection ? Étudions en lui la circulation du sang, cet ensemble de valvules et de soupapes semblables à celles d'une machine à vapeur. Examinons la structure de l'œil, cet appareil si compliqué qu'il surpasse tout ce que l'industrie de l'homme peut rêver ; la construction de l'oreille, si admirablement disposée pour recueillir les ondes sonores ; le cerveau, dont les circonvolutions internes ressemblent à l'épanouissement d'une fleur. Considérons tout cela ; puis, quittant le monde visible, descendons plus bas dans l'échelle des êtres, pénétrons dans ces domaines que le microscope nous révèle ; observons ce fourmillement d'espèces et de races qui confond la pensée. Chaque goutte d'eau, chaque grain de poussière est un monde, et les infiniment petits qui le peuplent sont gouvernés par des lois aussi précises que les géants de l'espace. Tout est plein d'êtres, d'embryons, de germes. Des millions d'infusoires s'agitent dans les gouttes de notre sang, dans les cellules des corps organisés. L'aile d'une mouche, le moindre atome de matière, sont peuplés de légions de parasites. Et tous ces animalcules sont pourvus d'appareils de mouvement, de systèmes nerveux, d'organes de sensibilité qui en font des êtres complets, armés pour la lutte et les nécessités de l'existence. Jusqu'au sein de l'Océan, à des profondeurs de huit mille mètres, vivent des êtres frêles, délicats, phosphorescents, qui fabriquent de la lumière et ont des yeux pour la voir.

Ainsi, dans tous les milieux, une fécondité sans bornes préside à la formation des êtres. La nature est dans un enfantement perpétuel. De même que l'épi est en germe dans la graine, le chêne dans le gland et la rose dans son bouton, ainsi des genèses de monde s'élaborent dans la profondeur des cieux étoilés. Partout la vie engendre la vie. D'échelons en échelons, d'espèces en espèces, par un enchaînement continu, elle s'élève des organismes les plus simples, les plus rudimentaires, jusqu'à l'être pensant et conscient, en un mot jusqu'à l'homme.

Une puissante unité régit le monde. Une seule substance, l'éther ou fluide universel, constitue dans ses transformations infinies l'innombrable variété des corps. Cet élément vibre sous l'action des forces cosmiques. Suivant la vitesse et le nombre de ses vibrations, il produit la chaleur, la lumière, l'électricité ou le fluide magnétique. Que ces vibrations se condensent, et aussitôt les corps apparaissent.

Et toutes ces formes se relient, toutes ces forces s'équilibrent, se marient en de perpétuels échanges, dans une étroite solidarité. Du minéral à la plante, de la plante à l'animal et à l'homme, de l'homme aux êtres supérieurs, l'affinage de la matière, l'ascension de la force et de la pensée se produisent sur un rythme harmonique. Une loi souveraine règle sur un plan uniforme les manifestations de la vie, tandis qu'un lien invisible rattache tous les univers et toutes les âmes.

Du travail des êtres et des choses, une aspiration se dégage, l'aspiration vers l'infini, vers le parfait. Tous les effets, divergents en apparence, convergent, en réalité, vers un même centre, toutes les fins se coordonnent, forment un ensemble, évoluent vers un même but : Dieu !

Dieu, centre de toute activité, fin dernière de toute pensée et de tout amour.

L'étude de la nature nous montre en tous lieux l'action d'une volonté cachée. Partout la matière obéit à une force qui la domine, l'organise et la dirige. Toutes les forces cosmiques se ramènent au mouvement, et le mouvement, c'est l'Être, la Vie. Le matérialisme explique la formation du monde par la danse aveugle et le rapprochement fortuit des atomes. Mais a-t-on jamais vu le jet au hasard des lettres de l'alphabet produire un poème ? Et quel poème que celui de la vie universelle ! A-t-on jamais vu un mélange de matériaux produire de lui-même un édifice de proportions imposantes ou une machine aux rouages nombreux et compliqués ? Livrée à elle-même, la matière ne peut rien. Inconscients et aveugles, les atomes ne sauraient se diriger vers un but. L'harmonie du monde ne s'explique que par l'intervention d'une volonté. C'est par l'action des forces sur la matière, c'est par l'existence de lois sages et profondes que cette volonté se manifeste dans l'ordre de l'univers.

On objecte souvent que tout n'est pas harmonique dans la nature. Si elle produit des merveilles, dit-on, elle enfante aussi des monstres. Le mal partout côtoie le bien. Si la lente évolution des choses semble préparer le monde à devenir le théâtre de la vie, il ne faut pas perdre de vue le gaspillage des existences et la lutte ardente des êtres. Il ne faut pas oublier que des tremblements de terre, des éruptions de volcans désolent parfois notre planète et détruisent en quelques instants les travaux de plusieurs générations.

Oui, sans doute, il y a des accidents dans l'œuvre de la nature, mais ces accidents n'excluent pas l'idée d'ordre, de finalité ; au contraire, ils viennent à l'appui de notre thèse, car nous pourrions nous demander pourquoi tout n'est pas accident.

L'appropriation des causes aux effets, des moyens au but, celle des organes entre eux, leur adaptation aux milieux, aux conditions de la vie, sont manifestes. L'industrie de la nature, analogue sur bien des points et supérieure à celle de l'homme, prouve l'existence d'un plan, et la mise en œuvre des éléments qui concourent à sa réalisation dénote une cause occulte, infiniment sage et puissante.

Quant à l'objection des monstres, elle provient d'un défaut d'observation. Les monstres ne sont que des germes déviés. Si un homme en tombant se casse la jambe, en fera-t-on remonter la responsabilité à la nature et à Dieu ? De même, par suite d'accidents, de désordres survenus pendant la gestation, les germes peuvent subir des déviations dans le sein de la mère. Nous sommes habitués à dater la vie de la naissance, de l'apparition de l'être à la lumière, mais la vie a son point de départ beaucoup plus loin.

L'argument tiré de l'existence des fléaux a pour origine une fausse interprétation du but de la vie. Celle-ci ne doit pas seulement nous procurer des agréments : il est utile, il est nécessaire qu'elle nous présente aussi des difficultés. Nous sommes tous nés pour mourir, et nous nous étonnons que certains hommes meurent par accident ! Êtres passagers en ce monde, dont nous n'emportons rien dans l'au-delà, nous nous lamentons de la perte de biens qui se seraient perdus d'eux-mêmes en vertu des lois naturelles ! Ces événements effroyables, ces catastrophes, ces fléaux portent en eux un enseignement. Ils nous rappellent que nous n'avons pas seulement à attendre de la nature des choses agréables, mais surtout des choses propices à notre éducation et à notre avancement ; que nous ne sommes pas ici-bas pour jouir et nous endormir dans la quiétude, mais pour lutter, travailler, combattre. Ils nous disent que l'homme n'est pas fait uniquement pour la terre, qu'il doit regarder plus haut, ne s'attacher aux choses matérielles que dans une juste mesure et songer que son être n'est pas détruit par la mort.

La doctrine de l'évolution n'exclut pas celle des causes premières et des causes finales. La plus haute idée que l'on puisse se faire d'un ordonnateur, c'est de le supposer formant un monde capable de se développer par ses propres forces, et non par une intervention incessante et de continuels miracles.

La science, à mesure qu'elle avance dans la connaissance de la nature, a pu faire reculer Dieu, mais Dieu a grandi en reculant. L'Être éternel, au point de vue théorique de l'évolution, est devenu autrement majestueux que le Dieu fantasque de la Bible. Ce que la science a ruiné à jamais, c'est la notion d'un Dieu anthropomorphe, fait à l'image de l'homme et extérieur au monde physique. Une notion plus haute est venue se substituer à celle-ci : celle d'un Dieu immanent, toujours présent au sein des choses. L'idée de Dieu n'exprime plus aujourd'hui pour nous celle d'un être quelconque, mais l'idée de l'Être, lequel contient tous les êtres.

L'univers n'est plus cette création (1), cette œuvre tirée du néant, dont parlent les religions. L'univers est un organisme immense, animé d'une vie éternelle. De même que notre propre corps est dirigé par une volonté centrale qui commande ses actes et règle ses mouvements ; de même que chacun de nous, à travers les modifications de sa chair, se sent vivre dans une unité permanente que nous nommons l'âme, la conscience, le moi, ainsi l'univers, sous ses formes changeantes, variées, multiples, se con-

(1) D'après Eug. Nus (*A la recherche des destinées*, chap. xi), le verbe hébreu que nous traduisons par le mot *créa* signifie *faire passer du principe à l'essence*.

naît, se réfléchit, se possède dans une unité vivante, dans une raison consciente qui est Dieu.

L'Être suprême n'existe pas en dehors du monde; il en est partie intégrante, essentielle. Il est l'unité centrale, où viennent aboutir et s'harmoniser tous les rapports, le principe de solidarité et d'amour par lequel tous les êtres sont frères. Il est le foyer d'où rayonnent et se répandent dans l'infini toutes les puissances morales : la sagesse, la justice, la bonté !

Il n'est donc pas de création spontanée, miraculeuse ; la création est continue, sans commencement ni fin. L'univers a toujours existé ; il possède en soi son principe de force, de mouvement ; il porte son but en lui-même. Le monde se renouvelle incessamment dans ses parties ; dans son ensemble, il est éternel. Tout se transforme et évolue par le jeu continu de la vie et de la mort, mais rien ne périt. Tandis que, dans les cieux, des soleils s'obscurcissent et s'éteignent, tandis que des mondes vieillis se désagrègent et s'évanouissent, sur d'autres points, des systèmes nouveaux s'élaborent, des astres s'allument, des mondes naissent à la lumière. A côté de la décrépitude et de la mort, des humanités nouvelles s'épanouissent dans un rajeunissement éternel.

L'œuvre grandiose se poursuit à travers les temps sans bornes et les espaces sans limites, par le travail de tous les êtres, solidaires les uns des autres, et au profit de chacun d'eux. L'univers nous offre le spectacle d'une évolution incessante, à laquelle tous participent. Un principe immuable préside à cette œuvre : c'est l'unité universelle, l'unité divine, laquelle embrasse, relie, dirige toutes les individualités, toutes les activités particulières, en les faisant converger vers un but commun, qui est la perfection dans la plénitude de l'existence (1).

.˙.

En même temps que les lois du monde physique nous montrent l'action d'un sublime ordonnateur, les lois morales, par l'intermédiaire de la conscience et la raison, nous parlent éloquemment d'un principe de justice, d'une providence universelle.

Le spectacle de la nature, la vue des cieux, des montagnes, de la mer, présentent à notre esprit l'idée d'un Dieu caché dans l'univers.

La conscience le montre en nous, ou plutôt elle montre en nous quelque chose de lui : c'est le sentiment du devoir et du bien; c'est un idéal moral vers lequel tendent les facultés de l'esprit et les sentiments du cœur. Le devoir or-

(1) « Il est *un*, procréé de lui-même, et de cet *un* toutes choses sont sorties, et il est en elles, il les enveloppe, et aucun mortel ne l'a vu, mais lui-même les voit tous. » (*Hymnes orphiques.*)

donne impérieusement ; il s'impose ; sa voix commande à toutes les puissances de l'âme. Il y a en lui une force qui pousse les hommes jusqu'au sacrifice. Lui seul donne à l'existence sa grandeur, sa dignité. La conscience est la manifestation en nous d'une puissance supérieure à la matière, d'une réalité vivante et agissante.

La raison nous parle également de Dieu. Les sens nous font connaître le monde matériel, le monde des effets ; la raison nous révèle le monde des causes ; elle est supérieure à l'expérience. Celle-ci constate les faits, la raison les groupe et en déduit les lois. Elle seule nous démontre qu'à l'origine du mouvement et de la vie se trouve l'intelligence, que le moins ne peut contenir le plus, ni l'inconscient produire le conscient, ce qui résulterait cependant de la conception d'un univers s'ignorant lui-même. La raison a découvert les lois universelles avant l'expérience ; celle-ci n'a fait que confirmer ses vues et en fournir la preuve. Mais il y a des degrés dans la raison ; cette faculté n'est pas également développée chez tous les hommes. De là, l'inégalité et la variété de leurs opinions.

Si l'homme savait se recueillir et s'étudier, s'il écartait de son âme toute l'ombre qu'y accumulent les passions ; si, déchirant le voile épais dont les préjugés, l'ignorance, les sophismes l'ont enveloppée, il descendait au fond de sa conscience et de sa raison, il y trouverait le principe d'une vie intérieure tout opposée à la vie du dehors. Par elle, il pourrait entrer en relations avec la nature entière, avec l'univers et Dieu, et cette vie lui donnerait comme un avant-goût de celle que lui réservent l'avenir d'outre-tombe et les mondes supérieurs. Là aussi est le livre mystérieux où tous ses actes, bons ou mauvais, s'inscrivent, où tous les faits de sa vie se gravent en caractères ineffaçables, pour reparaître dans une éblouissante clarté à l'heure de la mort.

Parfois une voix puissante, un chant grave et sévère s'élève de ces profondeurs de l'être, retentit au milieu des occupations frivoles et des soucis de notre vie pour nous rappeler au devoir. Malheur à celui qui refuse de l'entendre ! Un jour viendra où le remords lui apprendra qu'on ne repousse pas en vain les avertissements de la conscience.

Il est en chacun de nous des sources cachées d'où peuvent jaillir des flots de vie et d'amour, des vertus, des puissances sans nombre. C'est là, dans ce sanctuaire intime, qu'il faut chercher Dieu. Dieu est en nous, ou tout au moins il y a en nous un reflet de lui. Or, ce qui n'est pas ne saurait être reflété. Les âmes reflètent Dieu comme les gouttes de la rosée du matin réfléchissent les feux du soleil, chacune suivant son degré de pureté.

C'est par cette perception intérieure, et non

par l'expérience des sens, que les hommes de génie, les grands missionnaires, les prophètes ont connu Dieu et ses lois et les ont révélés aux peuples de la terre.

∴

Peut-on pousser plus loin que nous l'avons fait la définition de Dieu ? Définir, c'est limiter. En face de ce grand problème, l'humaine faiblesse apparaît. Dieu s'impose à notre esprit, mais il échappe à toute analyse. L'Être qui remplit le temps et l'espace ne sera jamais mesuré par des êtres que le temps et l'espace limitent. Vouloir définir Dieu, ce serait le circonscrire et presque le nier.

Les causes secondaires de la vie universelle s'expliquent, mais la cause première reste insaisissable dans son immensité. Nous ne parviendrons à la comprendre qu'après avoir traversé bien des fois la mort.

Tout ce que nous pouvons dire pour nous résumer, c'est que Dieu est la vie, la raison, la conscience, dans leur plénitude. Il est la cause éternellement agissante de tout ce qui est, la communion universelle où chaque être vient puiser l'existence, pour ensuite concourir, dans la mesure de ses facultés grandissantes et de son élévation, à l'harmonie de l'ensemble.

Nous voilà bien loin du Dieu des religions, du

Dieu « fort et jaloux » qui s'entoure d'éclairs, réclame des victimes sanglantes et punit pour l'éternité. Les Dieux anthropomorphiques ont vécu. On parle bien encore d'un Dieu auquel on attribue les faiblesses et les passions humaines, mais ce Dieu voit chaque jour s'amoindrir son empire.

Jusqu'ici, l'homme n'a vu Dieu qu'à travers son propre être, et l'idée qu'il s'en est faite a varié selon qu'il le contemplait avec l'une ou l'autre de ses facultés. Considéré à travers le prisme des sens, Dieu est multiple ; toutes les forces de la nature sont des dieux ; ainsi est né le polythéisme. Vu par l'intelligence, Dieu est double, esprit et matière, de là le dualisme. A la raison pure, il apparaît triple : âme, esprit et corps. Cette conception a donné naissance aux religions trinitaires de l'Inde et au Christianisme. Perçu par la volonté, saisi par la perception intime, propriété lentement acquise, comme s'acquièrent toutes les facultés du génie, Dieu est l'Unique et l'Absolu. En lui, les trois principes fondamentaux de l'univers se relient pour constituer une unité vivante.

Ainsi s'explique la diversité des religions et des systèmes, d'autant plus élevés qu'ils ont été conçus par des esprits plus purs et plus éclairés. Quand on considère les choses de haut, les oppositions d'idées, les religions et les faits historiques s'expliquent et se réconcilient dans une synthèse supérieure.

L'idée de Dieu, sous les formes diverses qu'elle a revêtues, évolue entre deux écueils, sur lesquels ont échoué nombre de systèmes. L'un est le panthéisme, qui conclut à l'absorption finale des êtres dans le Grand Tout. L'autre est la notion d'infini, qui éloigne tellement Dieu de l'homme qu'elle semble supprimer tout rapport entre eux.

La notion d'infini a été combattue par certains philosophes. Quoique incompréhensible, on ne saurait cependant l'écarter, car elle reparaît en toutes choses. Par exemple, qu'y a-t-il de plus solide que l'édifice des sciences exactes? Le nombre en est la base ; sans lui, il n'est plus de mathématiques. Or, il est impossible, y emploierait-on des siècles, de trouver le nombre exprimant les nombres infinis dont la pensée nous démontre l'existence. Il en est de même du temps et de l'espace. Au delà des limites du monde visible, la pensée cherche d'autres limites qui se dérobent incessamment à son atteinte.

Une seule philosophie paraît avoir évité ce double écueil et réussi à relier des principes opposés en apparence. C'est celle des Druides gaulois. Ils s'exprimaient ainsi dans la triade 48 (1) :

« Trois nécessités de Dieu : être infini en lui-même,

(1) *Triades bardiques. Cyfrinach Beirdd Inys Pryddain.*

être fini par rapport au fini, et être en rapport avec chaque état des existences dans le cercle des mondes. »

Ainsi, d'après cet enseignement à la fois simple et rationnel, l'Être infini et absolu par lui-même se fait relatif et fini avec ses créatures, se dévoilant sans cesse sous des aspects nouveaux, à mesure de l'avancement et de l'élévation des âmes. Dieu est en rapport avec tous les êtres. Il les pénètre de son esprit et les embrasse de son amour, pour les unir dans un lien commun et les aider ainsi à réaliser ses vues.

Sa révélation, ou plutôt l'éducation qu'il donne aux humanités, se fait graduelle et progressive, par le ministère de ses grands Esprits. L'intervention providentielle se manifeste dans l'histoire par l'apparition, aux temps voulus, au sein de ces humanités, des âmes d'élite chargées d'y introduire les innovations, les découvertes qui accéléreront leurs progrès, ou d'enseigner les principes d'ordre moral nécessaires à la régénération des sociétés.

Quant à l'absorption finale des êtres en Dieu, le Druidisme y échappait en faisant de *ceugant*, cercle supérieur renfermant tous les autres cercles, la demeure exclusive de l'Être divin. L'évolution et le progrès des âmes, se poursuivant dans le sens de l'infini, ne pouvaient avoir de terme.

Reprenons le problème du mal, qui a préoccupé tant de penseurs et dont nous n'avons parlé qu'incidemment.

Pourquoi Dieu, cause première de tout ce qui est, demandent les sceptiques, laisse-t-il subsister le mal dans l'univers ?

Nous avons vu que le mal physique, ou ce qui est considéré comme tel, n'est en réalité qu'un ordre de phénomènes naturels. Leur caractère malfaisant s'est expliqué, dès que l'on a connu la véritable raison des choses. L'éruption d'un volcan n'est pas plus extraordinaire que l'ébullition d'un vase rempli d'eau. La foudre qui renverse les édifices et les arbres est de même nature que l'étincelle électrique, véhicule de notre pensée. Il en est ainsi de tous les phénomènes violents. Reste la douleur physique ; mais on sait qu'elle est la conséquence de la sensibilité, et celle-ci est déjà une magnifique conquête que l'être n'a réalisée qu'après de longs stages passés dans les formes inférieures de la vie. La douleur est un avertissement nécessaire, un stimulant pour l'activité de l'homme. Elle nous oblige à rentrer en nous-mêmes et à réfléchir ; elle nous aide à dompter nos passions. La douleur est la voie du perfectionnement.

Mais le mal moral, dira-t-on, le vice, le crime, l'ignorance, le triomphe des méchants et l'infortune des justes, comment les expliquerez-vous ?

D'abord, à quel point de vue se place-t-on pour juger ces choses ? Si l'homme ne voit que le coin du monde qu'il habite, s'il n'envisage que son court passage sur la terre, comment pourra-t-il connaître l'ordre éternel et universel ? Pour peser le bien et le mal, le vrai et le faux, le juste et l'injuste, il faut s'élever au-dessus des bornes étroites de la vie actuelle et considérer l'ensemble de nos destinées. Alors le mal apparaît comme un état transitoire, inhérent à notre globe, comme une des phases inférieures de l'évolution des êtres vers le bien. Ce n'est pas sur notre monde et dans notre temps qu'il faut chercher l'idéal parfait, mais dans l'immensité des mondes et l'éternité des temps.

Cependant, si l'on observe la lente évolution des espèces et des races à travers les âges ; si l'on considère l'homme des temps préhistoriques, l'anthropoïde des cavernes, aux instincts féroces, et les conditions de sa vie misérable, et que l'on compare ensuite ce point de départ aux résultats obtenus par la civilisation actuelle, on verra clairement la tendance constante des êtres et des choses vers un idéal de perfection. L'évidence même nous le démontre : la vie toujours s'améliore, se transforme et s'enrichit, la somme du bien s'augmente sans cesse et la somme des maux s'amoindrit.

Et si l'on aperçoit des temps d'arrêt et parfois

même des reculs dans cet acheminement vers le mieux, il ne faut pas oublier que l'homme est libre, qu'il peut se déterminer à son gré dans un sens ou dans un autre. Son perfectionnement n'est possible que lorsque sa volonté s'accorde avec la loi.

Le mal, opposition à la loi divine, ne peut être l'œuvre de Dieu ; c'est donc l'œuvre de l'homme, la conséquence de sa liberté. Mais le mal, comme l'ombre, n'a pas d'existence réelle : c'est plutôt un effet de contraste. Les ténèbres se dissipent devant la lumière ; de même le mal s'évanouit dès que le bien paraît. Le mal, en un mot, n'est que l'absence du bien.

On se dit parfois que Dieu aurait pu créer des âmes parfaites et leur épargner ainsi les vicissitudes de la vie terrestre. Sans rechercher si Dieu aurait pu former des êtres semblables à lui, nous répondrons que, de ce fait, la vie et l'activité universelles, la variété, le travail, le progrès, n'auraient plus eu de but ; le monde se serait figé dans son immobile perfection. La magnifique évolution des êtres à travers les temps n'est-elle pas préférable à un morne et éternel repos ? Un bien que l'on n'a ni mérité ni conquis serait-il un bien, et celui qui l'obtiendrait sans effort pourrait-il en apprécier la valeur ?

Devant la vaste perspective de nos existences dont chacune est un combat pour la lumière ;

devant cette ascension grandiose de l'être s'élevant de cercles en cercles vers le parfait, le problème du mal disparaît.

Sortir des basses régions de la matière et gravir tous les échelons de la hiérarchie des Esprits, s'affranchir du joug des passions et conquérir une à une toutes les vertus, toutes les sciences, telle est la fin pour laquelle la Providence a formé les âmes et disposé les mondes, théâtres prédestinés de nos luttes et de nos travaux.

Croyons en Elle et bénissons-la ! Croyons en cette Providence généreuse qui a tout fait pour notre bien ; rappelons-nous que s'il paraît exister des lacunes à son œuvre, elles ne proviennent que de notre ignorance et de notre insuffisante raison. Croyons en Dieu, grand Esprit de la nature, qui préside au triomphe définitif de la justice dans l'univers. Ayons confiance en sa sagesse, qui réserve des compensations à toutes les souffrances, des joies à toutes les douleurs, et avançons d'un cœur ferme vers les destinées qu'il nous a choisies.

Il est beau, consolant et doux de pouvoir marcher dans la vie, le front levé vers les cieux, sachant que, même dans les orages, au milieu des épreuves les plus cruelles, au fond des cachots comme au bord des abîmes, une Providence, une loi divine plane sur nous, régit nos actes ; que de nos luttes, de nos tortures, de nos larmes, elle fait sortir notre propre gloire et notre bonheur. C'est dans cette pensée qu'est toute la force de l'homme de bien.

X. — L'Ame immortelle.

L'étude de l'univers nous conduit à l'étude de l'âme, à la recherche du principe qui nous anime et dirige nos actes.

La physiologie nous apprend que les différentes parties du corps humain se renouvellent dans une période de quelques années. Sous l'action de deux grands courants vitaux, un échange perpétuel de molécules se produit en nous; celles qui disparaissent de l'organisme sont remplacées une à une par d'autres provenant de l'alimentation. Depuis les substances molles du cerveau jusqu'aux parties les plus dures de la charpente osseuse, tout notre être physique est soumis à de continuels changements. Notre corps se dissout et se reforme nombre de fois durant la vie. Cependant, malgré ces transformations constantes, à travers les modifications du corps matériel, nous restons toujours la même personne. La matière de notre cerveau peut se renouveler, mais notre pensée subsiste et, avec elle, notre mémoire, le souvenir d'un passé auquel notre corps actuel n'a point participé. Il y a donc en nous un principe distinct de la matière, une force indivisible qui persiste et se maintient au milieu de ces perpétuels changements.

Nous savons que la matière ne peut d'elle-même s'organiser et produire la vie. Dépourvue d'unité, elle se désagrège et se divise à l'infini. En nous, au contraire, toutes les facultés, toutes les puissances intellectuelles et morales se groupent dans une unité centrale qui les embrasse, les relie, les éclaire ; et cette unité, c'est la conscience, la personnalité, le moi, en un mot l'âme.

L'âme est le principe de la vie, la cause de la sensation ; c'est la force invisible, indissoluble, qui régit notre organisme et maintient l'accord entre toutes les parties de notre être (1). Les facultés de l'âme n'ont rien de commun avec la matière. L'intelligence, la raison, le jugement, la volonté, ne sauraient être confondus avec le sang de nos veines ou la chair de nos muscles. Il en est de même de la conscience, de ce privilège que nous avons de peser nos actes, de discerner le bien du mal. Ce langage intime qui s'adresse à tout homme, au plus humble comme au plus élevé, cette voix dont les murmures peuvent troubler l'éclat des plus grandes gloires, n'a rien de matériel.

(1) Cela à l'aide d'un fluide vital, qui lui sert de véhicule pour la transmission de ses ordres aux organes. Nous reviendrons plus loin sur ce troisième élément qui constitue le *corps subtil* ou *périsprit* ; celui-ci survit à la mort et, inséparable de l'âme, l'accompagne dans toutes ses pérégrinations.

Des courants contraires s'agitent en nous. Les appétits, les désirs passionnels s'y heurtent contre la raison et le sentiment du devoir. Or, si nous n'étions que matière, nous ne connaîtrions pas ces luttes, ces combats ; nous nous laisserions aller sans regrets, sans remords, à nos tendances naturelles. Au contraire, notre volonté est fréquemment en conflit avec nos instincts. Par elle, nous pouvons échapper aux influences de la matière, la dompter, en faire un instrument docile. Ne voit-on pas des hommes, nés dans les conditions les plus difficiles, surmonter tous les obstacles, la pauvreté, la maladie, les infirmités, et parvenir au premier rang par leurs énergiques et persévérants efforts ? Ne voit-on pas la supériorité de l'âme sur le corps s'affirmer d'une manière plus éclatante encore dans le spectacle des grands sacrifices et des dévouements historiques ? Personne n'ignore comment les martyrs du devoir, de la vérité révélée avant l'heure, comment tous ceux qui, pour le bien de l'humanité, ont été persécutés, suppliciés, attachés au gibet, ont pu, au milieu des tortures, jusqu'au seuil de la mort, dominer la matière et, au nom d'une grande cause, imposer silence aux révoltes de la chair !

S'il n'y avait en nous que matière, nous ne verrions pas, lorsque notre corps est plongé dans le sommeil, l'esprit continuer à vivre et agir sans l'aide d'aucun des cinq sens, et nous montrer par là qu'une activité incessante est la condition même de sa nature. La lucidité magnétique, la vision à distance sans le secours des yeux, la prévision des faits, la pénétration de la pensée, sont autant de preuves évidentes de l'existence de l'âme.

Ainsi donc, faible ou puissant, ignorant ou éclairé, un esprit vit en nous, régit ce corps qui n'est, sous sa direction, qu'un serviteur, un simple instrument. Cet esprit est libre et perfectible, par suite responsable. Il peut à son gré s'améliorer, se transformer, tendre vers le bien. Confus chez les uns, lumineux chez les autres, un idéal éclaire sa voie. Plus cet idéal est grand, plus les œuvres qu'il inspire sont utiles et glorieuses. Heureuse l'âme qu'un noble enthousiasme soutient dans sa marche : amour de la vérité, de la justice, de la patrie, de l'humanité ! Son ascension sera rapide, son passage ici-bas laissera des traces profondes, un sillon d'où lèvera une moisson bénie.

**

L'existence de l'âme établie, le problème de l'immortalité se pose aussitôt. C'est là une question de la plus grande importance, car l'immortalité est la seule sanction qui s'offre à la loi morale, la seule conception qui satisfasse nos idées de justice et réponde aux plus hautes espérances de la race humaine.

Si notre entité spirituelle se maintient et persiste à travers le perpétuel renouvellement des molécules et les transformations de notre corps matériel, leur dissociation, leur disparition finale, ne sauraient l'atteindre davantage dans son existence.

Nous avons vu que rien ne s'anéantit dans l'univers. Lorsque la chimie et la physique nous démontrent que nul atome ne se perd, qu'aucune force ne s'évanouit, comment croire que cette unité en laquelle se résument toutes les puissances intellectuelles, ce moi conscient en qui la vie se dégage des chaînes de la fatalité, puisse se dissoudre et s'anéantir ? Non seulement la logique, la morale, mais encore — ainsi que nous l'établirons plus loin — les faits eux-mêmes, faits d'ordre sensible, à la fois physiologiques et psychiques, tout concourt, en montrant la persistance de l'être conscient, à nous prouver que l'âme se retrouve au delà du tombeau telle qu'elle s'est faite elle-même par ses actes et ses travaux dans le cours de son existence terrestre.

Si la mort était le dernier mot de toutes choses, si nos destinées se limitaient à cette vie fugitive, aurions-nous ces aspirations vers un état meilleur, vers un état parfait, dont rien sur terre ne peut nous donner l'idée ? Aurions-nous cette soif de connaître, de savoir, que rien ne peut apaiser ? Si tout cessait au tombeau, pourquoi ces besoins, ces rêves, ces tendances inexplicables ? Ce cri puissant de l'être humain qui retentit à travers les siècles, ces espérances infinies, ces élans irrésistibles vers le progrès et la lumière, ne seraient-ils que les attributs d'une ombre passagère, d'une agrégation de molécules à peine formée, aussitôt évanouie ? Qu'est donc la vie terrestre, si courte qu'elle ne nous permet même pas, dans sa plus grande durée, d'atteindre les bornes de la science; si pleine d'impuissance, d'amertume, de désillusion, qu'en elle rien ne nous satisfait entièrement; à tel point qu'après avoir cru saisir l'objet de nos désirs, insatiables, nous nous laissons emporter vers un but toujours plus lointain, plus inaccessible ? La persistance que nous mettons à poursuivre, malgré les déceptions, un idéal qui n'est pas de ce monde, un bonheur qui nous fuit toujours, est une indication suffisante qu'il y a autre chose que la vie présente. La nature ne saurait donner à l'être des aspirations, des espérances irréalisables. Les besoins illimités de l'âme appellent forcément une vie sans limites.

XI. — La Pluralité des Existences.

Sous quelle forme se déroule la vie immortelle, et qu'est-ce en réalité que la vie de l'âme ?

Pour répondre à ces questions, il nous faut reprendre à sa source et examiner dans son ensemble le problème des existences.

Nous savons que, sur notre globe, la vie apparaît d'abord sous les aspects les plus simples, les plus élémentaires, pour s'élever, par une progression constante, de formes en formes, d'espèces en espèces jusqu'au type humain, couronnement de la création terrestre. Graduellement, les organismes se développent et s'affinent, la sensibilité s'accroît. Lentement, la vie se dégage des étreintes de la matière ; l'instinct aveugle fait place à l'intelligence et à la raison.

Cette route effrayante, cette échelle de l'évolution progressive, dont les bas degrés plongent dans un ténébreux abîme, chaque âme l'a-t-elle parcourue ? Avant d'acquérir la conscience et la liberté, avant de se posséder dans la plénitude de sa volonté, a-t-elle dû animer les organismes rudimentaires, revêtir les formes inférieures de la vie ? L'étude du caractère humain, encore empreint de bestialité, nous porterait à le croire. Cependant la question reste encore pendante.

Le sentiment de l'absolue justice nous dit que l'animal, pas plus que l'homme, ne doit vivre et souffrir en vue du néant. Une chaîne ascendante et continue semble relier toutes les créations, le minéral au végétal, le végétal à l'animal, et celui-ci à l'homme. Elle peut les relier doublement, au matériel comme au spirituel. Ces deux formes de l'évolution sont parallèles et solidaires, la vie n'étant qu'une manifestation de l'esprit.

L'âme, après une lente élaboration, parvient à l'état humain; là, elle acquiert la conscience et ne peut plus redescendre. A tous les degrés, les formes qu'elle revêt sont l'expression de sa valeur propre. Il ne faut pas accuser Dieu d'avoir créé des formes hideuses et malfaisantes. Les êtres ne peuvent avoir d'autres apparences que celles résultant de leurs tendances et des habitudes contractées. Il arrive que des âmes humaines choisissent des corps débiles et souffreteux, pour comprimer leurs passions et acquérir les qualités nécessaires à leur avancement; mais, dans la nature inférieure, aucun choix ne saurait s'exercer; l'être retombe forcément sous l'empire des attractions qu'il a développées en lui.

Ce développement graduel peut être constaté par tout observateur attentif. Chez les animaux domestiques, les différences de caractère sont appréciables. Dans les mêmes espèces, certains individus paraissent beaucoup plus avancés que d'autres. Quelques-uns possèdent des qualités qui les rapprochent sensiblement de l'homme, et sont susceptibles d'affection et de dévouement. La matière étant incapable d'aimer et de sentir, il faut bien admettre l'existence en eux d'une âme à l'état embryonnaire.

Il n'est d'ailleurs rien de plus grand, de plus juste, de plus conforme à la loi du progrès que cette ascension des âmes s'opérant par étapes successives, au cours desquelles elles se forment elles-mêmes, s'affranchissent peu à peu des lourds instincts, brisent leur carapace d'égoïsme pour s'éveiller à la raison, à l'amour, à la liberté. Il est souverainement équitable qu'un même apprentissage soit subi par tous, et que chaque être ne gagne un état supérieur qu'après avoir acquis des aptitudes nouvelles.

Le jour où l'âme, parvenue à l'état humain, a conquis son autonomie, sa responsabilité morale et compris le devoir, elle n'a pas pour cela atteint son but, terminé son évolution. Loin de finir, son œuvre réelle commence ; de nouvelles tâches l'appellent. Les luttes du passé ne sont que le prélude de celles que l'avenir lui réserve. Ses renaissances en des corps charnels se succéderont sur ce globe. Chaque fois, elle reprendra, avec des organes rajeunis, l'œuvre de perfectionnement interrompue par la mort, pour la poursuivre et aller plus loin. Voyageuse éternelle, l'âme doit monter ainsi de sphère en sphère vers le bien, vers la raison infinie, acquérir de nouveaux grades, croître en science, en sagesse, en vertu, en amour.

Chacune de nos existences terrestres n'est qu'un épisode de notre vie immortelle. Nulle âme ne pourrait, dans ce court espace, dépouiller ses vices, ses erreurs, tous les appétits vulgaires qui sont autant de vestiges de ses vies évanouies, autant de preuves de son origine.

En mesurant le temps qu'il a fallu à l'humanité, depuis son apparition sur le globe, pour arriver à l'état de civilisation, nous comprendrons que, pour réaliser ses destinées, pour monter de clartés en clartés vers l'absolu, vers le divin, il faille à l'âme des périodes sans limites, des vies toujours renaissantes (1).

La pluralité des existences peut seule expliquer la diversité des caractères, la variété des aptitudes, la disproportion des qualités morales, en un mot, toutes les inégalités qui frappent notre attention.

En dehors de cette loi, on se demanderait en vain pourquoi certains hommes possèdent le talent, de nobles sentiments, des aspirations éle-

---

(1) La loi des réincarnations n'est pas seulement démontrée par la raison ; elle est aussi prouvée par des faits. Les expériences du colonel de Rochas sur la régression de la mémoire, celles, plus anciennes, d'expérimentateurs espagnols : Fernandez Colavida et Esteva Marata, signalées au Congrès spiritualiste de 1900, établissent que, chez les sujets à l'état de dégagement dans le sommeil magnétique, les couches profondes de la mémoire, obscures et muettes à l'état de veille, peuvent entrer en vibration. Le sujet se remémore les moindres détails de son enfance, ainsi que les souvenirs de ses existences antérieures. Par ces études, le faisceau des preuves établissant la réalité des préexistences de l'être se constitue peu à peu, et la personnalité humaine se révèle sous des aspects entièrement nouveaux. (Voir pour l'ensemble de ces expériences, notre ouvrage *Le Problème de l'Être et de la Destinée*, 1908, chap. XIV.)

vées, alors que tant d'autres n'ont en partage que sottise, passions viles et instincts grossiers.

Que penser d'un Dieu qui, en nous assignant une seule vie corporelle, nous aurait fait des parts aussi inégales et, du sauvage au civilisé, aurait réservé aux hommes des biens si peu assortis et un niveau moral si différent? Sans la loi des réincarnations, c'est l'iniquité qui gouverne le monde.

L'influence des milieux, l'hérédité, les différences dans l'éducation, tout en ayant leur importance, ne suffisent pas davantage à expliquer ces anomalies. Nous voyons les membres d'une même famille, semblables par la chair et par le sang, nourris des mêmes enseignements, différer sur bien des points. Des hommes excellents ont eu pour fils des monstres, par exemple Marc-Aurèle qui engendra Commode; et des personnages célèbres et estimés sont issus de parents obscurs, dépourvus de valeur morale.

Si tout commençait pour nous avec la vie actuelle, comment expliquer tant de diversité dans les intelligences, tant de degrés dans la vertu ou le vice, tant d'échelons dans les situations humaines? Un mystère impénétrable planerait sur ces génies précoces, sur ces esprits prodigieux qui, dès leur enfance, s'élancent avec fougue dans les sentiers de l'art et de la science, alors que tant de jeunes hommes pâlissent dans l'étude et restent médiocres malgré leurs efforts.

Toutes ces obscurités se dissipent devant la doctrine des existences multiples. Les êtres qui se distinguent par leur puissance intellectuelle ou leurs vertus, ont plus vécu, travaillé davantage, acquis une expérience et des aptitudes plus étendues.

Les progrès et l'élévation des âmes dépendent uniquement de leurs travaux, de l'énergie déployée par elles dans le combat vital. Les unes luttent avec courage et franchissent rapidement les degrés qui les séparent de la vie supérieure, tandis que d'autres s'immobilisent durant des siècles par des existences oisives et stériles. Mais ces inégalités, résultat des agissements du passé, peuvent être rachetées et nivelées par nos vies futures.

En résumé, l'être se crée lui-même par le développement graduel des forces qui sont en lui. Inconsciente au début de sa course, sa vie devient plus intelligente et consciente lorsqu'il parvient à l'humanité et entre en possession de soi-même. Encore sa liberté est-elle limitée par l'action des lois naturelles qui interviennent pour assurer sa conservation. Ainsi, libre arbitre et fatalisme s'équilibrent et se tempèrent l'un par l'autre. La liberté et, par suite, la responsabilité sont toujours proportionnelles à l'avancement de l'être.

Telle est la seule solution rationnelle du problème. A travers la succession des temps, à la surface de milliers de mondes, nos existences se déroulent, passent et se renouvellent, et, à chacune d'elles, un peu du mal qui est en nous disparaît ; nos âmes se fortifient, s'épurent, pénètrent plus avant dans la voie sacrée, jusqu'à ce que, délivrées des réincarnations douloureuses, elles aient conquis par leurs mérites l'accès des cercles supérieurs, où rayonnent éternellement beauté, sagesse, puissance, amour !

XII. — Le But de la Vie.

Par ces données, l'ordre se fait autour de nous ; notre route s'éclaire ; le but de la vie se montre plus distinct. Nous savons ce que nous sommes et où nous allons.

Dès lors, il ne s'agit plus de rechercher des satisfactions matérielles, mais de travailler avec ardeur à notre avancement. Le but suprême est la perfection ; la route qui y conduit, c'est le progrès. Cette route est longue et se parcourt pas à pas. Le but lointain semble reculer à mesure qu'on avance, mais, à chaque étape franchie, l'être recueille le fruit de ses peines ; il enrichit son expérience et développe ses facultés.

Nos destinées sont identiques. Il n'est point de privilégiés, point de maudits. Tous parcourent la même vaste carrière et, à travers mille obstacles, sont appelés à réaliser les mêmes fins. Nous sommes libres, il est vrai, libres d'accélérer ou de ralentir notre marche, de nous plonger dans les jouissances grossières, de nous attarder pendant des vies entières dans le vice ou l'oisiveté, mais tôt ou tard le sentiment du devoir se réveille, la douleur vient secouer notre apathie, et nous reprenons forcément notre course.

Il n'y a entre les âmes que des différences de degrés, différences qu'il leur est loisible de combler dans l'avenir. Usant de notre libre arbitre, nous n'avons pas tous marché du même pas, et cela explique l'inégalité intellectuelle et morale des hommes ; mais tous, enfants du même Père, nous devons nous rapprocher de lui dans la succession de nos existences, pour ne former avec nos semblables qu'une seule famille, la grande famille des Esprits, qui peuple tout l'univers.

Il n'est plus de place dans le monde pour les idées de paradis et d'enfer éternel. Nous ne voyons dans l'immense atelier que des êtres poursuivant leur propre éducation et s'élevant par leurs efforts au sein de l'universelle harmonie. Chacun d'eux crée sa situation par ses actes dont les conséquences retombent sur lui, le lient et l'enserrent. Quand sa vie est livrée aux passions et reste stérile pour le bien, l'être s'abaisse ; sa situation s'amoindrit. Pour laver ses souillures, il devra se réincarner sur les mondes d'épreuve et s'y purifier par la souffrance. Cette purification accomplie, son évolution recommence. Il n'est pas d'épreuves éternelles, mais il faut une réparation proportionnée aux fautes commises.

Nous n'avons d'autre juge et d'autre bourreau que notre conscience. Mais celle-ci, lorsqu'elle se dégage des ombres matérielles, devient impérieuse et obsédante. Dans l'ordre moral, comme dans l'ordre physique, il n'y a que des causes et des effets. Ces derniers sont régis par une loi souveraine, immuable, infaillible. Ce que, dans notre ignorance, nous appelons l'injustice du sort n'est que la réparation du passé. La destinée humaine, c'est le paiement de la dette contractée envers nous-mêmes et envers la loi.

La vie actuelle est donc la conséquence directe, inévitable de nos vies passées, comme notre vie future sera la résultante de nos actions présentes. En venant animer un corps nouveau, l'âme apporte avec elle, à chaque renaissance, le bagage de ses qualités et de ses défauts, tous les biens et les maux accumulés par l'œuvre du passé. Ainsi, dans la suite de nos vies, nous construisons de nos propres mains notre être moral, nous édifions notre avenir, nous préparons le milieu où nous devons renaître, la place que nous devons occuper.

Avec la loi de réincarnation, la souveraine justice rayonne sur les mondes. Chaque être, arrivé à se posséder dans sa raison et dans sa conscience, devient l'artisan de ses destinées. Il forge ou brise à volonté les chaînes qui le rivent à la matière. Les situations douloureuses que subissent certains hommes, s'expliquent par l'action de cette loi. Toute vie coupable doit être rachetée. Une heure vient où les âmes orgueilleuses renaissent dans des conditions humbles et serviles, où l'oisif doit accepter de pénibles labeurs. Celui qui a fait souffrir souffrira à son tour.

Cependant l'âme n'est pas attachée pour toujours à cette terre obscure. Après avoir acquis les qualités nécessaires, elle la quitte pour des mondes plus éclairés. Elle parcourt le champ des espaces semé de sphères et de soleils. Une place lui sera faite au sein des humanités qui les peuplent. Progressant encore dans ces milieux nouveaux, elle ajoutera sans cesse à sa richesse morale et à son savoir. Après un nombre incalculable de morts et de renaissances, de chutes et d'ascensions, délivrée des réincarnations, elle jouira de la vie céleste, dans laquelle elle participera au gouvernement des êtres et des choses, en contribuant par ses œuvres à l'harmonie universelle et à l'exécution du plan divin.

Tel est le mystère de Psyché, l'âme humaine. L'âme porte, gravée en elle, la loi de ses destinées. Apprendre à en épeler les préceptes, à déchiffrer cette énigme, voilà la véritable science de la vie. Chaque étincelle arrachée au foyer divin, chaque conquête sur elle-même, sur ses passions, sur ses instincts égoïstes, lui procure une joie intime, d'autant plus vive que cette conquête lui a plus coûté. Et c'est là le ciel promis à nos efforts. Ce ciel n'est pas loin de nous ; il est en nous. Félicités ou remords, l'homme porte au plus profond de son être sa grandeur ou sa misère, conséquence de ses actes. Les voix, mélodieuses ou sévères, qui s'élèvent en lui, sont les interprètes fidèles de la grande loi, d'autant plus puissantes qu'il est monté plus haut sur la voie du perfectionnement.

L'âme est un monde, un monde où se mêlent encore les ombres et les rayons, et dont l'étude attentive nous fait marcher de surprise en surprise. Dans ses replis, toutes les puissances sont en germe, attendant l'heure de la fécondation pour s'épanouir en gerbes de lumière. A mesure qu'elle se purifie, ses perceptions s'accroissent. Tout ce qui nous charme dans son état présent, les dons du talent, les éclairs du génie, tout cela est peu, comparé à ce qu'elle acquerra un jour, quand elle sera parvenue aux suprêmes altitudes. Déjà elle possède d'immenses ressources cachées, des sens intimes, variés et subtils, sources de vives impressions, dont notre grossière enveloppe entrave presque toujours l'exercice. Seules, quelques âmes d'élite, détachées par anticipation des choses terrestres, épurées par le sacrifice, en ont ressenti les prémices en ce monde. Mais elles n'ont point trouvé d'expressions pour décrire les sensations qui les avaient enivrées. Et les hommes, dans leur ignorance de la véritable nature de l'âme et des trésors qu'elle contient, les hommes se sont ri de ce qu'ils appelaient illusions et chimères.

XIII. — Les Épreuves et la Mort.

Le but de l'existence étant fixé, plus haut que la fortune, plus haut que le bonheur, toute une révolution se produit dans nos vues. L'univers est une arène où l'âme lutte pour son élévation ; elle l'obtient par ses travaux, par ses sacrifices, par ses souffrances. La souffrance, soit physique, soit morale, est un des éléments nécessaires de l'évolution, un puissant moyen de développement et de progrès. Elle nous apprend à nous mieux connaître, à dominer nos passions et à mieux aimer les autres. Ce que l'être doit chercher dans sa course, c'est à la fois la science et l'amour. Plus on sait, plus on aime, plus on s'élève. La souffrance nous oblige à étudier, pour les combattre et pour les vaincre, les causes qui la font naître, et la connaissance de ces causes éveille en nous une sympathie plus vive pour ceux qui souffrent.

La douleur est la purification suprême, l'école où s'apprennent la patience, la résignation, tous les austères devoirs. C'est la fournaise où fond l'égoïsme, où se dissout l'orgueil. Parfois, aux heures sombres, l'âme éprouvée se révolte, renie Dieu et sa justice ; puis, quand la tourmente est passée et qu'elle s'examine, elle voit que ce mal apparent était un bien ; elle reconnaît que la douleur l'a rendue meilleure, plus accessible à la pitié, plus secourable aux malheureux.

Tous les maux de la vie concourent à notre perfectionnement. Par la douleur, par l'humiliation, les infirmités, les revers, lentement, le mieux se dégage du pire. C'est pourquoi il y a ici-bas plus de souffrance que de joie. L'épreuve trempe les caractères, affine les sentiments, dompte les âmes fougueuses ou altières.

La douleur physique a aussi son utilité. Elle dénoue chimiquement les liens qui enchaînent l'esprit à la chair ; elle le dégage des fluides grossiers qui l'enveloppent, même après la mort, et le retiennent dans les régions inférieures. Cette action explique, dans certains cas, les courtes existences des enfants morts en bas âge. Ces âmes ont pu acquérir sur terre le savoir et la vertu nécessaires pour monter plus haut. Un reste de matérialité arrêtant encore leur essor, elles reviennent achever par la souffrance leur complète épuration.

Ne maudissons pas la douleur ; elle seule nous arrache à l'indifférence, à la volupté. Elle sculpte notre âme, lui donne sa forme la plus pure, sa plus parfaite beauté.

L'épreuve est un remède infaillible à notre inexpérience. La Providence procède envers nous comme une mère prévoyante envers son enfant indocile. Quand nous résistons à ses appels, quand nous refusons de suivre ses avis, elle nous laisse subir déceptions et revers, sachant que l'adversité est la meilleure école où s'apprenne la sagesse.

Tel est le destin du plus grand nombre ici-bas. Sous un ciel parfois sillonné d'éclairs, il faut suivre le chemin ardu, les pieds déchirés par les pierres et les ronces. Un esprit vêtu de noir guide nos pas : c'est la douleur, douleur sainte que nous devons bénir, car elle seule, en secouant notre être, le dégage des vains hochets dont il aime à se parer, le rend apte à sentir ce qui est vraiment noble et beau.

*
* *

Sous l'effet de ces enseignements, la mort perd tout caractère effrayant ; elle n'est plus qu'une transformation nécessaire, un renouvellement. En réalité, rien ne meurt. La mort n'est qu'apparente. La forme extérieure seule change ; le principe de la vie, l'âme, demeure en son unité permanente, indestructible. Elle se retrouve au delà du tombeau, elle et son corps fluidique, dans la plénitude de ses facultés, avec toutes les acquisitions : lumières, aspirations, vertus, puissances, dont elle s'est enrichie durant ses existences terrestres. Voilà les biens impérissables dont parle l'Évangile, lorsqu'il dit : « Ni les vers ni la rouille ne les rongent, et les voleurs ne les dérobent point. » Ce sont les seules richesses qu'il nous soit possible d'emporter avec nous, d'utiliser dans la vie à venir.

La mort et la réincarnation, qui la suit dans un temps donné, sont deux formes essentielles du progrès. En rompant les habitudes étroites que nous avions contractées, elles nous replacent dans des milieux différents ; elles donnent à nos pensées un nouvel essor ; elles nous obligent à adapter notre esprit aux mille faces de l'ordre social et universel.

Lorsque le soir de la vie est venu, lorsque notre existence, semblable à la page d'un livre, va se tourner pour faire place à une page blanche, à une page nouvelle, le sage passe en revue ses actes. Heureux celui qui, à cette heure, peut se dire : Mes jours ont été bien remplis ! Heureux celui qui a accepté avec résignation, supporté avec courage ses épreuves ! Celles-ci, en déchirant son âme, ont laissé s'épancher au dehors tout ce qu'il y avait en elle d'amertume et de fiel. Repassant dans sa pensée cette vie difficile, le sage bénira les souffrances endurées. Sa conscience étant en paix, il verra sans crainte s'approcher l'instant du départ.

Disons adieu aux théories qui font de la mort le soupirail du néant ou le prélude de châtiments sans fin. Adieu, sombres fantômes de la théologie, dogmes effrayants, sentences inexorables, supplices infernaux ! Place à l'espérance ! Place à l'éternelle vie ! Ce ne sont pas d'obscures ténèbres, c'est une lumière éblouissante qui sort des tombeaux.

Avez-vous vu le papillon aux ailes diaprées dépouiller l'informe chrysalide où s'est enfermée la chenille répugnante ? Avez-vous vu l'insecte qui, jadis, rampait sur le sol, maintenant libre, affranchi, voltiger dans l'air ensoleillé, au milieu du parfum des fleurs ? Il n'est pas de plus fidèle image du phénomène de la mort. L'homme aussi est une chrysalide que la mort décompose. Le corps humain, vêtement de chair, retourne à la grande voirie ; notre dépouille misérable rentre au laboratoire de la nature ; mais l'esprit, après avoir accompli son œuvre, s'élance vers une vie plus haute, vers cette vie spirituelle qui succède à l'existence corporelle, comme le jour succède à la nuit, et sépare chacune de nos incarnations.

Pénétrés de ces vues, nous ne redouterons plus la mort. Comme nos pères, les Gaulois, nous oserons la regarder en face, sans terreur. Plus de craintes ni de larmes, plus d'appareils sinistres ni de chants lugubres. Nos funérailles deviendront une fête, par laquelle nous célébrerons la délivrance de l'âme, son retour à la véritable patrie.

La mort est la grande révélatrice. Aux heures d'épreuves, quand il fait sombre autour de nous, parfois nous nous sommes demandé : Pourquoi suis-je né ? Pourquoi ne suis-je pas demeuré dans la profonde nuit, là où l'on ne sent pas, où l'on ne souffre pas, où l'on dort de l'éternel sommeil ? Et, à ces heures de doute, d'angoisse, de détresse, une voix montait jusqu'à nous, et cette voix disait : souffre pour t'agrandir et pour t'épurer ! Sache que ta destinée est grande. Cette froide terre ne sera pas ton sépulcre. Les mondes qui brillent au front des cieux sont tes demeures à venir, l'héritage que Dieu te réserve. Tu es pour jamais citoyen de l'univers ; tu appartiens aux siècles futurs comme aux siècles passés, et, à l'heure présente, tu prépares ton élévation. Supporte donc avec calme les maux par toi-même choisis. Sème dans la douleur et dans les larmes le grain qui lèvera dans tes prochaines vies ; sème aussi pour les autres, comme d'autres ont semé pour toi ! Esprit immortel, avance d'un pas ferme dans le sentier escarpé vers les hauteurs d'où l'avenir t'apparaîtra sans voile. L'ascension est rude, et la sueur inondera souvent ton visage ; mais, du sommet, tu verras poindre la grande lumière, tu verras briller à l'horizon le soleil de vérité et de justice !

La voix qui nous parle ainsi, c'est celle des morts, celle des âmes aimées qui nous ont devancés au pays de la véritable vie. Bien loin de dormir sous la pierre, elles veillent sur nous. Du fond de l'invisible, elles nous regardent et nous sourient. Adorable et divin mystère ! elles communiquent avec nous. Elles nous disent : Plus de doutes stériles ; travaillez et aimez. Un jour, votre tâche remplie, la mort nous réunira !

XIV. — Objections.

On le voit, bien des questions, restées insolubles pour un grand nombre d'écoles, sont résolues par la doctrine des vies successives. Les terribles objections à l'aide desquelles le scepticisme et le matérialisme ont fait brèche dans l'édifice théologique : le mal, la douleur, l'inégalité des mérites et des conditions humaines, l'injustice apparente du sort, toutes ces difficultés s'évanouissent devant la philosophie des Esprits.

Cependant une difficulté subsiste, une objection se dresse avec force contre elle. Si nous avons déjà vécu dans le passé, peut-on dire, si d'autres vies ont précédé la naissance, pourquoi en avons-nous perdu le souvenir ?

Cet obstacle, d'apparence redoutable, est facile

à écarter. La mémoire des choses vécues, des actes accomplis, n'est pas une condition nécessaire de l'existence.

Aucun de nous ne se souvient du temps passé dans le sein de sa mère ou même au berceau. Peu d'hommes conservent la mémoire des impressions et des actes de la première enfance. Ce sont pourtant là des parties intégrantes de notre existence actuelle. Chaque matin, au réveil, nous perdons le souvenir de la plupart de nos rêves quoique ces rêves nous aient semblé, dans le moment, autant de réalités. Il ne nous reste que les sensations confuses éprouvées par l'esprit retombé sous l'influence matérielle.

Nos jours et nos nuits sont comme nos vies terrestres et spirituelles, et le sommeil paraît aussi inexplicable que la mort. Tous deux nous transportent alternativement dans des milieux distincts et dans des conditions différentes, ce qui n'empêche pas notre identité de se maintenir et de persister à travers ces états variés.

Dans le sommeil magnétique, l'esprit, dégagé du corps, se souvient de choses qu'il oubliera à son retour dans la chair, mais dont il ressaisira l'enchaînement en revenant à l'état lucide. Cet état de sommeil provoqué développe chez les somnambules des aptitudes spéciales, qui disparaissent à l'état de veille, étouffées, annihilées par l'enveloppe corporelle.

Dans ces diverses conditions, l'être psychique

paraît traverser deux états de conscience, deux phases alternées de l'existence, qui s'enchaînent et s'enroulent l'une autour de l'autre. L'oubli, ainsi qu'un épais rideau, sépare le sommeil de l'état de veille, comme il sépare chaque vie terrestre des existences antérieures et de la vie de l'espace.

Si les impressions ressenties par l'âme dans le cours de la vie actuelle, à l'état de dégagement complet, soit par le sommeil naturel, soit par le sommeil provoqué, ne peuvent être transmises au cerveau, on doit comprendre que les souvenirs d'une vie antérieure le seraient plus difficilement encore. Le cerveau ne peut recevoir et emmagasiner que les impressions communiquées par l'âme à l'état de captivité dans la matière. La mémoire ne saurait reproduire que ce qu'elle a enregistré.

A chaque renaissance, l'organisme cérébral constitue, pour nous, comme un livre neuf sur lequel se gravent les sensations et les images. Rentrée dans la chair, l'âme perd le souvenir de tout ce qu'elle a vu et accompli à l'état libre, et elle ne le retrouvera qu'en abandonnant de nouveau sa prison temporaire.

L'oubli du passé est, pour l'homme, la condition indispensable de toute épreuve et de tout progrès terrestre. Ce passé de chacun de nous a ses taches et ses souillures. En parcourant la série des temps évanouis, en traversant les âges de brutalité, nous avons dû accumuler bien des fautes, bien des iniquités. Échappés d'hier à la barbarie, le fardeau de ces souvenirs serait accablant pour nous. La vie terrestre est parfois lourde à supporter. Elle le serait bien plus encore si, au cortège de nos maux présents, venait s'ajouter la mémoire des souffrances ou des hontes passées.

Le souvenir de nos vies antérieures ne serait-il pas également lié au souvenir du passé des autres ? En remontant la chaîne de nos existences, la trame de notre propre histoire, nous retrouverions la trace des actions de nos semblables. Les inimitiés se perpétueraient; les rivalités, les haines, la discorde se raviveraient de vies en vies, de siècle en siècle. Nos ennemis, nos victimes d'autrefois nous reconnaîtraient et nous poursuivraient de leur vengeance.

Il est bon que le voile de l'oubli nous cache les uns aux autres et, en faisant momentanément disparaître notre passé réciproque, nous épargne de pénibles souvenirs et, peut-être, d'incessants remords. La connaissance de nos fautes et des conséquences qu'elles entraînent, en se dressant devant nous comme une effrayante et perpétuelle menace, paralyserait nos efforts, rendrait notre vie insupportable et stérile.

Sans l'oubli, les grands coupables, les criminels célèbres seraient marqués pour l'éternité. Nous voyons les condamnés de la justice humaine, leur punition subie, poursuivis par la défiance universelle, repoussés avec horreur par une société qui leur refuse une place dans son sein et les rejette par là même dans l'armée du mal. Que serait-ce si les crimes du passé lointain se retraçaient à la vue de tous ?

Presque tous nous avons besoin de pardon et d'oubli. L'ombre qui cache nos faiblesses et nos misères soulage notre esprit, en nous rendant la réparation moins pénible. Après avoir bu les eaux du Léthé, nous renaissons plus allègrement à une vie nouvelle. Les fantômes du passé s'évanouissent. Transportés dans un milieu différent, notre être s'éveille à d'autres sensations, s'ouvre à d'autres influences, abandonne avec plus de facilité les errements et les habitudes qui avaient jadis retardé sa marche. L'âme du coupable, renaissant sous la forme d'un petit enfant, trouve autour d'elle l'aide et la tendresse nécessaires à son relèvement. Dans cet être faible et charmant, nul ne songe à reconnaître l'esprit vicieux qui vient racheter un passé souillé.

Pour certains hommes, ce passé n'est cependant pas absolument effacé. Le sentiment confus de ce qu'ils ont été couve au fond de leur conscience. C'est la source des intuitions, des idées innées, des vagues souvenirs et des mystérieux pressentiments, comme un écho affaibli des temps écoulés. En consultant ces impressions, en s'étudiant soi-même avec attention, il ne serait pas impossible de reconstituer ce passé, sinon dans ses détails, au moins dans ses traits principaux.

A l'issue de chaque existence, ces souvenirs lointains ressuscitent peu à peu et sortent de l'ombre. Nous avançons pas à pas, en tâtonnant, dans la vie. La mort venue, tout s'éclaire. Le passé explique le présent, et l'avenir s'illumine d'un rayon nouveau.

L'âme, rendue à la vie spirituelle, recouvre la plénitude de ses facultés. Alors commence pour elle une période d'examen, de repos, de recueillement, pendant laquelle elle se juge et mesure le chemin parcouru. Elle reçoit les avis, les conseils d'Esprits plus avancés. Guidée par eux, elle prendra des résolutions viriles, et, le temps venu, choisissant un milieu favorable, elle redescendra dans un nouveau corps, afin de s'y améliorer par le travail et la souffrance.

Revenue dans la chair, l'âme perdra encore la mémoire des vies passées, en même temps que le souvenir de cette vie spirituelle, la seule vraiment libre et complète, auprès de laquelle le séjour terrestre lui paraîtrait affreux. Longue sera la lutte, pénibles les efforts nécessaires pour reprendre conscience d'elle-même et recouvrer ses puissances cachées ; mais toujours elle conservera l'intuition, le vague sentiment des résolutions prises avant de renaître.

TROISIÈME PARTIE

LE MONDE INVISIBLE

XV. — La Nature et la Science.

Dans les pages qui précèdent, nous avons exposé les principes essentiels de la philosophie des existences successives. Ces principes, appuyés sur la logique la plus rigoureuse, éclairent notre avenir et donnent la solution de nombreux problèmes jusqu'ici inexpliqués.

Cependant, on peut nous objecter que ces conceptions, si logiques, si rationnelles qu'elles paraissent, sont de simples hypothèses, de pures spéculations, auxquelles on ne saurait attribuer plus d'importance qu'on n'en prête à cet ordre d'idées.

Notre époque, fatiguée des rêveries de l'imagination, des théories et des systèmes préconçus, a versé dans le scepticisme. Devant toute affirmation, elle réclame des preuves. Le raisonnement le plus logique ne lui suffit plus. Il faut des faits, des faits sensibles, directement observés, pour dissiper le doute. Et ce doute s'explique. Il est la conséquence fatale de l'abus des légendes, des fictions, des doctrines erronées, au murmure desquelles l'humanité a été bercée pendant des siècles. En s'instruisant, l'homme, de crédule, est devenu sceptique, et chaque théorie nouvelle est accueillie avec défiance, sinon avec hostilité.

Ne nous plaignons pas de cet état d'esprit, qui n'est, après tout, qu'un inconscient hommage rendu par la pensée humaine à la vérité. La philosophie des existences successives n'a qu'à y gagner, car, loin d'être un système fantaisiste de plus, elle s'appuie sur un ensemble imposant de faits, établis par des preuves expérimentales et des témoignages universels. C'est à ces faits que nous consacrerons la troisième partie de cet ouvrage.

La marche de la science, en ses étapes sans nombre, est comparable à une ascension dans un pays de hautes montagnes. A mesure que le voyageur gravit les pentes ardues, l'horizon s'élargit autour de lui ; les détails du plan inférieur se fondent en un vaste ensemble, tandis qu'au loin s'ouvrent des perspectives nouvelles. Plus il monte, plus le spectacle acquiert d'ampleur et de majesté. Ainsi la science, dans sa marche incessante, découvre à chaque pas des domaines ignorés.

On sait combien nos sens matériels sont bornés, combien est restreint le champ qu'ils embrassent. Au delà des rayons et des couleurs perçus par notre vue, il est d'autres rayons, d'autres couleurs dont les réactions chimiques démontrent l'existence. De même, notre ouïe ne perçoit les ondes sonores qu'entre deux termes. Au-dessus ou au-dessous, trop aiguës ou trop graves, les vibrations sonores n'influencent plus le nerf auditif.

Si notre puissance visuelle n'avait été accrue par les découvertes de l'optique, que saurions-nous de l'univers à l'heure présente? Non seulement nous ignorerions l'existence des lointains empires de l'éther où les soleils succèdent aux soleils, où la matière cosmique, dans ses gestations éternelles, enfante les astres par millions, mais nous ne saurions rien encore des mondes les plus voisins de la terre.

Graduellement et d'âge en âge, le champ des observations s'est étendu. Grâce à l'invention du télescope, l'homme a pu explorer les cieux et comparer le globe chétif qu'il habite aux géants de l'espace.

Plus récemment, l'invention du microscope nous a ouvert un autre infini. Partout, autour de nous, dans les airs, dans les eaux, invisibles à nos faibles yeux, des myriades d'êtres pullulent, s'agitent en tourbillons effrayants. L'étude de la constitution moléculaire des corps est devenue possible. Nous avons reconnu que les globules du sang, les tissus et les cellules du corps humain sont peuplés de parasites animés, d'infusoires, au détriment desquels d'autres parasites vivent encore. Nul ne peut dire où s'arrête le flot de la vie.

La science progresse et grandit, et la pensée, enhardie, s'élève vers de nouveaux horizons. Mais qu'il semble léger, le bagage de nos connaissances, lorsqu'on le compare à ce qu'il nous reste à apprendre ! L'esprit humain a des bornes, la nature n'en a pas. « *Avec ce que nous ignorons des lois universelles*, a dit Faraday, *on pourrait créer le Monde.* » Nos sens grossiers nous laissent vivre au milieu d'un océan de merveilles sans les soupçonner, comme des aveugles baignés dans des torrents de lumière.

XVI. — Matière et Force. Principe unique des choses.

Jusqu'ici la matière n'était connue que sous les trois états : solide, liquide et gazeux. Sir W. Crookes, le savant physicien anglais, en cherchant à faire le vide dans des tubes de verre, en a découvert un quatrième, qu'il a appelé l'état radiant. Les atomes, rendus à la liberté par la raréfaction, se livrent dans ce vide relatif à des mouvements vibratoires d'une rapidité, d'une violence incalculables. Ils s'enflamment et produisent des effets de lumière, des radiations électriques qui permettent d'expliquer la plupart des phénomènes cosmiques (1).

Condensée à des degrés divers sous ses trois premiers aspects, la matière, à l'état radiant, perd plusieurs de ses propriétés : densité, forme, poids, couleur ; mais, dans ce domaine nouveau, elle semble unie à la force d'une manière plus étroite et plus intime. Ce quatrième aspect est-il le dernier que la matière puisse revêtir ? Non, sans doute, car on peut en imaginer beaucoup d'autres. On peut entrevoir par la pensée un état fluidique et subtil, aussi supérieur à l'état radiant que celui-ci l'est à l'état gazeux, et l'état liquide à l'état solide. La science de l'avenir explorera ces profondeurs et y rencontrera la solution des problèmes formidables de l'unité de substance et des forces directrices de l'univers.

Déjà l'unité de substance est entrevue, admise par la plupart des savants. La matière, nous l'avons dit, paraît être, dans son principe, un fluide d'une souplesse, d'une élasticité infinie, dont les combinaisons sans nombre donnent

---

(1) Les rayons X en sont une des applications les plus connues.

naissance à tous les corps. Invisible, impalpable, impondérable dans son essence primordiale, ce fluide, par des transitions successives, devient pondérable et arrive à produire, par une condensation puissante, les corps durs, opaques et lourds qui constituent le fond de la matière terrestre. Mais cet état de cohésion n'est que transitoire, et la matière, remontant l'échelle de ses transformations, peut aussi facilement se désagréger et revenir à son état fluidique primitif. C'est pourquoi les mondes n'ont qu'une existence passagère. Sortis des océans de l'éther, ils s'y replongent et s'y dissolvent après avoir parcouru leur cycle de vie.

On peut affirmer que tout, dans la nature, converge vers l'unité. L'analyse spectrale révèle l'identité des éléments constitutifs des mondes, depuis le plus humble satellite jusqu'au plus gigantesque soleil. Le déplacement des corps célestes montre l'unité des lois mécaniques. L'étude des phénomènes matériels, comme une chaîne infinie, d'anneau en anneau, nous conduit à la conception d'une substance unique, éthérée, universelle, et d'une force également unique, principe de mouvement, dont l'électricité, la lumière, la chaleur ne sont que des variétés, des modalités, des formes diverses (1).

(1) Voici ce que dit Berthelot (*Origines de la chimie*, p. 320) : « Les fluides électrique, magnétique, calorifique et lumineux, que l'on admettait il y a un demi-siècle, n'ont déjà

C'est ainsi que la chimie, la physique, la mécanique, dans leur marche parallèle, constatent de plus en plus la coordination mystérieuse des choses. L'esprit humain s'achemine lentement, parfois même inconsciemment, vers la connaissance d'un principe unique, fondamental, en qui s'unissent la substance, la force et la pensée, d'une Puissance dont la grandeur et la majesté le rempliront un jour de saisissement et d'admiration.

XVII. — Les Fluides, le Magnétisme.

Ce monde des fluides, que l'on entrevoit au delà de l'état radiant, réserve à la science bien des surprises et des découvertes. Innombrables sont les variétés de formes que la matière, devenue subtile, peut revêtir pour les besoins d'une vie supérieure.

Déjà beaucoup d'observateurs savent qu'en dehors de nos perceptions, au delà du voile opaque que notre épaisse constitution déploie

---

pas plus de réalité que les quatre éléments des anciens. Ces fluides, avec les progrès de la science, se sont réduits à un seul, l'éther. Et voilà que l'éther des physiciens et l'atome des chimistes s'évanouissent à leur tour, pour faire place à des conceptions plus hautes, qui tendent à tout expliquer par les seuls phénomènes du mouvement. » D'après G. Le Bon (*L'Evolution de la matière*; *l'Evolution des forces*), la matière et la force ne sont que deux aspects d'une même substance. La matière n'est que de la force concrétée ; la force, de la matière dissociée.

comme un brouillard autour de nous, un autre monde existe, non plus celui des infiniment petits, mais un univers fluidique qui nous enveloppe, tout peuplé de foules invisibles.

Des êtres surhumains, mais non pas surnaturels, vivent près de nous, témoins muets de notre existence et ne manifestant la leur que dans des conditions déterminées, sous l'action de lois naturelles, précises, rigoureuses. Ces lois, il importe d'en pénétrer le secret, car de leur connaissance découlera pour l'homme la possession de forces considérables, dont l'utilisation pratique peut transformer la face de la terre et l'ordre des sociétés. C'est là le domaine de la psychologie expérimentale, certains diraient des sciences occultes.

Ces sciences sont vieilles comme le monde. Nous avons déjà parlé des prodiges accomplis dans les lieux sacrés de l'Inde, de l'Égypte et de la Grèce. Il n'entre pas dans notre plan de nous étendre davantage sur cet ordre de faits, mais il est une question connexe que nous ne saurions passer sous silence, c'est celle du magnétisme.

Le magnétisme, étudié et pratiqué en secret, à toutes les époques de l'histoire, s'est surtout vulgarisé depuis la fin du XVIIIe siècle. Les académies savantes le tiennent encore en suspicion, et c'est sous le nom d'hypnotisme que les maîtres de la science ont bien voulu le découvrir un siècle après son apparition.

« L'hypnotisme, a dit M. de Rochas (1), jusqu'ici seul étudié officiellement, n'est que le vestibule d'un vaste et merveilleux édifice déjà exploré, en grande partie, par les anciens magnétiseurs. »

Le malheur est que les savants officiels — presque tous médecins — qui s'occupent du magnétisme, ou, comme ils le disent eux-mêmes, d'hypnotisme, n'expérimentent généralement que sur des sujets malades, sur des pensionnaires d'hôpitaux. L'irritation nerveuse et les affections morbides de ces sujets ne permettent d'obtenir que des phénomènes incohérents, incomplets.

Certains savants semblent redouter que l'étude de ces mêmes phénomènes, obtenus dans des conditions normales, ne fournisse la preuve de l'existence en l'homme du principe animique. C'est du moins ce qui ressortait des commentaires du docteur Charcot, dont on ne niera pas la compétence.

« L'hypnotisme, disait-il, est un monde dans lequel on rencontre, à côté de faits palpables, matériels, grossiers, côtoyant toujours la physiologie, des faits absolument extraordinaires, inexplicables jusqu'ici, ne répondant à aucune loi physiologique et tout à fait étranges et surprenants. Je m'attache aux premiers et laisse de côté les seconds. »

(1) *Les États profonds de l'hypnose*, par le colonel de Rochas d'Aiglun, p. 75.

Ainsi les plus célèbres médecins avouent que cette question est encore pour eux pleine d'obscurité. Dans leurs investigations, ils se bornent à des observations superficielles et dédaignent les faits qui pourraient les conduire directement à la solution du problème. La science matérialiste hésite à s'aventurer sur ce terrain de la psychologie expérimentale ; elle sent qu'elle s'y trouverait en présence des forces psychiques, de l'âme, en un mot, dont elle a nié l'existence avec tant d'opiniâtreté.

Quoi qu'il en soit, le magnétisme, après avoir été longtemps repoussé par les corps savants, commence sous un autre nom à attirer leur attention. Mais les résultats seraient autrement féconds si, au lieu d'opérer sur des hystériques, on expérimentait sur des sujets sains et valides. Le sommeil magnétique développe chez les sujets lucides des facultés nouvelles, une puissance de perception incalculable. Le phénomène le plus remarquable est la vision à grande distance sans le secours des yeux. Un somnambule peut se diriger dans la nuit, lire et écrire les yeux fermés, se livrer aux travaux les plus délicats et les plus compliqués. D'autres sujets voient dans l'intérieur du corps humain, discernent ses maux et leurs causes, lisent la pensée dans le cerveau (1), pénètrent, sans le concours

---

(1) « Il voit (le sujet) vibrer les cellules cérébrales sous

des sens, dans les domaines les plus cachés et jusqu'au seuil d'un autre monde. Ils scrutent les mystères de la vie fluidique, entrent en rapport avec les êtres invisibles dont nous avons parlé, nous transmettent leurs avis, leurs enseignements. Nous reviendrons plus loin sur ce dernier point ; mais, dès maintenant, nous pouvons considérer comme établi ce fait qui découle des expériences de Puységur, Deleuze, du Potet et de leurs innombrables disciples, savoir, que le sommeil magnétique, en immobilisant le corps, en annihilant les sens, rend l'être psychique à la liberté, centuple ses moyens intimes de perception, le fait entrer dans un monde fermé aux êtres corporels, monde dont il nous décrit les beautés et les lois.

l'influence de la pensée, et il les compare à des étoiles qui se dilatent et se contractent successivement. » (*Les États profonds de l'hypnose*, par le colonel de Rochas, ex-administrateur de l'École polytechnique.)

Depuis lors, le professeur Th. Flournoy, de l'Université de Genève, écrivait : « Il suffit de feuilleter la littérature médicale la plus récente pour y trouver, sous la plume d'auteurs fort peu suspects de mysticisme, des exemples de vue interne. D'une part, des psychiâtres français viennent de publier quelques cas d'aliénés ayant présenté, peu de jours avant leur fin, une amélioration aussi subite qu'inexplicable, en même temps que le pressentiment de leur mort prochaine. D'autre part, le fait de somnambules ayant la claire vision de leurs viscères, parfois jusque dans leur structure intime ; ce fait vient pour la première fois de franchir l'enceinte de la science sous le nom d'*auloscopie interne* ou *autoreprésentation* de l'organisme ; et, par une amusante ironie du sort, les parrains de ce nouveau venu se trouvent être les tenants d'une école qui prétend rejeter toute explication psychologique de ces faits. » (*Archives de Psychologie*, août 1903.)

Cet être psychique qui, dans le sommeil, vit, pense, agit en dehors du corps, qui affirme sa personnalité indépendante par une manière de voir, par des connaissances supérieures à celles possédées à l'état de veille, qu'est-il, si non l'âme elle-même, revêtue de forme fluidique, l'âme qui n'est plus une résultante des forces vitales, du jeu des organes, mais une cause libre, une volonté agissante, dégagée momentanément de sa prison, planant sur la nature entière et jouissant de l'intégralité de ses facultés innées ? Ainsi les phénomènes magnétiques rendent évidentes non seulement l'existence de l'âme, mais aussi son immortalité ; car si, durant l'existence corporelle, cette âme se détache de son enveloppe grossière, vit et pense en dehors d'elle, à plus forte raison retrouvera-t-elle, à la mort, la plénitude de sa liberté.

La science du magnétisme met l'homme en possession de merveilleuses ressources. L'action des fluides sur le corps humain est immense ; leurs propriétés sont multiples, variées. Des faits nombreux ont prouvé qu'avec leur aide on peut soulager les souffrances les plus cruelles. Les grands missionnaires ne guérissaient-ils pas par l'imposition des mains ? Là est tout le secret de leurs prétendus miracles. Les fluides, obéissant à une puissante volonté, à un ardent désir de faire le bien, pénètrent tous les organismes débiles et ramènent graduellement la santé chez les malades, la vigueur chez les souffreteux.

On peut objecter qu'une légion de charlatans abuse, pour l'exploiter, de la crédulité et de l'ignorance du public en se targuant d'un pouvoir magnétique imaginaire. C'est là une conséquence inévitable de l'état d'infériorité morale de l'humanité. Une chose nous console de ces faits attristants, c'est la certitude qu'il n'est pas d'homme animé d'une sympathie profonde pour les déshérités, d'un véritable amour pour ceux qui souffrent, qui ne puisse soulager ses semblables par une pratique sincère et éclairée du magnétisme.

XVIII. — Phénomènes spirites.

Entre toutes les preuves de l'existence, chez l'homme, d'un principe spirituel et de sa survivance au corps, les plus convaincantes sont celles que fournissent les phénomènes du spiritualisme expérimental ou spiritisme.

Les phénomènes spirites, considérés comme pur charlatanisme, au début, sont entrés dans le domaine de l'observation rigoureuse ; et, si certains savants les dédaignent encore, les rejettent et les nient, d'autres savants, non des moins éminents, les étudient, en constatent l'importance et la réalité. En Amérique, et chez toutes les nations de l'Europe, des sociétés de recherches psychologiques en font l'objet constant de leurs investigations.

Ces phénomènes, nous l'avons vu, se sont produits de tout temps. Autrefois on les enveloppait de mystères ; ils n'étaient connus que d'un très petit nombre de chercheurs. Aujourd'hui, ils s'universalisent, se produisent avec une persistance et une variété de formes qui confondent la science moderne.

Newton l'a dit : « *C'est folie que de croire toute chose connue, et c'est sagesse d'étudier toujours.* » Non seulement tout savant, mais tout homme sensé a pour devoir de scruter ces faits, qui nous ouvrent tout un côté ignoré de la nature, de remonter à leurs causes et d'en dégager la loi. Cet examen ne peut que fortifier la raison et servir le progrès, en détruisant la superstition dans son germe, car la superstition est toujours prompte à s'emparer des phénomènes négligés par la science, à les travestir, à leur attribuer un caractère surnaturel et miraculeux.

La plupart de ceux qui dédaignent ces questions ou qui, les ayant étudiées, l'ont fait superficiellement, sans méthode et sans esprit de suite, accusent les spirites d'avoir mal interprété les phénomènes, ou, au moins, d'en avoir tiré des conclusions prématurées.

Nous répondrons que c'est déjà un grand point de gagné que les adversaires du spiritisme s'en prennent à l'interprétation des faits, et non à leur réalité. Les faits se constatent, en effet, et ne se discutent pas. Or la réalité des phénomènes spirites est attestée, comme nous allons le voir, par des hommes du caractère le plus élevé, par des savants d'une haute compétence, qui se sont rendus célèbres par leurs travaux et leurs découvertes. Mais il n'est pas nécessaire d'être un savant de premier ordre pour constater l'existence de phénomènes qui tombent sous les sens et sont ainsi toujours vérifiables. Le premier venu, avec un peu de persévérance et de sagacité, se plaçant dans les conditions requises, pourra observer ces faits et se former à leur endroit une opinion éclairée.

Il est vrai que, parmi ces phénomènes, un certain nombre peuvent s'expliquer par l'automatisme, l'auto-suggestion des médiums, l'extériorisation des forces ou la transmission des pensées ; mais, si large que soit la part faite à ces causes, il reste un nombre considérable de cas dont la seule explication logique est l'intervention des défunts.

Nous avons réfuté ailleurs les objections de cette nature (1) et reproduit tout un ensemble de preuves de l'identité des esprits, susceptibles de convaincre le chercheur exempt de parti

---

(1) Voir, *Dans l'Invisible*: Spiritisme et Médiumnité, 2ᵉ partie, *passim.*

pris, affranchi des préjugés et des théories préconçues.

XIX. — Témoignages scientifiques.

C'est aux États-Unis d'Amérique, en 1848, que l'attention publique fut attirée, pour la première fois, par des manifestations spirites. Des coups retentissaient dans plusieurs demeures, des meubles se déplaçaient sous l'action d'une force invisible, des tables s'agitaient et frappaient bruyamment le sol. Un des spectateurs ayant eu l'idée de combiner les lettres de l'alphabet avec le nombre de coups frappés, une sorte de télégraphie spirituelle s'établit et la force occulte put converser avec les assistants. Elle dit être l'esprit d'une personne ayant vécu dans le pays même, entra dans des détails très précis sur l'identité, la vie et la mort de cette personne, et relata des particularités de nature à dissiper tous les doutes. D'autres âmes furent évoquées et répondirent avec la même précision. Toutes se disaient revêtues d'une enveloppe fluidique, invisible à nos sens, mais néanmoins matérielle.

Les manifestations se multiplièrent rapidement, gagnant de proche en proche tous les États de l'Union. Elles occupaient tellement l'opinion, que certains savants, croyant voir là une cause de perturbation pour la raison et la paix publiques, résolurent de les observer de près, afin d'en démontrer l'absurdité. C'est ainsi que le juge Edmonds, *chief-justice* de la cour suprême de New-York et président du Sénat, et le professeur de chimie Mapes, de l'Académie nationale, furent amenés à se prononcer sur la réalité et le caractère des phénomènes spirites. Or, leurs conclusions, formulées, après un examen rigoureux, dans des ouvrages importants, furent que ces phénomènes étaient réels et ne pouvaient être attribués qu'à l'action des esprits.

Le mouvement se propagea à tel point que, dès 1852, une pétition, signée de quinze mille noms, fut adressée au Congrès, à Washington, afin d'obtenir la proclamation officielle de la réalité des phénomènes.

Un savant célèbre, Robert Hare, professeur à l'Université de Pensylvanie, prit ouvertement parti pour les spirites, en publiant un ouvrage qui fit sensation. Cette œuvre avait pour titre : *Experimental Investigations of the Spirit Manifestation*, et établissait scientifiquement l'intervention des esprits.

Robert Dale Owen, savant, diplomate et écrivain de renom, s'est également rallié à ce mouvement d'opinion et a écrit plusieurs ouvrages pour le favoriser. L'un d'entre eux : *Fool Falls on the Boundary of another World* (*Sur la limite d'un autre monde*, 1877) a eu un succès considérable.

Aujourd'hui, le *Modern Spiritualism* compte des millions d'adeptes aux États-Unis. Ils sont représentés par une presse nombreuse.

Au cours des dernières années, les expériences dirigées par un certain nombre de professeurs des grandes Universités américaines, avec l'aide du célèbre médium Mrs. Piper (1), lui ont procuré, dans ce milieu, d'importantes adhésions.

James Hyslop, professeur de psychologie à l'Université de Columbia, à New-York, s'exprimait ainsi, dans son rapport sur la médiumnité de cette dame :

« A en juger d'après ce que j'ai vu moi-même, je ne sais comment je pourrais me dérober à la conclusion que l'existence d'une vie future est absolument démontrée (2). »

Le Dr R. Hodgson écrivait à son tour :

« Je crois sans avoir le moindre doute que les communicants spirites sont bien les personnalités qu'ils disent être ; qu'ils ont survécu au changement que nous appelons la mort et qu'ils ont communiqué directement avec nous, les soi-disant vivants, par l'organisme de Mrs. Piper endormie. »

Le même Dr Richard Hodgson, décédé en dé-

---

(1) Voir mon ouvrage : *Dans l'Invisible*, Spiritisme et Médiumnité, pp. 282 et suiv.
(2) *Proceedings S. P. R.*, t. XVI.

cembre 1906, s'est manifesté depuis, par voie médianimique, à son ami le professeur J. Hyslop. Il est entré dans des détails très étendus et très précis sur les expériences et les travaux de la Société des recherches psychiques, dont il était président pour la section américaine. Ces messages, parfaitement concordants entre eux, furent transmis par différents médiums qui ne se connaissaient pas les uns les autres. On y retrouve les mots et les phrases familiers au communicant pendant sa vie (1).

.˙.

C'est en Angleterre que les manifestations spirites ont été soumises à l'analyse la plus méthodique. Nombre de savants anglais ont étudié ces phénomènes avec une persévérante et minutieuse attention, et c'est d'eux que nous viennent les attestations les plus formelles.

En 1869, la Société dialectique de Londres — un des groupes scientifiques les plus autorisés — nomma une commission de trente-trois membres, savants, lettrés, pasteurs, magistrats, parmi lesquels sir John Lubbock, de la Société royale (Institut anglais), Henri Lewes, habile physiologiste, Huxley, Wallace, Crookes, etc., pour examiner et « anéantir à jamais » ces phé-

(1) *Journal of the American Society for psychical Researches*, novembre 1907.

nomènes spirites, qui, disait l'exposé, « ne sont qu'œuvre d'imagination ».

Après dix-huit mois d'expériences et d'études, la commission reconnut, dans son rapport, la réalité des phénomènes et conclut en faveur du spiritisme.

Dans l'énumération des faits observés, le rapport n'indiquait pas seulement les mouvements de table et les coups frappés ; il mentionnait aussi des « *apparitions de mains et de formes n'appartenant à aucun être humain, semblant vivantes par leur action et leur mobilité. Ces mains étaient quelquefois touchées et saisies par les assistants, convaincus qu'elles n'étaient point le résultat d'une imposture ou d'une illusion.* »

L'un des trente-trois, A. Russel Wallace, le digne émule de Darwin, devenu, après la mort de ce dernier, le plus éminent représentant de l'évolutionnisme, poursuivit ses investigations et en consigna les résultats dans un ouvrage : *Miracles and Modern Spiritualism*, qui eut un grand retentissement de l'autre côté du détroit. Parlant des phénomènes, il s'exprime en ces termes :

« Lorsque je me livrai à ces recherches, j'étais foncièrement matérialiste. Il n'y avait dans mon esprit aucune place pour la représentation d'une existence spirituelle. Les faits néanmoins sont des choses opiniâtres ; ils me vainquirent et m'obligèrent à les accepter longtemps avant de pouvoir admettre leur explication spirituelle. Celle-ci vint par degrés, sous l'influence constante de faits successifs, qui ne pouvaient être écartés ni expliqués d'aucune autre manière. »

Parmi les savants anglais dont le témoignage public peut être invoqué en faveur de la manifestation des Esprits, on peut citer Stainton Moses (*alias* Oxon), professeur à la faculté d'Oxford, qui publia sur ces matières deux volumes intitulés *Psychography*, où il est surtout question des phénomènes de l'écriture directe, et *Spirit Identity* ; Varley, ingénieur en chef des télégraphes, inventeur du condensateur électrique ; Sergeant Cox, jurisconsulte ; A. de Morgan, président de la Société mathématique de Londres, qui s'est affirmé hautement par son livre : *From Matter of Spirit* ; sir Oliver Lodge, recteur de l'Université de Birmingham ; les professeurs Challis, de l'Université de Cambridge ; Barrett, de l'Université de Dublin ; les Drs Chambers, James Gully, G. Sexton, etc.

Au-dessus de tous ces noms, justement estimés, il en est un plus grand et plus illustre, qui vient s'ajouter à la liste des partisans et des défenseurs du spiritisme. C'est celui de sir William Crookes, de la Société royale, l'Académie des sciences de l'Angleterre.

Il n'est pas une science qui ne doive une découverte ou un progrès à cet esprit sagace. Les travaux de Crookes sur l'or et l'argent, son application du sodium au procédé d'amalgamation, sont utilisés dans tous les placers d'Amérique et d'Australie. A l'aide de l'héliomètre de l'observatoire de Greenwich, il a pu, le premier, photographier les corps célestes, et ses reproductions de la Lune sont célèbres. Ses études sur les phénomènes de la lumière polarisée, sur la spectroscopie ne sont pas moins connues. Crookes a aussi trouvé le thallium. Mais tous ces travaux sont surpassés par sa magnifique découverte du quatrième état de la matière, découverte qui lui assure une place au panthéon de l'Angleterre, aux côtés de Newton et d'Herschell, et une autre plus durable encore dans la mémoire des hommes.

W. Crookes s'est livré pendant quatre ans à l'étude des manifestations spirites, construisant, pour les contrôler scientifiquement, des instruments d'une précision et d'une délicatesse inouïes. Assisté d'un médium remarquable, Mlle Florence Cook, et d'autres savants aussi rigoureusement méthodiques que lui-même, il opérait dans son propre laboratoire, entouré d'appareils électriques qui eussent rendu impossible ou mortelle toute tentative de supercherie.

Dans son ouvrage : *Recherches sur le spiritualisme*, Crookes analyse les divers genres de phénomènes observés : mouvements de corps pesants, exécution d'airs de musique sans contact humain, écriture directe, apparitions de mains en pleine lumière, apparitions de formes et de figures, etc. Pendant plusieurs mois, l'esprit d'une jeune et gracieuse femme, nommée Katie King, apparut tous les soirs aux yeux des investigateurs, revêtant pour quelques instants toutes les apparences d'un corps humain pourvu d'organes et de sens, s'entretenant avec M. et Mme Crookes et les assistants, se soumettant à toutes les expériences exigées, se laissant toucher, ausculter, photographier ; après quoi, elle s'évanouissait comme un brouillard léger. Ces curieuses manifestations sont relatées longuement dans l'ouvrage de W. Crookes, traduit en français par Alidel.

La *Society for psychical Researches*, autre groupe de savants, se livre depuis vingt ans à des enquêtes approfondies sur les phénomènes d'apparitions. Plusieurs centaines de cas ont été relevés par elle et consignés dans ses *Proceedings*, ainsi que dans un ouvrage spécial : *Phantasms of the Living*, des D" Myers, Gurney et Podmore. Ceux-ci expliquent ces phénomènes par la *télépathie*, ou action à distance entre personnes humaines. Cependant, il faut remarquer que ces apparitions se sont presque toujours produites au moment de la mort et même, dans certains cas, après la mort des personnes dont elles reproduisaient les traits. Une lecture attentive des *Proceedings* ne permet pas d'accepter, pour un grand nombre de cas, les différentes explications données par les savants anglais, que ce soit l'action mentale à distance ou bien l'hallucination et même, en général, le caractère subjectif attribué par eux à ces phénomènes.

L'objectivité, la réalité de ces faits ressort des termes mêmes des *Proceedings* et des témoignages recueillis au cours de l'enquête. Les apparitions ont, dans certains cas, impressionné des animaux (1) ; à leur aspect, des chiens sont saisis de terreur, se cachent, ou fuient ; des chevaux s'arrêtent court, tremblant de tous leurs membres, se couvrent de sueur et refusent d'avancer.

Certaines apparitions ont donné lieu à des impressions auditives, tactiles autant que visuelles. Il est parlé de fantômes (2) vus successivement aux divers étages d'une même maison par différents témoins. Dans *Phantasms of the Living*, il est souvent fait mention d'effets physiques produits par l'action des fantômes, tels que bruits, coups, portes ouvertes, objets déplacés, etc. ; il y est parlé de voix prédisant des événements (3). Certaines apparitions ont même été photographiées (4). La preuve de l'intervention des esprits des morts découle du fait de

---

(1) *Proceedings*, p. 151.
(2) *Proceedings*, p. 102, 107.
(3) *Proceedings*, p. 305 ; *Phantasms of the Living*, p. 102, 149.
(4) *Annales des Sciences psychiques*, p. 356, 361.

l'apparition d'un décapité, dont la tête avait été coupée après décès par des Chinois révoltés.

L'identité des défunts se précise plus encore dans les expériences poursuivies par la même société avec le concours des médiums Mrs. Piper et Thomson, que nous avons relatées ailleurs (1).

Une œuvre magistrale a été publiée en 1903, par F^ic Myers, de Cambridge, sous le titre : *Human personality and its survival of bodily death*. Elle contient un exposé méthodique et substantiel des faits spirites de tous ordres, et se termine par l'esquisse d'une synthèse philosophique et religieuse, basée sur ces mêmes faits.

Le professeur Flournoy, de l'Université de Genève, pourtant fort sceptique en ces matières, a fait ressortir dans les termes suivants l'importance d'une telle œuvre :

« Les preuves et les raisonnements avancés par Myers en faveur des phénomènes psychiques supranormaux constituent, par leur nombre et par leur poids, un dossier trop formidable pour qu'on puisse désormais l'ignorer, à moins de se boucher volontairement les yeux, et ce serait une folle niaiserie que de prétendre encore l'écarter en bloc, sous le fallacieux prétexte que ces sujets ne sont pas susceptibles d'être étudiés d'une manière scientifique (2). »

En Allemagne, les mêmes témoignages de

---

(1). Voir, *Dans l'Invisible :* Spiritisme et Médiumnité, chap. XIX.
(2) Flournoy, F^ic, *Archives de psychologie*, n° 7, juin 1903.

l'existence des Esprits et de leurs manifestations découlent des travaux de l'astronome Zöllner, des professeurs Ulrici, Weber, Fechner, de l'Université de Leipzig ; Carl du Prel, de Munich ; D' Cyriax, de Berlin, etc. Ces savants, tous sceptiques à l'origine, et également animés du désir de démasquer ce qu'ils considéraient comme de vulgaires fourberies, furent contraints, par respect pour la vérité, à proclamer la réalité des faits observés (1).

**
* **

Le mouvement spirite s'est étendu aux pays latins. L'Espagne possède dans chacune de ses principales villes une société et un journal d'études psychiques. Le groupement le plus important est le *Centro Barcelones*. Une fédération réunit tous les groupes et cercles de Catalogne, au nombre d'une cinquantaine.

L'Italie a vu se produire des manifestations éclatantes en faveur du spiritisme. Des débats passionnés y ont agité le monde savant à la suite des expériences du professeur Ercole Chiaïa, de Naples, faites avec l'aide du médium Eusapia Paladino. Cet investigateur a reproduit tous les phénomènes remarquables du spiritisme : apports, matérialisations, lévitations, etc. ; il faut

(1) Voir *Wissenschafiliche Abhandlungen*, de Zöllner.

y ajouter des moulages de pieds, de mains, de visages dans la paraffine fondue, obtenus dans des récipients garantis de tout contact humain.

La publicité donnée à ces faits provoqua une vive critique de la part du célèbre professeur Lombroso, de l'Université de Naples. M. Chiaia s'étant offert à les reproduire en sa présence, plusieurs séances eurent lieu à la fin de 1891, dans l'appartement de M. Lombroso. Celui-ci, assisté des professeurs Tamburini, Virgilio, Bianchi, Vizioli, de l'Université de Naples, put constater la réalité des faits spirites, constatation qu'à son tour il rendit publique (1).

L'*Italia del Popolo*, journal politique de Milan, publiait, à la date du 18 novembre 1892, un supplément spécial contenant les procès-verbaux de dix-sept séances tenues dans cette ville, chez M. Finzi, en présence du même médium E. Paladino. Ce document est signé des noms suivants, qui sont ceux de savants éminents de divers pays :

Schiaparelli, docteur de l'Observatoire astronomique de Milan ; Aksakof, conseiller d'État russe, directeur du journal *Psychische Studien*, de Leipzig ; D' Carl du Prel, de Munich; Angelo Brofferio, professeur de philosophie ; Gérosa, professeur de physique à l'École supérieure de

---

(1) Voir *le Phénomène spirite, témoignage des savants*, par Gabriel Delanne, p. 235.

Portici ; Ermacora et G. Finzi, docteurs en physique ; Charles Richet, professeur à la Faculté de médecine de Paris, directeur de la *Revue scientifique* (pour cinq séances) ; Lombroso, professeur à la Faculté de médecine de Turin (pour deux séances).

Ces procès-verbaux constatent la production des phénomènes suivants, obtenus dans l'obscurité, les pieds et les mains du médium étant constamment tenus par deux des assistants :

« Transports d'objets divers sans contact, chaises, instruments de musique, etc. Impressions de doigts sur du papier noirci. Empreintes de doigts dans l'argile. Apparitions de mains sur un fond lumineux. Apparitions de lumières phosphorescentes. Soulèvement du médium sur la table. Déplacement de chaises avec les personnes qui les occupaient. Attouchements ressentis par les assistants. Apparitions de mains humaines et vivantes sur la tête du médium. Contact avec une figure humaine barbue. » (Ces derniers faits obtenus en demi-lumière.)

Dans leurs conclusions, les expérimentateurs susnommés établissent, qu'en raison des précautions prises, aucune fraude n'était possible. De l'ensemble des phénomènes observés, disent-ils, se dégage *le triomphe d'une vérité qu'on a injustement rendue impopulaire*.

En 1904, le professeur Lombroso publiait, dans la *Rivista d'Italia*, de Rome, à propos des phénomènes psychiques supra-normaux, l'importante déclaration qu'on va lire (1) :

« Parmi ces manifestations, l'on peut citer la lévitation, c'est-à-dire le soulèvement du corps sans aucun effort de la part de la personne qui l'exécute ou qui le subit ; le mouvement d'objets inanimés ; et, ce qui est plus singulier encore, les manifestations d'êtres qui possèdent une volonté, une manière de penser, toute bizarre et capricieuse qu'elles soient, comme s'ils étaient des hommes vivants ; parfois même la prescience de faits devant arriver. Après les avoir niés, avant de les avoir observés, il m'a bien fallu les accepter lorsque, malgré moi, les preuves les plus manifestes, les plus palpables me tombèrent sous les yeux ; je n'ai pas cru être tenu à nier ces faits, parce que je ne parvenais pas à me les expliquer. D'ailleurs, comme les lois des ondes hertziennes expliquent, en très grande partie, la télépathie, ainsi les nouvelles découvertes sur les propriétés radio-actives de certains métaux, surtout le radium, détruisent la plus sérieuse objection que le savant pouvait faire aux mystérieuses manifestations spiritiques. Ces découvertes nous prouvent, en effet, qu'il peut y avoir non seulement de courtes manifestations, mais un développement perpétuel et énorme d'énergie, de lumière et de chaleur sans perte apparente de matière. »

Le professeur Milési, de l'Université de Rome,

(1) Reproduite par la *Revue d'Études psychiques*, Paris, mars 1904.

« l'un des champions les plus estimés de la jeune école psychologique italienne », connu en France par ses conférences de la Sorbonne sur l'œuvre d'Aug. Comte, conférences qu'il fit aussi à Bruxelles, va plus loin encore. Il signe le procès-verbal de séances auxquelles il assistait et où se produisirent des matérialisations d'esprits, entre autres celles de sa propre sœur, décédée depuis trois ans, à Crémone (1).

Plus récemment, le professeur Lombroso, en rendant compte de ses expériences dans la revue italienne *Arena*, rapportait les faits suivants (2) :

« Après le transport d'un objet très lourd, Eusapia, dans un état de trance, me dit : « Pourquoi perds-tu ton temps à ces bagatelles ? Je suis capable de te faire voir ta mère ; mais il faut que tu y penses fortement.

« Poussé par cette promesse, après une demi-heure de séance, je fus pris du désir intense de la voir s'accomplir et la table sembla donner son assentiment, avec ses mouvements habituels de soulèvements successifs, à ma pensée intime. Tout à coup, dans une demi-obscurité à la lumière rouge, je vis sortir d'entre les rideaux une forme un peu penchée, comme était celle de ma mère, couverte d'un voile, qui fit le tour de la table pour arriver jusqu'à moi,

---

(1) Voir *Revue d'Études psychiques*, de Paris, mars 1904, p. 80.
(2) Voir aussi les *Annales des sciences psychiques*, de Paris, numéro de février 1908.

en murmurant des paroles que plusieurs entendirent, mais que ma demi-surdité ne me permit pas de saisir.

« Comme, sous le coup d'une vive émotion, je la suppliais de les répéter, elle me dit : *Cæsar, fio mio !* ce qui, je l'avoue, n'était pas sa façon ordinaire. En effet, étant Vénitienne, elle disait : *mio fiol* ; puis, écartant ses voiles, elle me donna un baiser. »

... Lombroso rappelle ensuite les communications, écrites ou parlées, en langues étrangères les révélations de faits inconnus aussi bien du médium que des assistants, et les faits de télépathie. Il ajoute :

« Il convient d'ajouter que les cas de maisons hantées, dans lesquelles, pendant des années, se reproduisent des apparitions ou des bruits, concordant avec le récit de morts tragiques et observés en dehors de la présence de médiums, plaident contre l'action exclusive de ceux-ci et en faveur de l'action des trépassés. »

XX. — LE SPIRITISME EN FRANCE.

La France ne pourrait, comme l'Angleterre, nous montrer trois académiciens spirites. Les savants de notre pays, plus que partout ailleurs peut-être, ont témoigné de l'indifférence ou une réserve de parti pris à l'endroit des manifestations psychiques. Il est cependant de brillantes exceptions. Signalons seulement l'astronome Camille Flammarion, dont le style enchanteur a popularisé la science des mondes. L'intérêt qu'il porte aux sciences occultes s'est manifesté par son discours prononcé sur la tombe d'Allan Kardec et, depuis lors, par la publication de son livre: *l'Inconnu et les Problèmes psychiques*, qui relate 187 cas d'apparitions et phénomènes télépathiques, la plupart avec coïncidence de mort.

Dès 1887, le D' Paul Gibier, élève de Pasteur, et qui devint directeur de l'Institut antirabique de New-York, publiait deux ouvrages: *le Spiritisme ou Fakirisme occidental* et *Analyse des choses*, dans lesquels il étudiait avec conscience et affirmait avec courage l'existence des faits spirites.

Le D' Gibier, assisté du médium Slade, a étudié d'une manière toute spéciale le curieux phénomène de l'écriture directe sur ardoise, auquel il a consacré trente-trois séances. De nombreux messages en plusieurs langues ont été obtenus à l'intérieur d'ardoises doubles, fournies par l'expérimentateur et scellées l'une contre l'autre.

« Nous avons observé ces phénomènes, écrit-il (1), tant et tant de fois et sous des formes si variées, qu'il

---

(1) *Le Spiritisme ou Fakirisme occidental*, p. 310.

nous est permis de dire que nous ne pouvons plus croire à rien de ce que nous voyons tous les jours dans la vie ordinaire, s'il nous est défendu de nous en rapporter à nos sens pour ce cas particulier. »

En 1900, ce même savant adressait au Congrès international officiel de psychologie, réuni à Paris, un mémoire relatant de nombreuses matérialisations de fantômes, observées dans son propre laboratoire, à New-York, en présence de plusieurs témoins, notamment des préparateurs qui l'assistaient habituellement dans ses études de biologie (1).

C'est surtout dans le monde des lettres et des arts que nous rencontrerons en nombre partisans et défenseurs des phénomènes spirites et des doctrines qui s'y rattachent. Citons, parmi les écrivains qui se sont prononcés dans ce sens : Eugène Nus, l'auteur des *Grands Mystères* et de *Choses de l'autre monde* ; Vacquerie, qui exposa ses vues sur ce point dans les *Miettes de l'histoire* ; Victor Hugo, Maurice Lachâtre, Théophile Gautier, Victorien Sardou, C. Fauvety, Ch. Lomon, Eug. Bonnemère, Alex. Hepp, etc.

Presque toujours, c'est en dehors des académies que les expériences spirites ont été tentées en France, et de là vient sans doute le peu d'at-

---

(1) Voir *Compte rendu officiel du IV° Congrès international de psychologie* (Paris, P. Alcan, édit., 1901, p. 675), reproduit *in extenso* dans *les Annales des Sciences psychiques*, du D' Dariex, février 1901.

tention soutenue qu'on leur a prêté. De 1850 à 1860, les tables tournantes étaient en faveur, l'engouement était général, et pas une fête, pas une réunion intime ne se terminait sans quelques exercices de ce genre. Mais, dans la foule de ceux qui prenaient part à ces réunions et se divertissaient du phénomène, combien en est-il qui aient entrevu ses conséquences au point de vue scientifique et moral, et l'importance des solutions qu'il apportait à l'humanité ? On se lassa de poser des questions banales aux esprits. La mode des tables tournantes passa comme passent toutes les modes, et, après certain procès retentissant, le spiritisme tomba en discrédit.

Cependant, à défaut de savants officiels observateurs des phénomènes, la France possédait un homme qui devait jouer un rôle considérable, universel, dans l'avènement du spiritisme.

Allan Kardec, après avoir étudié pendant dix ans par la méthode positive, avec une raison éclairée et une patience infatigable, les expériences faites à Paris ; après avoir recueilli les attestations et les renseignements qui lui parvinrent de tous les points du globe, coordonna cet ensemble de faits, en déduisit les principes généraux et en composa tout un corps de doctrine, contenu dans cinq volumes, dont le succès fut tel, que certains d'entre eux dépassent aujourd'hui leur trentième édition. Ce sont : le *Livre des Esprits* (partie philosophique), le *Livre des Médiums* (partie scientifique), l'*Évangile selon le Spiritisme* (partie morale), le *Ciel et l'Enfer selon le Spiritisme, la Genèse.*

A. Kardec fonda la *Revue spirite,* qui devint l'organe, le trait d'union des spirites du monde entier, et dans laquelle on peut suivre l'évolution lente, progressive, de cette révélation morale et scientifique.

L'œuvre d'Allan Kardec est donc le résumé des enseignements communiqués aux hommes par les esprits, dans un nombre considérable de groupes répartis sur tous les points de la terre, durant une période de vingt ans.

Ces communications n'ont rien de surnaturel, puisque les esprits sont des êtres semblables à nous, qui ont vécu sur la terre et y reviendront pour la plupart, soumis comme nous aux lois de la nature et, comme nous, revêtus d'un corps, plus subtil, il est vrai, plus éthéré que le corps charnel, et ne tombant sous nos sens que dans des conditions déterminées.

A. Kardec, comme écrivain, s'est montré d'une clarté parfaite et d'une rigoureuse logique. Toutes ses déductions reposent sur des faits acquis, attestés par des milliers de témoins. A son appel, la philosophie descend des hauteurs abstraites où elle trônait, se fait simple, populaire, accessible à tous. Dépouillée de ses formes vieillies, mise à la portée des plus humbles intelligences, elle apporte espérance, consolation et lumière à ceux qui cherchent et à ceux qui souffrent, en démontrant la persistance de la vie au delà du tombeau.

La doctrine d'Allan Kardec, née, on ne saurait trop le dire, de l'observation méthodique, de l'expérience rigoureuse, ne peut devenir un système définitif, immuable, en dehors et au-dessus des conquêtes futures de la science. Résultat combiné des connaissances de deux mondes, de deux humanités se pénétrant l'une l'autre, mais qui sont toutes deux imparfaites et toutes deux en marche vers la vérité et vers l'inconnu, la doctrine des esprits se transforme sans cesse par le travail et le progrès, et, quoique supérieure à tous les systèmes, à toutes les philosophies du passé, reste ouverte aux rectifications, aux éclaircissements de l'avenir.

Depuis la mort d'A. Kardec, le spiritisme a accompli une évolution considérable, en s'assimilant le fruit des travaux de quarante années. La découverte de la matière radiante, des rayons cathodiques, les subtiles analyses des savants anglais et américains sur les corps fluidiques, sur les enveloppes périspritales ou formes revêtues par les esprits dans leurs apparitions, tous ces progrès ont ouvert au spiritisme un horizon nouveau. Il s'y est lancé sans crainte ; il a, grâce à ces études minutieuses, pénétré la nature intime du monde fluidique et peut lutter désormais à armes égales contre ses adversaires sur ce terrain de la science qui lui est devenu familier.

Les Congrès spirites, réunis à Paris en 1889 et 1900, ont démontré toute la vitalité d'une doctrine que l'on croyait ensevelie sous les sarcasmes et la raillerie. Des centaines de délégués, venus de tous les points du monde, ont assisté aux séances ; quatre-vingts revues et journaux y étaient représentés. Des hommes de grand savoir et de haute position, médecins, magistrats, professeurs, hommes d'église même, appartenant aux nations les plus diverses, Français, Espagnols, Italiens, Belges, Suisses, Russes, Allemands, Suédois, etc., ont pris part aux débats.

Les membres des écoles représentées à ces congrès : spirites, théosophes, occultistes, swedenborgiens, dans une union parfaite, ont affirmé, à l'unanimité des voix, les deux principes suivants :

1° *Persistance du Moi conscient après la mort ;*
2° *Rapport entre les vivants et les morts* (1).

---

(1) Le Congrès spirite et spiritualiste international de Paris, 1900, a ratifié, par un vote unanime, les déclarations suivantes :
Reconnaissance de l'existence de Dieu, Intelligence suprême, cause première de toutes choses. Pluralité des mondes habités. Immortalité de l'âme ; succession de ses existences corporelles sur la terre et sur d'autres globes de l'espace. Démonstration expérimentale de la survivance de l'âme humaine par la communication médianimique avec les esprits. Conditions heureuses ou malheureuses de la vie humaine, en raison des acquis antérieurs de l'âme, de ses mérites ou de ses démérites et des progrès qu'elle a à

Déjà, le Congrès spirite de 1889, en réveillant l'attention publique, avait stimulé l'esprit d'examen et provoqué tout un ensemble d'études et d'expériences scientifiques. Une *Société de recherches psychiques* fut fondée, à Paris, par le professeur Ch. Richet, de l'Académie de médecine, et le colonel de Rochas, alors administrateur de l'École polytechnique. Son premier soin a été d'ouvrir une enquête sur les phénomènes d'apparition et tous les faits de psychologie expérimentale observés en France. Une revue spéciale, *les Annales des Sciences psychiques*, dirigée par le Dr Dariex et le prof. Richet, rend compte de ses travaux et de ceux des sociétés étrangères.

Des expériences, avec le concours du médium Eusapia Paladino, ont eu lieu à l'île Roubaud, chez M. Ch. Richet, en 1894 ; à l'Agnélas (Isère), chez M. de Rochas, en 1895, et ont donné des résultats identiques à ceux de Milan, en 1892.

Le Congrès international de psychologie expérimentale, tenu à Londres en 1892, a montré quelles modifications profondes s'étaient produites sur ce point, en peu d'années, dans les vues de la science.

M. Ch. Richet y a abordé franchement la question de la nouvelle psychologie : phénomènes spi-

---

accomplir. Perfectionnement infini de l'être. Solidarité et fraternité universelles.

rites, télépathie, double vue, etc. L'éminent professeur se demande d'abord dans son exposé (1) : « Existe-t-elle, cette psychologie occulte ? »

« Pour nous, répond-il, la question n'est pas douteuse ; elle existe, il n'est pas possible que tant d'hommes distingués d'Angleterre, d'Amérique, de France, d'Allemagne, d'Italie, etc... se soient grossièrement et lourdement trompés. Toutes les objections qu'on leur a faites, ils les avaient pesées et discutées ; on ne leur a rien appris, en leur opposant soit le hasard possible, soit la fraude ; et ils y avaient bien songé, bien avant qu'on le leur ait reproché, de sorte que j'ai peine à croire que tout leur travail ait été stérile et qu'ils aient médité, expérimenté, réfléchi sur de décevantes illusions. »

M. Ch. Richet a rappelé aux membres du Congrès combien les académies se sont repenties maintes fois d'avoir nié, à priori, les plus belles découvertes. Il les conjure de ne pas retomber aujourd'hui dans la même faute. Il démontre quels résultats puissants peuvent découler, soit pour la science, soit pour la philosophie, de l'étude de la psychologie nouvelle, basée sur les faits.

Dans un article du *Figaro*, du 9 octobre 1905, intitulé : « Par delà la science », M. Richet allait encore plus loin dans la voie des affirmations :

(1) Reproduit par les *Annales des Sciences psychiques*, décembre 1892.

« Le monde occulte existe, écrivait-il. Au risque d'être regardé par mes contemporains comme un insensé, je crois qu'il y a des fantômes. »

Ces dernières années, des travaux remarquables ont été publiés, en France, sur le spiritisme et les questions connexes par le colonel de Rochas, le D{^{r}} Geley, le D{^{r}} Dupouy et par M. Maxwell, avocat général à la cour d'appel de Bordeaux.

Un institut psychologique a été créé à Paris, sous la présidence de feu le D{^{r}} Duclaux, auquel a succédé M. d'Arsonval, professeur au Collège de France, pour l'étude de la télépathie, de la suggestion et des phénomènes de la médiumnité. Des sociétés d'études psychiques se sont fondées à Nancy, Marseille, Nice, Montpellier, Toulouse, etc.

Le mouvement psychique s'est étendu de proche en proche et a gagné le pays tout entier. Il se fait sentir maintenant jusque dans les milieux les plus élevés. Certains représentants de la haute science en comprennent désormais toute l'importance.

M. Boutroux, professeur à la Faculté des lettres de Paris, membre de l'Institut, écrivait récemment :

« Une étude large, complète du psychisme n'offre pas seulement un intérêt de curiosité, même scientifique, mais intéresse encore très directement la vie et la destinée des individus et de l'humanité (1). »

Le D' Duclaux, directeur de l'Institut Pasteur, dans une conférence faite à l'Institut général psychologique, disait :

« Je ne sais si vous êtes comme moi, mais ce monde peuplé d'influences que nous subissons sans les connaître, pénétré de ce *quid divinum* que nous devinons sans en avoir le détail, eh bien ce monde du psychisme est un monde plus intéressant que celui dans lequel s'est jusqu'ici confinée notre pensée. Tâchons de l'ouvrir à nos recherches. Il y a là d'immenses découvertes à faire, dont profitera l'humanité (2). »

XXI. — LE PÉRISPRIT OU CORPS FLUIDIQUE.

Dans leur négation de l'existence de l'âme, les matérialistes ont souvent argué de la difficulté de concevoir un être privé de forme. Les spiritualistes, eux-mêmes, ne s'expliquaient pas comment l'âme, immatérielle, impondérable, pouvait s'unir étroitement et commander au corps matériel, de nature essentiellement différente. Ces difficultés ont trouvé leur solution dans les expériences du spiritisme.

Ainsi que nous l'avons dit précédemment, l'âme, pendant la vie corporelle comme après la

(1 et 2) Reproduit par *le Matin*, du 14 mars 1908.

mort, est constamment revêtue d'une enveloppe fluidique, plus ou moins subtile ou éthérée, qu'Allan Kardec a nommée *périsprit*, ou corps spirituel. Le périsprit sert de médiateur entre le corps et l'âme ; il transmet à celle-ci les impressions des sens et communique au corps les volontés de l'esprit. Au moment de la mort, il se détache de la matière tangible, abandonne le corps aux décompositions de la tombe, mais, inséparable de l'âme, il demeure la forme extérieure de sa personnalité.

Le périsprit est donc un organisme fluidique ; c'est la forme préexistante et survivante de l'être humain, le plan d'ensemble sur lequel se modèle l'enveloppe charnelle, comme un double vêtement invisible, formé d'une matière quintessenciée, qui pénètre tous les corps, quelque impénétrables qu'ils nous paraissent (1).

La matière grossière, incessamment renouvelée par la circulation vitale, n'est pas la partie stable et permanente de l'homme. C'est le périsprit qui assure le maintien de la structure humaine et des traits de la physionomie, et cela à toutes les époques de la vie, de la naissance à la mort. Il joue ainsi le rôle d'un moule compressible et expansible, sur lequel la matière terrestre s'incorpore.

---

(1) L'existence de cet état subtil de la matière est démontrée scientifiquement par les expériences de G. Le Bon, Curie, Becquerel, etc., sur la radio-activité des corps.

Ce corps fluidique n'est cependant pas immuable ; il s'épure et s'ennoblit avec l'âme ; il la suit à travers ses incarnations sans nombre, monte avec elle les degrés de l'échelle hiérarchique, devient de plus en plus diaphane et brillant, pour resplendir un jour de cette lumière éclatante dont parlent les Bibles antiques et les témoignages de l'histoire touchant certaines apparitions.

Le périsprit conserve tous les acquis de l'être vivant. C'est dans le cerveau de ce corps spiritualisé que les connaissances s'emmagasinent et s'impriment en lignes phosphorescentes, et c'est sur ce plan que se modèle et se forme le cerveau de l'enfant à la réincarnation. Ainsi, l'avoir intellectuel et moral de l'esprit, loin de se perdre, se capitalise et s'accroît avec ses existences. De là les aptitudes extraordinaires qu'apportent en naissant certains êtres précoces, particulièrement doués.

L'élévation des sentiments, la pureté de la vie, les élans vers le bien et l'idéal, les épreuves et les souffrances patiemment endurées, affinent de plus en plus le périsprit, en étendent, en multiplient les vibrations. Comme une action chimique, ils en consument les particules grossières et ne laissent subsister que les plus subtiles, les plus déliées.

Par un effet inverse, les appétits matériels, les passions basses et vulgaires réagissent sur le périsprit, l'alourdissent, le rendent plus dense et plus obscur. L'attraction des globes inférieurs, comme la terre, s'exerce avec force sur ces organismes, qui conservent en partie les besoins du corps et ne peuvent les satisfaire. Les incarnations des esprits qui en sont dotés se succèdent rapidement, jusqu'à ce que le progrès par la souffrance vienne atténuer leurs passions, les soustraire aux influences terrestres et leur ouvrir l'accès de mondes meilleurs.

Une corrélation étroite relie les trois éléments constitutifs de l'être. Plus l'esprit est élevé, plus le périsprit est subtil, léger, brillant, plus le corps est exempt de passions, modéré dans ses appétits et ses désirs. La noblesse et la dignité de l'âme rejaillissent sur le périsprit, qu'elles rendent plus harmonieux de formes et plus éthéré ; elles rejaillissent jusque sur le corps même ; la face alors s'éclaire du reflet d'une flamme intérieure.

C'est par les courants magnétiques que le périsprit communique avec l'âme. C'est par les fluides nerveux qu'il est lié au corps. Ces fluides, quoique invisibles, sont des attaches puissantes qui l'enchaînent à la matière, de la naissance à la mort, et même, pour les sensuels, jusqu'à la dissolution de l'organisme. L'agonie nous représente la somme d'efforts réalisés par le périsprit pour se dégager de ses liens charnels.

Le fluide nerveux ou fluide vital, dont le périsprit est la source, joue un rôle considérable dans l'économie. Son existence, son mode d'action peuvent expliquer bien des problèmes pathologiques. A la fois agent de transmission des sensations externes et des impressions intimes, il est comparable au fil télégraphique, transmetteur de la pensée, que parcourt un double courant.

L'existence du périsprit était connue des anciens. Sous les noms d'*ochéma* et de *férouer*, les philosophes grecs et orientaux désignaient l'enveloppe de l'âme, « lucide, éthérée, aromale ». Selon les Persans, lorsque l'heure de l'incarnation est venue, le Férouer attire et condense autour de lui les molécules matérielles nécessaires à la constitution du corps, puis les restitue aux éléments par la mort, pour reprendre dans d'autres milieux de nouvelles enveloppes charnelles.

Le Christianisme porte également des traces de cette croyance. Saint Paul, dans sa première Épître aux Corinthiens, s'exprime en ces termes :

« L'homme est mis en terre comme un corps animal, et il ressuscitera comme un corps spirituel. De même qu'il y a un corps animal, il y a un corps spirituel. »

Quoique l'existence du périsprit ait été affirmée à diverses époques, c'est au spiritisme qu'il appartenait d'en déterminer la nature et le rôle exact. Grâce aux expériences de Crookes et autres savants, nous savons que le périsprit est l'instrument à l'aide duquel s'accomplissent tous les phénomènes du magnétisme et du spiritisme. Ce corps spirituel est un véritable réservoir de fluides, que l'âme met en action par la volonté. C'est lui qui, dans le sommeil ordinaire comme dans le sommeil provoqué, se dégage du corps matériel, se transporte à des distances considérables et, dans l'obscurité des nuits comme à la clarté du jour, voit, observe, entend des choses que le corps ne saurait connaître de lui-même.

Le périsprit a ses sens, analogues à ceux du corps, mais d'une puissance bien supérieure. Il voit par la lumière spirituelle, différente de la lumière des astres, et que les sens matériels ne peuvent percevoir, quoiqu'elle soit répandue dans tout l'univers.

La permanence du corps fluidique, après comme avant la mort, explique aussi le phénomène des apparitions ou matérialisations d'esprits. Le périsprit, dans la vie libre de l'espace, possède virtuellement toutes les forces qui constituent l'organisme humain, mais il ne les met pas en action. Dès que l'esprit se trouve dans les conditions voulues, c'est-à-dire dès qu'il peut emprunter au médium la matière fluidique et la force vitale nécessaires, il se les assimile et revêt peu à peu les apparences de la matière terrestre. Le courant vital circule en lui, et, sous l'action du fluide emprunté, les molécules physiques se rangent d'après le plan de l'organisme, plan dont le périsprit reproduit toutes les lignes essentielles ; le corps humain se reconstitue, et l'organisme entre en fonction.

Les photographies et les moulages nous montrent que ce corps reconstitué est identique à celui que l'esprit animait sur terre. Mais cette vie ne peut être que temporaire et fugitive, étant anormale, et les éléments qui l'ont produite, après une courte association, retournent à leurs sources respectives.

XXII. — Les Médiums.

Les facultés du périsprit, ses moyens de perception et de dégagement, si développés qu'ils soient chez certains sujets, ne peuvent cependant jamais s'exercer dans leur plénitude durant la période d'incarnation, c'est-à-dire pendant la vie terrestre. Le périsprit est alors étroitement lié au corps. Prisonnier dans cette enveloppe épaisse et obscure, il ne peut s'en éloigner qu'à certains moments et dans des conditions particulières. Ses ressources restent à l'état latent. De là la faiblesse de notre mémoire, impuissante à remonter le cours de nos existences passées.

Rendue à la vie spirituelle, l'âme reprend la

complète possession d'elle-même ; le périsprit recouvre la plénitude de ses perceptions. Ils peuvent désormais agir de concert sur les fluides, impressionner les organismes, les cerveaux humains. Là est le secret des manifestations spirites. Un magnétiseur exercera une action puissante sur son sujet, provoquera son dégagement, suspendra en lui la vie matérielle. De même, les esprits ou âmes désincarnées peuvent, par la volonté, diriger des courants magnétiques sur certains êtres humains, influencer leurs organes et, par leur intermédiaire, communiquer avec les habitants de la terre. Ces êtres, spécialement propres, par la délicatesse et la sensibilité de leur système nerveux, à la manifestation des esprits, portent le nom de *médiums*. Leurs aptitudes sont multiples et variées.

Ce sont les sensitifs, les clairvoyants, ceux dont la vue perce le brouillard opaque qui nous cache les mondes éthérés, et, par une éclaircie, parviennent à entrevoir quelque chose de la vie céleste. Certains ont même la faculté de voir les esprits, d'entendre d'eux la révélation des lois supérieures.

Nous sommes tous médiums, il est vrai, mais à des degrés bien différents. Beaucoup le sont et l'ignorent. Il n'est pas d'hommes sur qui n'agisse l'influence, bonne ou mauvaise, des esprits. Nous vivons au milieu d'une foule invisible qui assiste, silencieuse, attentive, aux détails de notre existence, participe par la pensée à nos travaux, à nos joies, à nos peines. Dans cette foule ont pris rang la plupart de ceux que nous avons rencontrés sur terre et dont nous suivîmes jusqu'au champ funèbre le pauvre vêtement usé. Parents, amis, indifférents, ennemis, tous subsistent et sont ramenés par l'attraction des habitudes et des souvenirs vers les lieux et vers les hommes qu'ils ont connus. Cette foule invisible nous influence, nous observe, nous inspire, nous conseille à notre insu, et, dans certains cas même, nous obsède, nous poursuit de sa haine et de sa vengeance.

Tous les écrivains connaissent ces heures d'inspiration, où leur pensée s'illumine de clartés inattendues, où les idées coulent comme un torrent sous leur plume. Qui de nous, aux moments de tristesse, d'accablement, de désespoir, ne s'est senti parfois ranimé, réconforté par une action intime et mystérieuse? Et les inventeurs, les pionniers du progrès, tous ceux qui luttent pour agrandir le domaine et la puissance de l'humanité, tous ceux-là n'ont-ils pas bénéficié du secours invisible que nos aînés savent leur apporter aux heures décisives? Ces écrivains subitement inspirés, ces inventeurs soudainement éclairés, sont autant de médiums intuitifs, inconscients. Chez d'autres, la faculté de communiquer avec les esprits revêt une forme plus nette, plus accentuée. Les uns sentent leur main

entraînée par une force étrangère et couvrent
le papier de conseils, d'avis, d'enseignements
variés. Les autres, riches en fluide vital, voient
les tables s'agiter sous leurs doigts et obtiennent,
au moyen de coups frappés par ces meubles, des
communications plus lentes, mais plus précises
et plus propres à convaincre les incrédules. Certains, plongés par l'influence des esprits dans
le sommeil magnétique, abandonnent la direction de leurs organes à ces hôtes invisibles, qui
en usent pour converser avec les incarnés comme
au temps de leur vie corporelle. Rien de plus
étrange et de plus saisissant que de voir défiler
successivement, dans l'enveloppe frêle et délicate d'une dame, voire d'une jeune fille, les personnalités les plus diverses, l'esprit d'un défunt
quelconque, d'un prêtre, d'un artisan, d'une servante, se révélant par les attitudes caractéristiques, par le langage qui leur était familier
pendant leur existence ici-bas (1).

Souvent des esprits connus et aimés des assistants viennent affirmer leur présence et leur
immortalité, prodiguer à ceux qu'ils ont laissés
après eux sur le chemin ardu de la vie les
exhortations et les encouragements, montrer à
tous le but suprême. Qui peindra les effusions,
les transports, les larmes de ceux qu'un père,

(1) Voir *Dans l'Invisible* : Spiritisme et Médiumnité ; 2° partie.

une mère, une femme aimée, viennent, du sein des espaces, consoler, réchauffer de leur affection et de leurs conseils ?

Certains médiums facilitent par leur présence le phénomène des apparitions, ou plutôt, selon une expression consacrée, des matérialisations d'esprits. Ceux-ci empruntent aux périsprits de ces médiums une suffisante quantité de fluide, se l'assimilent par la volonté, condensent leur propre enveloppe jusqu'à la rendre visible et quelquefois tangible.

Quelques médiums servent aussi d'intermédiaires aux esprits pour transmettre aux malades et aux infirmes des effluves magnétiques qui soulagent et parfois guérissent ces malheureux. C'est là une des formes les plus belles et les plus utiles de la médiumnité.

Beaucoup de sensations inexpliquées proviennent de l'action occulte des esprits. Par exemple, les pressentiments, qui nous avertissent d'un malheur, de la perte d'un être aimé, sont causés par les courants fluidiques que les désincarnés projettent vers ceux qui leur sont chers. L'organisme ressent ces effluves, mais rarement la pensée de l'homme cherche à les analyser. Il y a pourtant dans l'étude et dans la pratique des facultés médianimiques une source d'enseignements élevés.

Cependant, on verrait à tort en elles des privilèges ou des faveurs. Chacun de nous, nous l'avons dit, porte en lui les rudiments d'une médiumnité qu'on peut développer en l'exerçant. La volonté, en cela comme en tant de choses, joue un rôle considérable. Les aptitudes de certains médiums célèbres s'expliquent par la nature particulièrement souple, élastique de leur organisme fluidique, qui se prête admirablement à l'action des esprits.

Presque tous les grands missionnaires, les réformateurs, les fondateurs de religion étaient de puissants médiums, en communion constante avec les invisibles, dont ils recevaient les inspirations fécondes. Leur vie entière est un témoignage de l'existence du monde des esprits et de ses rapports avec l'humanité terrestre.

Ainsi s'expliquent — la part des exagérations et des légendes étant faite — nombre de faits historiques qualifiés de surnaturels et de merveilleux. L'existence du périsprit et des lois de la médiumnité nous indique à l'aide de quels moyens s'exerce, à travers les âges, l'action des esprits sur les hommes. L'Égérie de Numa, les songes de Scipion, les génies familiers de Socrate, du Tasse, de Jérôme Cardan, les voix de Jeanne d'Arc, les inspirés des Cévennes, la voyante de Prévorst, mille autres faits analogues, considérés à la lumière du spiritualisme moderne, perdent désormais, aux yeux du penseur, tout caractère surnaturel ou mystérieux.

C'est par ces faits cependant que se révèle la grande loi de solidarité qui unit l'humanité terrestre aux humanités de l'espace. Délivrés des liens de la chair, les esprits supérieurs peuvent soulever le rideau épais qui leur cachait les grandes vérités. Les lois éternelles leur apparaissent dégagées des ombres dont les sophismes et les misérables intérêts personnels les enveloppent ici-bas. Animés d'un ardent désir de coopérer encore au mouvement ascensionnel des êtres, ils redescendent vers nous et se mettent en rapport avec ceux des humains que leur constitution sensitive et nerveuse rend aptes à remplir le rôle de médiums. Par leurs enseignements et leurs salutaires avis, ils travaillent, à l'aide de ces intermédiaires, au progrès moral des sociétés terrestres.

Il convient de remarquer toutefois que, d'une façon générale, les médiums ne comprennent pas assez, de nos jours, la nécessité d'une vie pure et exemplaire pour entrer en rapports avec les hautes personnalités de l'espace. Dans l'antiquité, les sujets — des femmes de préférence — étaient choisis dès l'enfance, élevés avec soin dans les temples et les enceintes sacrées, loin de tout contact impur, entourés de tout ce qui pouvait développer en eux le sens du beau. Telles étaient les vestales romaines, les sybilles grecques, les druidesses de l'île de Sein. C'est par leur intermédiaire que l'on consultait les dieux ou esprits supérieurs, et les réponses étaient précises presque toujours. Jeanne d'Arc fut aussi un médium de cet ordre, recevant directement les inspirations célestes. Aujourd'hui, ces conditions de pureté et d'élévation de pensée sont plus difficiles à réaliser. Beaucoup de médiums subissent des influences matérielles, grossières même, et sont portés à utiliser leurs facultés dans un but vulgaire. De là, le caractère inférieur de certaines manifestations, le manque de protection efficace, l'intervention des esprits arriérés.

XXIII. — L'ÉVOLUTION ANIMIQUE ET PÉRISPRITALE.

Les rapports séculaires des hommes et des esprits, confirmés, expliqués par les expériences récentes du spiritisme, démontrent la survivance de l'être sous une forme fluidique plus parfaite.

Cette forme indestructible, compagne et servante de l'âme, témoin de ses luttes et de ses souffrances, participe, comme nous l'avons vu, à ses pérégrinations, s'élève et se purifie avec elle. Formé dans les régions inférieures, l'être périsprital gravit lentement l'échelle des existences. Ce n'est d'abord qu'un être rudimentaire, une ébauche incomplète. Parvenu à l'humanité, il commence à refléter des sentiments plus relevés ; l'esprit rayonne avec plus de puissance, et le périsprit s'éclaire de nouvelles lueurs. De vies en vies, à mesure que les facultés s'étendent, que les aspirations s'épurent, que le champ des connaissances s'agrandit, il s'enrichit de sens nouveaux. Chaque fois qu'une incarnation s'achève, comme un papillon s'élance de sa chrysalide, le corps spirituel se dégage de ses haillons de chair. L'âme se retrouve, entière et libre, et, en considérant ce manteau fluidique qui la recouvre, dans son aspect splendide ou misérable, elle constate son propre état d'avancement.

Ainsi que le chêne garde en lui la marque de ses développements annuels, ainsi le périsprit conserve, sous ses apparences présentes, les vestiges des vies antérieures, des états successivement parcourus. Ces vestiges reposent en nous, souvent oubliés ; mais, dès que l'âme en évoque, en réveille le souvenir, ils reparaissent comme autant de témoins, jalonnent la route longuement et péniblement parcourue.

Les esprits arriérés ont d'épaisses enveloppes, imprégnées de fluides matériels. Ils ressentent encore après la mort les impressions et les besoins de la vie terrestre. La faim, le froid, la douleur subsistent pour les plus grossiers d'entre eux. Leur organisme fluidique, obscurci par les passions, ne peut vibrer que faiblement, et leurs perceptions en sont d'autant plus restreintes. Ils ne savent rien de la vie de l'espace. Tout est ténèbres en eux et autour d'eux.

L'âme pure, détachée des attractions bestiales, se forme un périsprit semblable à elle. Plus ce périsprit est subtil, plus il vibre avec force, plus ses perceptions et ses sensations s'étendent. Il participe à des modes d'existence dont nous pouvons à peine nous faire une idée. Il s'enivre des jouissances de la vie supérieure, des magnifiques harmonies de l'infini. Telle est la tâche de l'esprit humain et telle est sa récompense : par ses longs travaux, se façonner de nouveaux sens, d'une délicatesse et d'une puissance sans bornes; dompter les passions brutales, transformer cette épaisse enveloppe en une forme diaphane, resplendissante de lumière. Voilà l'œuvre assignée à tous, et que tous doivent poursuivre à travers des étapes innombrables, sur la route merveilleuse que les mondes déroulent sous leurs pas.

XXIV. — Conséquences philosophiques et morales.

Les faits spirites sont gros de conséquences philosophiques et morales. Ils apportent la solution, aussi claire que complète, des plus grands problèmes qui aient été agités à travers les siècles par les sages et les penseurs de tous pays : le problème de notre nature intime, si mystérieuse, si peu connue, et le problème de nos destinées. La survivance et l'immortalité, jusqu'ici simples espérances, pures intuitions de l'âme, aspirations vers un état meilleur ou concept de la raison, sont désormais prouvées, ainsi que la communion des vivants et des morts qui en est la conséquence logique. Le doute n'est plus possible. L'homme est immortel. La mort n'est qu'un changement d'état. De ce fait et de l'enseignement des esprits, se dégage, en outre, la certitude de la pluralité de nos existences terrestres. Cette évolution de l'être à travers ses vies renaissantes, édifiant lui-même son avenir, se construisant chaque jour par ses actes, tant au sein de la vie inférieure que dans l'épanouissement des humanités heureuses, cette identité d'origine et de fins pour tous, ce perfectionnement graduel, fruit des travaux accomplis, des épreuves subies, tout cela nous montre les principes éternels de justice, d'ordre, de progrès régnant sur les mondes, réglant la destinée des âmes, selon des lois sages, profondes, universelles.

Le spiritisme est donc à la fois une philosophie morale et une science positive. Il peut satisfaire tout ensemble le cœur et la raison. Il se manifeste dans le monde à l'heure précise où les conceptions religieuses du passé oscillent sur leurs bases, où l'humanité, ayant perdu la foi naïve des anciens jours, rongée par le scepticisme, erre dans le vide, sans boussole, et cherche sa voie à tâtons, comme un aveugle. L'avènement du spiritisme est, qu'on ne s'y trompe pas, un des plus grands événements de l'histoire du monde. Il y a dix-neuf siècles, sur les ruines du paganisme agonisant, au sein d'une société corrompue, le Christianisme, par la voix des plus humbles et des plus méprisés, apportait, avec une morale et une foi nouvelles, la révélation de deux principes jusque-là ignorés des foules : la charité et la fraternité humaine. De même aujourd'hui, en face de doctrines affaiblies, pétrifiées par l'intérêt matériel, impuissantes à éclairer l'esprit humain, une philosophie rationnelle se dresse, portant en elle le germe d'une transformation sociale, un moyen de régénérer l'humanité, en la débarrassant des éléments de décomposition qui la stérilisent et la souillent. Elle vient offrir une base solide à la foi, une sanction à la morale, un stimulant à la vertu. Elle fait du progrès le but même de la vie et la loi supérieure de l'univers. Elle met fin au règne de la grâce, de l'arbitraire et de la superstition, en montrant dans l'élévation des êtres le résultat de leurs propres efforts. En enseignant qu'une égalité absolue et une solidarité étroite relient les hommes à travers leurs vies collectives, elle porte un coup vigoureux à l'orgueil et à l'égoïsme, ces deux monstres que rien jusqu'ici n'avait pu dompter ou réduire.

XXV. — Le Spiritisme et la Science.

Les phénomènes du spiritisme, si importants par leurs résultats scientifiques et leurs conséquences morales, n'ont cependant pas été accueillis avec tout l'intérêt qu'ils méritaient. Ainsi que nous le constations plus haut, l'homme, si souvent trompé, est devenu sceptique et défiant. Cependant cet accueil peut paraître étrange de la part de savants dont la mission consiste à étudier tous les phénomènes, à en rechercher les causes et les lois. Il ne surprendra pas ceux qui connaissent la nature humaine et se souviennent des leçons de l'histoire.

Le nouveau effraye, car il renverse de chères théories, de vieux systèmes édifiés à grand'peine ; il bouleverse des situations acquises et vient troubler bien des quiétudes, en nécessitant des recherches et des observations dont on n'a plus le goût.

Les savants sont hommes et, comme tous les hommes, ont leurs faiblesses et leurs préjugés. Il faut un véritable héroïsme pour accueillir avec impartialité des faits qui viennent infliger un démenti aux travaux de toute une existence, ébranler une célébrité laborieusement conquise.

Comme toutes les grandes découvertes, le spiritisme devait recevoir le baptême des humiliations et de l'épreuve. Presque toutes les idées nouvelles, particulièrement les plus fécondes, ont été raillées, conspuées à leur apparition, rejetées comme utopies. On a longtemps qualifié de mensonges et de chimères les inventions de la vapeur et de l'électricité, voire l'établissement des chemins de fer. L'Académie de médecine repoussait d'abord la théorie de la circulation du sang, d'Harvey, comme elle repoussait plus tard le magnétisme. Et tandis que l'Académie de Paris déclarait que ce dernier n'existait pas, on a vu l'Académie de Vienne en proscrire l'usage comme dangereux. De quel persiflage les savants n'ont-ils pas salué, à une époque récente, les découvertes de Boucher de Perthes, le créateur de l'anthropologie préhistorique, science accréditée aujourd'hui et qui jette de si vives lueurs sur l'origine des sociétés humaines?

Tous ceux qui ont voulu affranchir l'humanité de son ignorance, lui révéler le secret des forces naturelles ou des lois morales, tous ceux-là ont vu se dresser devant eux un calvaire et ont été abreuvés de fiel et d'outrages. Galilée a été emprisonné, Giordano Bruno brûlé, Jésus crucifié, Watt, Fulton, Papin bafoués, Salomon de Caus enfermé parmi des fous. Aujourd'hui, on n'emprisonne, on ne brûle, on ne proscrit plus pour crime d'opinion ; mais le sarcasme et la raillerie sont encore des formes de l'oppression. Il a fallu une vitalité inouïe à certaines idées pour se faire jour, malgré la coalition des corps sacerdotaux et savants. Mais les idées, comme les hommes, grandissent dans la douleur. Tôt ou tard, la vérité triomphe des infaillibilités conjurées.

Après avoir évoqué ces pénibles souvenirs et considéré les tâtonnements successifs de la pensée, en nous rappelant l'accueil fait dans le passé à des idées, à des découvertes qui ont centuplé la puissance de l'homme, assuré son triomphe sur la nature aveugle ; après avoir retracé les réactions de l'esprit de routine se dressant contre les novateurs, ne sommes-nous pas fondés à demander aux détracteurs du spiritisme un peu de patience, de réflexion avant de condamner sans examen, nous ne dirons pas des idées, des spéculations gratuites de l'esprit, mais des faits d'observation et d'expérience ?

Chaque pas rappelle à l'homme son peu de savoir. Nos conquêtes scientifiques ne sont que des aperçus provisoires, supérieurs à la science de nos pères, mais que remplaceront des découvertes et des connaissances nouvelles. Le temps présent n'est qu'une étape dans le grand voyage de l'humanité, un point dans l'histoire des générations. L'utopie de la veille devient la réalité du lendemain. On peut se glorifier d'avoir contribué à augmenter le bagage intellectuel du passé ; on ne doit jamais dire : Ce que j'ignore restera toujours caché. Comparons le modeste domaine de la science à l'infini des choses, aux champs sans bornes de l'inconnu qui nous reste à explorer. Cette comparaison nous apprendra à mettre plus de circonspection dans nos jugements.

XXVI. — Dangers du Spiritisme.

Parmi les expérimentateurs du spiritisme, certains voulant, dans un but de contrôle, fixer eux-mêmes les conditions de production du phénomène, accumuler les obstacles et les exigences, n'ont obtenu aucun résultat satisfaisant, et, dès lors, sont devenus hostiles à cet ordre de faits.

Nous devons rappeler que les messages des esprits ne sauraient être assimilés aux expériences de physique et de chimie. Encore celles-ci sont-elles soumises à des règles fixes, en dehors desquelles tout résultat est impossible.

Dans les manifestations spirites, on se trouve en présence, non plus de forces aveugles, mais d'êtres intelligents, doués de volonté et de liberté, qui, parfois, lisent en nous, discernent nos intentions malveillantes et, s'ils sont d'un ordre élevé, se soucient peu de se prêter à nos fantaisies.

L'étude du monde invisible exige beaucoup de sagesse et de persévérance. Ce n'est qu'après des années de réflexion et d'observation que l'on acquiert la science de la vie, que l'on apprend à connaître les hommes, à juger leur caractère, à se garer des embûches dont le monde est semé. Plus difficile encore à acquérir est la connaissance de l'humanité invisible qui nous entoure et plane au-dessus de nous. L'esprit désincarné se retrouve au delà de la mort tel qu'il s'est fait lui-même pendant son séjour ici-bas. Il n'est ni meilleur ni pire. Pour dompter une passion, corriger un défaut, atténuer un vice, il faut parfois plus d'une existence. Il en résulte que, dans la foule des esprits, les caractères sérieux et réfléchis sont, comme sur la terre, en minorité, et les esprits légers, épris de choses puériles et vaines, y forment de nombreuses légions. Le monde invisible est donc, sur une plus vaste échelle, la reproduction, la doublure du monde terrestre. Là, comme ici, la vérité et la science ne sont pas le partage de tous. La supériorité intellectuelle et morale ne s'obtient que par un travail lent et continu, par l'accumulation de progrès réalisés au cours d'une longue série de siècles.

Nous savons cependant que ce monde occulte réagit constamment sur le monde corporel. Les morts influencent les vivants, les guident, les inspirent à leur insu. Les esprits s'attirent en raison de leurs affinités. Ceux qui ont dépouillé le vêtement de chair assistent ceux qui en sont encore revêtus. Ils les stimulent dans la voie du bien, mais souvent aussi les poussent dans celle du mal.

Les esprits supérieurs ne se manifestent que dans les cas où leur présence peut être utile et faciliter notre amélioration. Ils fuient les réunions bruyantes et ne s'adressent qu'aux hommes animés d'intentions pures. Nos régions obscures leur conviennent peu. Dès qu'ils le peuvent, ils retournent vers des milieux moins chargés de fluides grossiers, mais ne cessent, malgré la distance, de veiller sur leurs protégés.

Les esprits inférieurs, incapables d'aspirations élevées, se complaisent dans notre atmosphère. Ils se mêlent à notre vie et, uniquement préoccupés de ce qui captivait leur pensée durant l'existence corporelle, ils participent aux plaisirs ou aux travaux des hommes auxquels ils se sentent unis par des analogies de caractère ou d'habitudes. Parfois même, ils dominent et subjuguent les personnes faibles qui ne savent résister à leur influence. Dans certains cas, leur empire devient tel, qu'ils peuvent pousser leurs victimes jusqu'au crime et à la folie. Ces cas d'obsession et de possession sont plus communs qu'on ne pense. C'est à eux qu'il faut demander l'explication de nombreux faits relatés par l'histoire.

Il y aurait danger à se livrer sans réserve à l'expérimentation spirite. L'homme au cœur droit, à la raison éclairée et sûre, peut y recueillir des consolations ineffables et de précieux enseignements. Mais celui qui ne rechercherait dans ces faits qu'un intérêt matériel ou un amusement frivole, celui-là deviendrait fatalement l'objet de mystifications sans nombre, le jouet d'esprits perfides qui, en flattant ses penchants, en le séduisant par de brillantes promesses, capteraient sa confiance, pour l'accabler ensuite de railleries et de déceptions.

Une grande prudence est donc nécessaire pour entrer en communication avec le monde invisible. Le bien et le mal, la vérité et l'erreur s'y mêlent, et, pour distinguer l'un de l'autre, il faut en passer toutes les révélations, tous les enseignements, au crible d'un jugement sévère. On ne doit s'aventurer sur ce terrain que pas à pas, le flambeau de la raison à la main. Pour chasser les mauvaises influences, pour éloigner la horde des esprits légers ou malfaisants, il suffit de rester maître de soi, de ne jamais abdiquer le droit de contrôle et d'examen, de chercher par-dessus tout les moyens de se perfectionner dans la connaissance des lois supérieures et dans la pratique des vertus. Celui dont la vie est droite, et qui recherche la vérité avec un cœur sincère, n'a aucun danger à redouter. Les esprits de lumière lisent en lui, voient ses intentions et l'assistent. Les esprits fourbes et menteurs s'éloignent du juste, comme une troupe de partisans devant une citadelle bien défendue. Les obsesseurs s'attaquent de préférence aux hommes légers qui négligent les questions morales pour rechercher en tout leur plaisir ou leur intérêt.

Presque toujours, des liens dont l'origine remonte aux existences antérieures unissent les obsédés à leurs persécuteurs invisibles. La mort n'efface pas nos fautes et ne nous délivre pas de nos ennemis. Nos iniquités retombent sur nous à travers les siècles, et ceux qui en ont souffert nous poursuivent de leur vengeance et de leur haine par delà la tombe. Ainsi le permet la justice souveraine. Tout se rachète et s'expie. Ce qui, dans les cas d'obsession et de possession, nous paraît anormal, inique, n'est souvent que la conséquence des spoliations et des infamies accomplies dans l'obscur passé.

XXVII. — Charlatanisme et Vénalité.

La perfidie des esprits malveillants n'est pas le seul écueil que le spiritisme rencontre sur sa route ; d'autres dangers le menacent, et ceux-là viennent des hommes. Le charlatanisme et la vénalité, plus redoutables que l'hostilité la plus acharnée, peuvent envahir et ruiner les nouvelles doctrines, comme ils ont envahi et ruiné la plupart des croyances qui se sont succédé en ce monde. Produits spontanés et morbides d'un milieu corrompu, ils se développent et se répandent à peu près partout. L'ignorance du grand nombre favorise et alimente cette source d'abus. Déjà nombre de faux médiums, d'exploiteurs de tous degrés ont cherché dans le spiritisme un moyen de battre monnaie. Le magnétisme, nous l'avons vu, n'est pas plus à l'abri de ces industriels, et, sans doute, faut-il voir là une des causes qui éloignèrent longtemps les savants de l'étude des phénomènes.

Cependant, on doit comprendre que l'existence de produits falsifiés ne donne pas le droit de nier celle des produits naturels. De ce que les bateleurs s'intitulent physiciens, en conclut-on que les sciences physiques sont indignes d'attention et d'examen ? La supercherie et le mensonge sont des conséquences inévitables de l'infériorité des sociétés humaines. Toujours à l'affût des occasions de s'entretenir aux dépens de la crédulité, ils se glissent partout, salissent les meilleures causes, compromettent les principes les plus sacrés.

Tout aussi à craindre est cette tendance de quelques-uns à faire commerce de médiumnité, à se créer une situation matérielle à l'aide de facultés réelles, mais d'un caractère variable. La production des phénomènes étant due à l'action libre des esprits, on ne saurait compter sur une intervention permanente et régulière de leur part. Des esprits élevés ne sauraient non plus se prêter à des vues intéressées, et le moins qu'on puisse redouter en pareil cas, c'est de tomber sous l'influence d'esprits frivoles et moqueurs. Une fatale tendance poussera le médium rétribué, en l'absence de phénomènes réels, à en simuler.

Introduire la question d'argent dans cet ordre d'idées, c'est en amoindrir la valeur morale. L'amour de l'or corrompt les enseignements les plus sublimes, et le catholicisme a perdu son autorité sur bien des âmes depuis que les disciples de l'Évangile sont devenus les disciples de Plutus. Si le spiritisme devenait mercantile, si les consolations qu'il procure n'étaient plus qu'un objet d'exploitation, son influence en serait d'autant affaiblie, et le progrès qu'il apporte à l'humanité, au lieu d'être rapide et général, ne pourrait plus être que fort lent et tout individuel.

L'ignorance n'est pas un moindre fléau. Beaucoup de ceux qui se livrent aux manifestations, dépourvus de notions exactes, peu éclairés sur les questions de fluides, de périsprit, de médiumnité, confondent et dénaturent toutes choses par leurs fausses interprétations ; ils jettent, par suite, un véritable discrédit sur ces études, en faisant croire aux incrédules qu'il n'y a là qu'illusions et chimères. Mais l'ignorance est difficile à vaincre. Les erreurs et les abus qu'elle engendre ont souvent plus d'empire que la vérité et la raison. Il n'est pas un principe, pas une doctrine qui n'aient été dénaturés, pas une vérité qui n'ait été falsifiée, obscurcie à plaisir.

Malgré les préjugés et l'ignorance, malgré les hostilités conjurées, le spiritisme, né d'hier, a déjà fait des pas de géant. Il y a cinquante ans, il balbutiait à peine ses premières paroles, et voilà qu'il s'est fait entendre sur tous les points du globe; ses adeptes se comptent aujourd'hui par millions; parmi eux, on rencontre plusieurs des maîtres incontestés de la science. De tels progrès dénotent une vitalité sans exemple, et, devant les faits accomplis, l'indifférence n'est plus de mise. Il est vrai que, si l'on examine de près la situation du spiritisme, on remarquera dans son sein non seulement le germe des abus que nous signalions plus haut, mais aussi des causes de divisions, des rivalités d'opinions et de groupes. Au lieu de l'union et de l'harmonie, on y rencontrera trop souvent antagonisme et luttes intestines. Christ disait, il y a dix-neuf siècles : « Je ne suis pas venu apporter la paix, mais la division. » Il en a toujours été de même ici-bas. Au contact des faiblesses humaines, tout devient une source de différends et de conflits.

On peut déplorer cet état de choses, mais on

se consolera en songeant qu'en dépit des controverses et des rivalités, l'idée mère se développe et poursuit sa marche. Les hommes, instruments d'un jour, passent ; leurs passions, leurs intérêts, toutes ces choses fugitives et vaines, disparaissent avec eux ; mais la vérité, étincelle divine qu'ils ont recueillie, se change en foyer, grandit, monte sans cesse et, devenue astre éblouissant, inondera un jour de ses feux cette humanité hésitante et attardée.

XXVIII. — Utilité des Études psychologiques.

Le caractère essentiellement rationnel que le spiritisme a revêtu rend puériles les accusations d'empirisme et de surnaturalisme dont il est souvent gratifié.

On ne saurait trop insister sur ce point. La réalité des manifestations spirites repose, nous l'avons vu, sur les témoignages indéniables d'hommes d'une compétence reconnue. Leur explication n'est venue qu'après de patientes études. Les effets dûment constatés, il a bien fallu en rechercher la cause ; et si l'on a affirmé l'avoir trouvée dans l'intervention des esprits, c'est que la nature des phénomènes n'a pas permis d'en donner une autre explication plausible. Il ne s'ensuit pas que ces phénomènes soient classés par là dans le domaine du surnaturel ;

rien ne serait plus contraire au bon sens. Le surnaturel n'existe pas et ne saurait exister. Tout dans l'univers est réglé par des lois.

Démontrer l'existence d'un phénomène, c'est le ranger dans l'ordre permanent des choses, c'est le soumettre à la loi naturelle. Au sein de cet univers où tout, êtres et choses, s'enchaîne et se lie dans une étroite solidarité, dans une profonde et sublime harmonie, il n'y a de place ni pour le surnaturel, ni pour le miracle. Des lois aussi rigoureuses, aussi inflexibles que celles qui gouvernent la matière, régissent le monde invisible. Pour en connaître le fonctionnement admirable, il n'est qu'un moyen : étudier.

Rien de plus fécond, d'ailleurs, que cette étude du monde des esprits, malgré les difficultés qu'elle présente. Elle ouvre à la pensée mille voies inexplorées ; elle nous apprend à nous connaître nous-mêmes, à pénétrer dans les replis les plus intimes de notre être, à analyser nos sensations, à mesurer nos facultés et, par suite, à en mieux régler l'exercice. C'est là par excellence la science de la vie, de la vie de l'âme, non seulement dans son état terrestre, mais dans ses transformations successives à travers le temps et l'espace.

Le spiritualisme expérimental peut devenir un moyen de conciliation, un trait d'union entre ces deux systèmes ennemis : spiritualisme métaphysique et matérialisme, qui se combattent et se déchirent sans résultat depuis tant de siècles. Il adopte les principes du premier, fait en eux la lumière et leur fournit une base de certitude; il donne satisfaction au second, en procédant d'après les méthodes scientifiques, en montrant dans le périsprit, corps fluidique semi-matériel, la cause de nombreux phénomènes physiques et biologiques. Il fait plus : il apporte à la science la synthèse philosophique et la conception morale dont celle-ci était dépourvue, et sans lesquelles elle restait sans action sur la vie sociale.

La science, ou plutôt les sciences, s'appliquent surtout à l'étude partielle et fragmentaire de la nature. Les progrès de la physique, de la chimie, de la zoologie sont immenses; les travaux réalisés, dignes d'admiration; mais ces travaux manquent de lien, de cohésion, d'unité. Ne connaissant qu'un côté de la vie, le côté extérieur, le plus grossier, et voulant sur ces insuffisantes données régler le jeu des lois universelles, la science actuelle, sèche et froide classification des faits matériels, aboutit à une théorie purement mécanique du monde, inconciliable avec l'idée de justice, puisque, dans ses conséquences logiques, elle arrive à cette conclusion que, dans la nature, la force est le seul droit.

C'est pourquoi la science est restée impuissante à exercer une influence salutaire et moralisatrice. Privée, jusqu'ici, de toute vue d'ensemble, de ses travaux accumulés, elle n'avait pu faire jaillir cette conception supérieure de la vie qui doit fixer les destinées de l'homme, tracer ses devoirs, lui fournir un principe d'amélioration individuelle et sociale.

Or cette conception nouvelle, qui coordonne les connaissances particulières, en solidarise les éléments épars, et cette loi morale indispensable à la vie et au progrès des sociétés, le spiritisme les apporte à la science avec la synthèse philosophique qui doit centupler sa puissance.

Le rôle du spiritisme est grand et ses conséquences morales sont incalculables. Il est seulement d'hier ; et cependant quels trésors de consolation et d'espérance n'a-t-il pas déjà répandus sur le monde ! Que de cœurs attristés, refroidis, n'a-t-il pas réchauffés, réconfortés ! Que de désespérés arrêtés sur la pente du suicide ! Son enseignement, bien compris, peut calmer les afflictions les plus vives, donner à tous la force d'âme, le courage dans l'adversité.

Le spiritisme est donc, en même temps qu'une puissante synthèse des lois physiques et morales de l'univers, un moyen de régénération et d'avancement ; malheureusement trop peu d'hommes s'intéressent encore à son étude. La vie du grand nombre est une course frénétique vers des biens illusoires. On se hâte, on craint de perdre son temps à des choses que l'on regarde comme superflues ; et on le perd réellement en s'attachant à ce qui est passager et éphémère. Dans son aveuglement, l'homme dédaigne ce qui le ferait aussi heureux qu'on peut l'être en ce monde, en accomplissant le bien et en créant autour de soi une atmosphère de paix et de recueillement.

QUATRIÈME PARTIE

L'AU-DELA

XXIX. — Connais-toi toi-même !

L'homme, nous l'avons vu, est un être complexe. Trois éléments se combinent en lui pour former une unité vivante ; ce sont :

Le *corps*, enveloppe matérielle temporaire, que nous abandonnons à la mort, comme un vêtement usé.

Le *périsprit*, enveloppe fluidique permanente, invisible à nos sens actuels, qui accompagne l'âme dans son évolution, s'améliore et se purifie avec elle.

L'*âme*, principe intelligent, centre de force, foyer de la conscience et de la personnalité.

Ces trois éléments, matière, fluide, intelligence, étroitement liés en nous pour constituer la vie, se retrouvent à la base de l'ordre universel, dont ils sont les substances fondamentales, les termes composants. Ils font de l'homme une réduction de l'univers, un microcosme renfermant les mêmes puissances et soumis aux mêmes lois. Aussi peut-on croire que la connaissance parfaite de notre être nous conduirait par analogie à la compréhension des lois supérieures de l'univers ; mais la connaissance absolue de l'homme échappe encore aux plus experts.

L'âme, dégagée du corps matériel et revêtue de son enveloppe subtile, constitue l'esprit, être fluidique, de forme humaine, affranchi des sujétions terrestres, invisible et impalpable dans son état normal. L'esprit n'est qu'un homme désincarné, et chacun de nous redevient esprit à son heure. Tour à tour, la mort nous rend à la vie de l'espace, puis la naissance nous ramène en ce monde matériel pour recommencer le combat de l'existence, la lutte nécessaire à notre avancement. Le corps peut être comparé à l'armure dont le chevalier se revêt avant la bataille, et qu'il dépose lorsque celle-ci prend fin.

La survivance étant établie expérimentalement par les manifestations spirites, il reste à déterminer dans quelles conditions se poursuit la vie de l'âme après la mort et quelle situation lui échoit dans l'espace. C'est ce que nous exposerons dans cette partie de notre ouvrage, en nous inspirant des travaux antérieurs et des innombrables communications d'esprits qui, sur tous les points du monde, nous ont initiés aux joies ou aux peines de leur existence d'outre-tombe.

Cet exposé ne sera donc pas le résultat d'une théorie de l'imagination, la conséquence d'hypothèses plus ou moins plausibles, mais bien le fruit des instructions données par les esprits des décédés. Grâce à eux, la vie future, jusqu'ici pleine d'incertitude et d'obscurité pour l'homme, s'éclaire, se déploie comme une fresque immense ; elle devient une réalité, et tous nous pouvons voir, par l'exemple de ceux qui nous y ont précédés, les situations respectives qui nous attendent.

La portée de cette révélation est considérable. Elle imprime à nos actes une impulsion nouvelle. Dans les situations diverses faites aux esprits suivant leur valeur, nous voyons l'application de la loi de justice. Celle-ci n'est plus contestable. Par de secrets ressorts, par une disposition simple et sublime des choses, elle règle tout dans l'univers ; cette certitude, en satisfaisant notre jugement, nous rend plus supportables les maux de la vie et fortifie notre foi en l'avenir.

XXX. — La dernière Heure.

Que se passe-t-il à la mort et comment l'esprit se dégage-t-il de sa prison de chair ? Quelles impressions, quelles sensations l'attendent à cet instant redouté? C'est là ce que nous avons tous intérêt à connaître, car tous nous ferons ce voyage. La vie peut nous échapper dès demain; nul de nous n'échappera à la mort.

Or, ce que les religions et les philosophies nous avaient toutes laissé ignorer, les esprits viennent, en foule, nous l'apprendre. Ils nous disent que les sensations qui précèdent et suivent la mort sont infiniment variées et dépendent surtout du caractère, des mérites, de la hauteur morale de l'esprit qui quitte la terre. La séparation est presque toujours lente, et le dégagement de l'âme s'opère graduellement. Il commence parfois longtemps avant la mort et n'est complet que lorsque les derniers liens fluidiques qui unissent le corps au périsprit sont rompus. L'impression ressentie par l'âme est d'autant plus pénible et prolongée que ces liens sont plus puissants et plus nombreux. Cause permanente de la sensation et de la vie, l'âme éprouve toutes les commotions, tous les déchirements du corps matériel.

Douloureuse, pleine d'angoisse pour les uns, la mort n'est pour les autres qu'un doux sommeil suivi d'un réveil délicieux. Le dégagement est prompt, le passage facile, à celui qui s'est détaché par avance des choses de ce monde, qui aspire aux biens spirituels et a rempli ses devoirs. Il y a, au contraire, lutte, agonie prolongée, chez l'esprit attaché à la terre, qui n'a connu que les jouissances matérielles et a négligé de se préparer au départ.

Dans tous les cas, cependant, la séparation de l'âme et du corps est suivie d'un temps de trouble, fugitif pour l'esprit juste et bon, qui s'éveille bientôt à toutes les splendeurs de la vie céleste ; très long, au point d'embrasser des années entières, pour les âmes coupables, imprégnées de fluides grossiers. Parmi celles-ci, beaucoup croient vivre de la vie corporelle longtemps après la mort. Le périsprit n'est à leurs yeux qu'un second corps charnel, soumis aux mêmes habitudes, parfois aux mêmes sensations physiques que durant la vie.

D'autres esprits, d'ordre inférieur, se trouvent plongés dans une nuit noire, dans un complet isolement au sein de ténèbres profondes. L'incertitude, la terreur pèsent sur eux. Les criminels sont tourmentés par la vision affreuse et incessante de leurs victimes.

L'heure de la séparation est cruelle pour l'esprit qui croit au néant. Il se cramponne en désespéré à cette vie qui s'enfuit ; le doute se glisse en lui à ce moment suprême ; il voit un monde redoutable s'ouvrir comme un abîme et voudrait retarder l'instant de sa chute. De là, une lutte terrible entre la matière qui se dérobe et l'âme qui s'acharne à retenir ce corps misérable. Parfois elle y reste comme rivée jusqu'à la décomposition complète et sent même, selon l'expression d'un esprit, « les vers ronger sa chair ».

Paisible, résignée, joyeuse même, est la mort du juste ; c'est le départ de l'âme qui, ayant beaucoup lutté et souffert ici-bas, quitte la terre, confiante en l'avenir. Pour elle, la mort n'est que la délivrance, la fin des épreuves. Les liens affaiblis qui l'unissent à la matière se détachent doucement ; son trouble n'est qu'un léger engourdissement semblable au sommeil.

En quittant sa demeure corporelle, l'esprit que la douleur et le sacrifice ont purifié voit son existence passée reculer, s'éloigner peu à peu avec ses amertumes et ses illusions, puis se dissiper comme les brumes qui rampent sur le sol à l'aube et s'évanouissent devant l'éclat du jour. L'esprit se trouve alors en suspens entre deux sensations, celle des choses matérielles qui s'effacent et celle de la vie nouvelle qui se dessine devant lui. Cette vie, il l'entrevoit déjà comme à travers un voile, pleine d'un charme mystérieux, redoutée et désirée à la fois. Bientôt la lumière grandit, non plus cette lumière solaire qui nous est connue, mais une lumière spirituelle, radiante, partout répandue. Progressivement elle l'inonde, le pénètre, et, avec elle, un sentiment de félicité, un mélange de force, de jeunesse, de sérénité. L'esprit se plonge dans ce flot réparateur. Il s'y dépouille de ses incertitudes et de ses craintes. Puis son regard se détache de la terre, des êtres en pleurs qui entourent sa couche mortuaire, et se tourne vers les hauteurs. Il entrevoit les cieux immenses et d'autres êtres aimés, des amis d'autrefois, plus jeunes, plus vivants, plus beaux, qui viennent le recevoir, le guider au sein des espaces. Avec eux il s'élance et monte jusqu'aux régions éthérées que son degré d'épuration lui permet d'atteindre. Là, son trouble cesse, des facultés nouvelles s'éveillent en lui, sa destinée heureuse commence.

L'entrée dans une vie nouvelle amène des impressions aussi variées que la situation morale des esprits. Ceux — et le nombre en est grand — dont l'existence s'est déroulée indécise, sans fautes graves ni mérites signalés, se trouvent plongés d'abord dans un état de torpeur, dans un accablement profond ; puis un choc vient secouer leur être. L'esprit sort lentement de son enveloppe comme un glaive du fourreau. Il recouvre sa liberté, mais hésitant, timide, il n'ose en user encore et reste attaché par la crainte et l'habitude aux lieux où il a vécu. Il continue de souffrir et de pleurer avec ceux qui ont partagé sa vie. Le temps s'écoule pour lui sans qu'il le mesure ; à la longue, d'autres esprits l'assistent de leurs conseils, l'aident à dissiper son trouble, à s'affranchir des dernières chaînes terrestres et à s'élever vers des milieux moins obscurs.

En général, le dégagement de l'âme est moins

pénible à la suite d'une longue maladie, celle-ci ayant pour effet de dénouer petit à petit les liens charnels. Les morts soudaines, violentes, survenant lorsque la vie organique est dans sa plénitude, produisent sur l'âme un déchirement douloureux, la jettent dans un trouble prolongé. Les suicidés sont en proie à des sensations horribles. Ils éprouvent, pendant des années, les angoisses de la dernière heure et reconnaissent avec effroi qu'ils n'ont échangé leurs souffrances terrestres que pour d'autres plus vives encore.

La connaissance de l'avenir spirituel, l'étude des lois qui président à la désincarnation, sont d'une grande importance pour la préparation à la mort. Elles peuvent adoucir nos derniers instants et nous rendre le dégagement facile, en nous permettant de nous reconnaître plus vite dans le monde nouveau qui nous est ouvert.

XXXI. — Le Jugement.

Une loi aussi simple dans son principe qu'admirable dans ses effets, préside au classement des âmes dans l'espace.

Plus les molécules constituantes du périsprit sont subtiles et raréfiées, plus la désincarnation est rapide et plus larges aussi sont les horizons ouverts à l'esprit. En raison même de sa nature fluidique et de ses affinités, il s'élève vers les groupes spirituels qui lui sont similaires. C'est son degré d'épuration qui détermine son niveau et le classe dans le milieu qui lui est propre. On a comparé avec quelque justesse la situation des esprits dans les cieux à celle de ballons gonflés de gaz de densités différentes, qui, en raison de leur pesanteur spécifique, s'élèveraient à des hauteurs variées. Il faut s'empresser d'ajouter que l'esprit est doué de liberté, qu'il n'est pas immobilisé sur un point, qu'il peut, dans certaines limites, se déplacer et parcourir les régions éthérées. Il peut toujours modifier ses tendances, se transformer par le travail et l'épreuve, et, en conséquence, s'élever à son gré sur l'échelle des êtres.

C'est donc une loi naturelle, analogue aux lois d'attraction et de pesanteur, qui fixe le sort des âmes après la mort. L'esprit impur, alourdi par ses fluides matériels, reste confiné dans les couches inférieures de l'atmosphère terrestre, tandis que l'âme vertueuse, à l'enveloppe épurée et subtile, s'élance joyeuse, rapide comme la pensée, et plane dans l'azur infini.

C'est aussi en lui-même et non hors de lui, c'est dans sa propre conscience, que l'esprit trouve sa récompense ou son châtiment. Il est son propre juge. Le vêtement de chair étant tombé, la lumière le pénètre, son âme apparaît nue, laissant voir en elle le vivant tableau de ses actes, de ses volontés, de ses désirs. Instant solennel, examen plein d'angoisse et souvent de désillusion. Les souvenirs s'éveillent en foule, et la vie tout entière se déploie, avec son cortège de fautes, de faiblesses, de misères. De l'enfance à la mort, tout, pensées, paroles, actions, tout sort de l'ombre, reparaît au jour, s'anime et revit. L'être se contemple lui-même, revoit une à une, à travers les temps, ses existences évanouies, ses chutes, ses ascensions, ses stations innombrables. Il compte les étapes franchies, mesure le chemin parcouru, compare le bien et le mal réalisés. Du fond du passé obscur surgissent à son appel, comme autant de fantômes, les formes que son âme revêtit dans ses vies successives. Comme une vision saisissante, son souvenir embrasse les longues perspectives des âges écoulés ; il en évoque les scènes sanglantes, passionnées, douloureuses, les dévouements et les crimes ; il y reconnaît la cause des progrès accomplis, des expiations subies, la raison de sa situation présente. Il voit la corrélation qui réunit ses vies passées comme les anneaux d'une longue chaîne se déroulant à travers les siècles. Pour lui, le passé explique le présent, qui, lui-même, laisse prévoir l'avenir. C'est là pour l'esprit une heure de véritable torture morale. Cette évocation du passé lui apporte la sentence redoutable, le jugement de sa propre conscience, sorte de jugement de Dieu. Si déchirant qu'il soit, cet examen est nécessaire, car il peut être le point de départ des résolutions salutaires et du relèvement.

Le degré d'épuration de l'esprit, la situation qu'il occupe dans l'espace, représentent la somme de ses progrès et donnent la mesure de sa valeur. C'est là l'arrêt infaillible, qui fixe son sort sans appel. Harmonie profonde ! simplicité merveilleuse que les institutions humaines ne sauraient reproduire : le principe d'affinité règle tout dans les cieux, y désigne à chacun sa place. Ni jugement, ni tribunal, rien que la Loi immuable, s'exécutant d'elle-même, par le jeu naturel des forces spirituelles et selon l'emploi qu'en fait l'âme libre et responsable.

Ainsi que nous l'expliquerons plus loin, toute pensée a une forme, et cette forme, créée par la volonté, se photographie en nous comme dans un miroir où les images se graveraient d'elles-mêmes. Notre enveloppe fluidique reflète et garde comme un registre tous les faits de notre existence. Ce registre est fermé pendant la vie. La chair est l'épaisse couverture qui nous en dérobe le contenu ; mais il s'ouvre lentement à la mort, et ses pages s'étalent sous nos yeux.

L'esprit désincarné porte donc en lui, visible pour tous, son ciel ou son enfer. La preuve irrécusable de son élévation ou de son abaissement est écrite sur son corps fluidique. Témoins bienveillants ou terribles, nos œuvres, nos desseins, nous justifient ou nous accusent, sans que rien puisse faire taire leurs voix. De là le supplice du méchant, qui croyait ses mauvais désirs, ses actes coupables, profondément cachés et qui les voit paraître aux yeux de tous ; de là, ses remords quand repassent sans cesse devant lui les années oisives et stériles, les heures données à la débauche ou au crime, ainsi que les victimes en pleurs, sacrifiées à ses instincts brutaux. De là encore, le bonheur de l'esprit élevé qui a su vaincre ses passions et consacrer sa vie à aider et consoler ses frères.

Pour se distraire de ses soucis, de ses préoccupations morales, l'homme a le travail, l'étude, le sommeil. L'esprit n'a plus ces ressources. Dégagé des liens corporels, il se trouve sans cesse en face du tableau fidèle et vivant de son passé. Aussi les amers et continuels regrets qui en découlent, dans la plupart des cas, éveillent bientôt en lui le désir de reprendre un corps charnel, pour combattre, souffrir et racheter ce passé accusateur.

XXXII. — La Volonté et les Fluides.

Les enseignements que nous tenons des esprits, sur la situation qui leur est faite à la mort, nous font mieux comprendre d'après quelles règles le corps fluidique se transforme et l'âme progresse.

Ainsi que nous l'avons indiqué plus haut (1), la même force qui porte l'être, dans son évolution à travers les siècles, à développer ses organes matériels, par une action analogue et parallèle, l'incite à perfectionner ses facultés, à se créer de nouveaux moyens d'action appropriés à son état fluidique, intellectuel et moral.

L'enveloppe fluidique de l'être s'épure, s'illumine ou s'obscurcit, suivant la nature affinée ou grossière des pensées qui s'y reflètent. Tout acte, toute pensée a son contre-coup et se grave dans le périsprit. De là, des conséquences inévitables pour la situation de l'esprit lui-même. Celui-ci exerce une action continue sur son enveloppe. Par la volonté, il est toujours maître d'en modifier l'état.

La volonté est la faculté souveraine de l'âme, la force spirituelle par excellence. Elle est le fond même de la personnalité. Sa puissance sur les fluides est illimitée et s'accroît avec l'élévation de l'esprit. Dans le milieu terrestre, ses effets sur la matière sont bornés, parce que l'homme s'ignore et ne sait pas utiliser les puissances qui dorment en lui; mais, dans les mondes plus avancés, l'être humain, qui a appris à vouloir, commande à la nature entière, dirige à sa guise les fluides matériels, produit des phénomènes, des métamorphoses qui tiennent du

---

(1) Voir page 239 et suivantes.

prodige. Dans l'espace et sur ces mondes, la matière se présente sous des états fluidiques dont les découvertes récentes sur la radio-activité des corps peuvent, seules, nous donner une idée. De même que, sur terre, certaines combinaisons chimiques se produisent uniquement sous l'influence de la lumière, de même, dans ces milieux, les fluides ne s'unissent et ne se lient que par un acte de la volonté des êtres supérieurs.

L'action de la volonté sur la matière est cependant entrée dans le domaine de l'expérience scientifique, grâce à l'étude des phénomènes magnétiques, poursuivie par nombre de physiologistes, sous les noms d'hypnotisme et de suggestion mentale. On a vu des expérimentateurs, par un acte direct de leur volonté, faire apparaître des plaies, des stigmates sur le corps de certains sujets, en faire découler le sang et les humeurs, et les guérir ensuite par une volition contraire. Ainsi la volonté humaine détruit et répare à son gré les tissus vivants ; elle peut encore modifier les substances matérielles au point de leur communiquer des propriétés nouvelles, provoquant l'ivresse avec de l'eau claire, etc. Elle agit même sur les fluides et crée des objets, des corps, que les hypnotisés voient, sentent, touchent, qui ont pour eux une existence positive et obéissent à toutes les lois de l'optique. C'est là ce qui résulte des recherches et des travaux des docteurs Charcot, Dumontpallier, Liébault, Bernheim, des professeurs Liégeois, Delbœuf, etc., dont on peut lire l'exposé dans toutes les revues médicales.

Or, si la volonté exerce une telle influence sur la matière brute et sur les fluides rudimentaires, on comprendra d'autant mieux son empire sur le périsprit, et les progrès ou les désordres qu'elle y détermine, suivant la nature de son action aussi bien dans le cours de la vie qu'après la désincarnation.

Tout acte de la volonté, avons-nous dit, revêt une forme, une apparence fluidique et se grave dans l'enveloppe périspritale. Il devient évident que, si ces actes sont inspirés par des passions matérielles, leur forme sera matérielle et grossière. Le périsprit, imprégné, saturé de ces formes, de ces images, se matérialise à leur contact, s'épaissit de plus en plus. Les mêmes causes se reproduisant, les mêmes effets s'accumulent, la condensation s'accélère, les perceptions s'affaiblissent, les vibrations diminuent de puissance et d'étendue. A la mort, l'esprit se retrouve enveloppé de fluides opaques et lourds, qui ne laissent plus passer les impressions du monde extérieur et deviennent pour l'âme une prison et un tombeau. C'est là le châtiment préparé par l'esprit lui-même; cette situation est son œuvre; elle ne cesse que lorsque des aspirations plus élevées, le repentir, la volonté de s'améliorer, viennent rompre la chaîne matérielle qui le lie.

En effet, si les passions brutales, sensuelles, troublent, obscurcissent l'organisme fluidique, dans un sens opposé, les pensées généreuses, les nobles actions affinent et dilatent les fluides périspritaux. Nous savons que certaines propriétés de la matière s'accroissent avec son degré de pureté. Les expériences de W. Crookes ont démontré que la raréfaction des atomes amène ceux-ci à l'état radiant. La matière, sous cet aspect subtil, s'enflamme, devient lumineuse, impondérable. Il en est de même de la substance périspritale, qui est un degré encore plus quintessencié de la matière. En se raréfiant, elle gagne en souplesse, en sensibilité; sa puissance de radiation, son énergie vibratoire s'augmentent d'autant et lui permettent d'échapper aux attractions terrestres. L'esprit entre alors en possession de sens nouveaux, à l'aide desquels il pourra pénétrer dans des milieux plus purs, communiquer avec des êtres plus éthérés. Ces facultés, ces sens, qui ouvrent l'accès des régions heureuses, toute âme humaine peut les conquérir, les développer, car elle en possède les germes impérissables. Nos vies successives, pleines de labeurs et d'efforts, n'ont d'autre but que de les faire éclore en nous.

Cette évolution parallèle de la matière et de l'esprit, par laquelle l'être conquiert ses organes, ses facultés, se construit de toutes pièces et s'augmente sans cesse, nous montre encore la solidarité qui relie les forces universelles, le monde des âmes et le monde des corps. Elle nous montre surtout quelles richesses, quelles profondes ressources l'être peut se créer par un usage méthodique et persévérant de la volonté. Celle-ci devient la force suprême ; c'est l'âme elle-même, exerçant son empire sur les puissances inférieures.

L'emploi que nous faisons de notre volonté, seul, règle notre avancement, prépare notre avenir, nous fortifie ou nous débilite. Il n'y a ni hasard ni fatalité. Il y a des lois. Utiliser, gouverner les unes, observer les autres, là est le secret de toute grandeur et de toute élévation. Les résultats produits autour de nous par la volonté bouleversent déjà l'imagination des gens du monde et provoquent l'étonnement des savants. Tout cela est peu de chose cependant à côté des effets obtenus dans ces milieux supérieurs, où, au commandement de l'esprit, toutes les forces se combinent et entrent en action. Et si, dans cet ordre d'idées, nous portions plus haut notre attention, n'arriverions-nous pas, par analogie, à entrevoir comment la volonté divine, agissant sur la matière cosmique, peut former les soleils, tracer les orbes des mondes, enfanter les univers ?

Oui, la volonté exercée dans le sens du bien et conformément aux lois éternelles peut réaliser de grandes choses. Elle peut aussi beaucoup pour le mal. Nos mauvaises pensées, nos désirs impurs, nos actions coupables corrompent, en s'y reflétant, les fluides qui nous entourent, et le contact de ceux-ci va jeter le malaise et produire des impressions malfaisantes chez ceux qui nous approchent, car tout organisme subit l'influence des fluides ambiants. De même des sentiments généreux, des pensées d'amour, de chaleureuses exhortations, vont pénétrer les êtres qui nous environnent, les soutenir, les vivifier. Ainsi s'expliquent l'empire exercé sur les foules par les grands missionnaires et les âmes d'élite, et l'influence contraire des méchants, que nous pouvons toujours conjurer, il est vrai, par des volitions en sens inverse et une résistance énergique de notre volonté.

Une connaissance plus précise des puissances de l'âme et de leur application devra modifier de fond en comble nos tendances et nos agissements. Sachant que les faits et gestes de notre vie s'inscrivent en nous, témoignent pour ou contre nous, nous apporterons à chacun d'eux une attention plus scrupuleuse. Nous nous appliquerons dès maintenant à développer nos ressources latentes, à agir par leur moyen sur les fluides répandus dans l'espace, de façon à les épurer; à les transformer pour le bien de tous, à créer autour de nous une atmosphère limpide et pure, inaccessible aux effluves viciés. L'esprit qui n'agit pas, qui se laisse aller aux influences matérielles, reste faible, inapte à percevoir les sensations délicates de la vie spirituelle. Il se retrouve dans une inertie complète après la mort, et les champs de l'espace n'offrent à ses sens voilés que l'obscurité et le vide. L'esprit actif, préoccupé d'exercer ses facultés par un constant usage, acquiert des forces nouvelles ; sa vue embrasse des horizons plus vastes, le cercle de ses relations s'élargit graduellement.

La pensée, utilisée comme force magnétique, pourrait réparer bien des désordres, atténuer bien des maux. En procédant par des volitions continues, en projetant résolument et fréquemment notre volonté vers les êtres malheureux, vers les malades, les pervers, les égarés, nous pourrions consoler, convaincre, soulager, guérir. Par cet exercice, on obtiendrait non seulement des résultats inespérés pour l'amélioration de l'espèce, mais on réussirait à donner à la pensée une acuité, une force de pénétration incalculables.

Grâce à une combinaison intime des bons fluides, puisés dans le réservoir sans bornes de la nature, et avec l'assistance des esprits invisibles, on peut rétablir la santé compromise, rendre l'espoir et l'énergie aux désespérés. On peut même, par une impulsion régulière, persévérante de la volonté, agir à distance sur les incrédules, les sceptiques, les méchants, ébranler leur obstination, atténuer leur haine, faire pénétrer un rayon de la vérité dans l'entendement des plus hostiles. C'est là une forme ignorée de la suggestion mentale, de cette puissance redoutable dont on se sert à tort et à travers, et qui, utilisée dans le sens du bien, transformerait l'état moral des sociétés.

La volonté, s'exerçant fluidiquement, défie toute surveillance, toute inquisition. Elle opère dans l'ombre et le silence, franchit tous les obstacles, pénètre dans tous les milieux; mais, pour lui faire produire tous ses effets, il faut une action énergique, de puissants élans, une patience que rien ne lasse. Ainsi que la goutte d'eau creuse lentement la pierre la plus dure, une pensée incessante et généreuse finit par s'insinuer dans l'esprit le plus réfractaire.

Si la volonté isolée peut beaucoup pour le bien général, que ne pourrait-on espérer d'une association de pensées élevées, d'un groupement de toutes les volontés libres ? Les forces intellectuelles, aujourd'hui divergentes, se stérilisent et s'annulent réciproquement. De là viennent le trouble et l'incohérence des idées modernes; mais, dès que l'esprit humain, reconnaissant sa puissance, groupera les volontés éparses en un faisceau commun pour les faire converger vers le Bien, le Beau, le Vrai, ce jour-là l'humanité s'avancera hardiment vers les sommets éternels, et la face du monde sera renouvelée.

XXXIII. — La Vie dans l'Espace.

Selon différentes doctrines religieuses, la terre est le centre de l'univers, et le ciel s'arrondit en voûte au-dessus de nous. C'est dans sa partie supérieure, disent-elles, que se place la demeure des bienheureux, et l'enfer, séjour des damnés, prolonge ses sombres galeries dans les entrailles mêmes du globe.

La science moderne, d'accord avec l'enseignement des esprits, en nous montrant l'univers parsemé d'innombrables mondes habités, a porté un coup mortel à ces théories. Le ciel est partout; partout l'incommensurable, l'insondable, l'infini; partout un fourmillement de soleils et de sphères, au milieu desquels notre terre n'est plus qu'une chétive unité. Au sein des espaces, il n'est plus de demeures circonscrites pour les âmes. D'autant plus libres qu'elles sont plus pures, elles parcourent l'immensité et vont où les portent leurs affinités et leurs sympathies. Les esprits inférieurs, alourdis par la densité de leurs fluides, restent comme attachés au monde où ils ont vécu, circulant dans son atmosphère ou se mêlant aux humains. Les joies et les perceptions de l'esprit ne résultent pas du milieu qu'il occupe, mais de son état personnel et des progrès réalisés. Tel esprit arriéré, au périsprit opaque et enveloppé de ténèbres, peut se rencontrer avec l'âme radieuse dont l'enveloppe subtile se prête aux sensations les plus délicates, aux vibrations les plus étendues. Chacun porte en soi sa gloire ou sa misère.

La condition des esprits dans la vie d'outre-tombe, leur élévation, leur bonheur, tout dépend de leur faculté de sentir et de percevoir, qui est proportionnelle à leur degré d'avancement.

Déjà, sur terre, nous voyons les jouissances intellectuelles s'accroître avec la culture intérieure. Les œuvres littéraires et artistiques, les beautés de la civilisation, les plus hautes conceptions du génie humain restent incomprises de l'homme sauvage et même de beaucoup de nos concitoyens. Ainsi les esprits d'ordre inférieur, comme des aveugles au milieu de la nature ensoleillée ou des sourds dans un concert, restent indifférents et insensibles devant les merveilles de l'infini.

Ces esprits, enveloppés de fluides épais, subissent les lois de la gravitation et sont attirés vers la matière. Sous l'influence de leurs appétits grossiers, les molécules de leur corps fluidique se ferment aux perceptions extérieures et les rendent esclaves des mêmes forces naturelles qui gouvernent l'humanité. On ne saurait trop insister sur ce fait qui est le fondement de l'ordre et de la justice universels. Les âmes se groupent et s'échelonnent dans l'espace suivant le degré de pureté de leur enveloppe; le rang de l'esprit est en rapport direct avec sa constitution fluidique, laquelle est son œuvre propre, la résultante de son passé et de tous ses travaux. C'est elle qui détermine sa situation ; c'est en elle qu'il trouve sa récompense ou sa peine. Tandis que l'âme épurée parcourt la vaste et radieuse étendue, séjourne à son gré sur les mondes et ne voit guère de limites à son essor, l'esprit impur ne peut s'éloigner du voisinage des globes matériels.

Entre ces états extrêmes, de nombreux degrés intermédiaires permettent aux esprits similaires de se grouper et de constituer de véritables sociétés célestes. La communauté des pensées et des sentiments, l'identité des goûts, des vues, des aspirations rapprochent et unissent ces âmes qui forment de grandes familles.

La vie de l'esprit avancé est essentiellement active, quoique sans fatigues. Les distances n'existent pas pour lui. Il se transporte avec la rapidité de la pensée. Son enveloppe, semblable à une vapeur légère, a acquis une telle subtilité qu'elle devient invisible aux esprits inférieurs. Il voit, entend, sent, perçoit, non plus par les organes matériels qui s'interposent entre la nature et nous et interceptent au passage la plupart des sensations, mais directement, sans intermédiaire, par toutes les parties de son être. Aussi ses perceptions sont-elles autrement claires et multipliées que les nôtres. L'esprit élevé nage en quelque sorte au sein d'un océan de sensations délicieuses. Des tableaux changeants se déroulent à sa vue, des harmonies suaves le bercent et l'enchantent. Pour lui, les couleurs sont des parfums, les parfums sont des sons. Mais, si exquises que soient ses impressions, il peut s'y soustraire et se recueillir à volonté, en s'enveloppant d'un voile fluidique, en s'isolant au sein des espaces.

L'esprit avancé est affranchi de tous les besoins corporels. La nourriture et le sommeil n'ont pour lui aucune raison d'être. Il laisse pour toujours, en quittant la terre, les vains soucis, les alarmes, toutes les chimères qui empoisonnent l'existence ici-bas. Les esprits inférieurs emportent avec eux, au delà de la tombe, leurs habitudes, leurs besoins, leurs préoccupations matérielles. Ne pouvant s'élever au-dessus de l'atmosphère terrestre, ils reviennent partager la vie des humains, se mêler à leurs luttes, à leurs travaux, à leurs plaisirs. Leurs passions, leurs appétits, toujours en éveil, surexcités par le continuel contact de l'humanité, les accablent, et l'impossibilité de les satisfaire devient pour eux une cause de tortures.

Les esprits n'ont pas besoin de la parole pour se comprendre. Chaque pensée se réfléchissant dans le périsprit, comme une image dans un miroir, ils échangent leurs idées sans effort, avec une rapidité vertigineuse. L'esprit élevé peut lire dans le cerveau de l'homme et discerner ses plus secrets desseins. Rien ne lui est caché. Il scrute tous les mystères de la nature et peut à sa guise explorer les entrailles du globe, le fond des océans, y considérer les débris des civilisations englouties. Il traverse les corps les plus denses et voit s'ouvrir devant lui les domaines impénétrables à la pensée humaine.

XXXIV. — L'Erraticité.

Tandis que les âmes délivrées des influences terrestres se constituent en groupes sympathiques, dont tous les membres s'aiment, se comprennent, vivent dans une égalité parfaite et une profonde félicité, les esprits qui n'ont pu vaincre leurs passions mènent une vie errante, vagabonde, qui, sans être une cause de souffrances, les laisse incertains, inquiets. C'est là ce qu'on nomme l'erraticité, et cette condition est celle de la plupart des esprits qui ont vécu sur terre, esprits ni bons, ni méchants, mais faibles et enclins aux choses matérielles.

On rencontre dans l'erraticité des foules immenses, toujours à la recherche d'un état meilleur qui les fuit. Des esprits innombrables y flottent, indécis entre le juste et l'injuste, la vérité et l'erreur, l'ombre et la lumière. D'autres sont plongés dans l'isolement, l'obscurité, la tristesse, ou vont quêtant çà et là un peu de bienveillance ou de sympathie.

L'ignorance, l'égoïsme, les défauts de toutes sortes règnent encore dans l'erraticité, et la matière y exerce toujours son influence. Le bien et le mal s'y coudoient. C'est en quelque sorte le vestibule des espaces lumineux, des mondes meilleurs. Tous y passent, tous y séjournent, mais pour s'élever plus haut.

L'enseignement des esprits sur la vie d'outre-tombe nous apprend qu'il n'y a pas de place pour la contemplation stérile ni la béatitude oisive. Toutes les régions de l'univers sont peuplées d'esprits affairés. Partout des foules, des essaims d'âmes montent, descendent, s'agitent au sein de la lumière ou dans les régions obscures. Sur un point, des auditoires s'assemblent pour recevoir les instructions d'esprits élevés. Plus loin, des groupes se forment pour faire fête à un nouvel arrivant. Ailleurs, d'autres esprits combinent les fluides, leur prêtent mille formes, mille teintes fondues et merveilleuses, les préparent aux subtils usages que leur destinent les génies supérieurs. D'autres foules se pressent autour des globes et les suivent dans leurs révolutions, foules sombres, troublées, qui influent à leur insu sur les éléments atmosphériques. Des esprits lumineux les traversent, plus prompts que l'éclair, portant secours, consolations, aux incarnés qui les implorent. Chacun remplit son rôle et concourt au grand œuvre dans la mesure de son mérite et de son avancement. L'univers entier évolue. Comme les mondes, les esprits poursuivent leur course éternelle, entraînés vers un état supérieur, livrés à des occupations diverses. Progrès à réaliser, science à acquérir, douleur à éteindre, remords à calmer, amour des humains, expiation, dévouement, sacrifice, toutes ces forces, tous ces mobiles les stimulent, les aiguillonnent, les précipitent dans leurs voies. Dans cette immensité sans bornes, sans rives règnent incessamment le mouvement et la vie. Tout se transforme, grandit, s'élève. L'immobilité, l'inaction, c'est le recul, c'est la mort. Sous l'impulsion de la grande loi, êtres et mondes, âmes et soleils, tout gravite et se meut dans l'orbe gigantesque tracé par la volonté divine.

XXXV. — La Vie supérieure.

Lorsque l'âme vertueuse, après avoir vaincu les passions, abandonne son corps misérable, instrument de douleur et de gloire, elle s'envole à travers l'immensité et va rejoindre ses sœurs de l'espace. Emportée par une force irrésistible, elle parcourt des régions où tout est harmonie et splendeur. Ce qu'elle y voit, la parole humaine est trop pauvre pour l'exprimer. Mais, par-dessus tout, quel allégement, quelle joie délicieuse, de sentir se rompre la chaîne qui l'attachait à la terre, de pouvoir embrasser l'étendue, plonger dans le vide sans bornes, planer par delà l'orbe des mondes ! Plus de corps infirme, souffreteux, pesant comme une chape de plomb ; plus de boulet matériel à traîner péniblement. Délivrée de ses liens, elle rayonne, elle s'enivre d'espace et de liberté. La laideur terrestre, la vieillesse décrépite et ridée ont fait place à un corps fluide, aux formes gracieuses, forme humaine idéalisée, devenue diaphane et brillante.

Elle a retrouvé ceux qu'elle aimait ici-bas et qui l'ont précédée dans la nouvelle vie, les élus de sa tendresse, ses compagnons de labeur et d'épreuve. Ils semblaient l'attendre comme au terme d'un long voyage. Elle communique librement avec eux. Leurs épanchements sont pleins d'une félicité qu'avivent encore les tristes souvenirs de la terre et la comparaison de l'heure présente au passé plein de larmes. D'autres esprits, perdus de vue durant sa dernière incarnation, et que des maux supportés en commun, au cours des âges, lui avaient rendus chers, se joignent aux premiers. Tous ceux qui partagèrent ses bons et ses mauvais jours, tous ceux qui, avec elle, ont grandi, lutté, pleuré, souffert, se pressent pour la recevoir, et, sa mémoire se réveillant soudain, il en résulte des explosions de bonheur, des effusions que la plume ne saurait décrire.

Comment résumer les impressions de l'esprit dans la vie radieuse qui s'ouvre devant lui ? Le vêtement épais, le lourd manteau qui recouvrait ses sens intimes s'étant déchiré soudain, ses perceptions se sont trouvées centuplées. Plus de limites, plus d'horizons bornés. L'infini profond, lumineux, se déploie, avec ses merveilles éblouissantes, avec ses millions de soleils, foyers multicolores, saphirs, émeraudes, joyaux énormes semés dans l'azur, et leurs somptueux cortèges de sphères. Ces soleils, qui apparaissent aux hommes comme de simples étincelles, l'esprit les contemple dans leur réelle et colossale grandeur ; il les voit supérieurs à celui qui éclaire notre chétive planète ; il reconnaît la force d'attraction qui les relie, et distingue, dans les lointaines profondeurs, les astres formidables qui président à leurs évolutions. Tous ces flambeaux gigantesques, il les voit s'ébranler, graviter, poursuivre leur course vagabonde, s'entre-croiser comme des globes de feu jetés dans le vide par la main d'un invisible jongleur.

Nous, que troublent sans cesse les rumeurs, les bourdonnements confus de la race humaine, nous ne pouvons concevoir le calme solennel, le majestueux silence des espaces, qui remplit l'âme d'un sentiment auguste, d'un étonnement qui touche à l'effroi. Mais l'esprit bon et pur est inaccessible à l'épouvante. Cet infini, silencieux et froid pour les esprits inférieurs, s'anime bientôt pour lui et fait entendre sa voix puissante. L'âme dégagée de la matière perçoit peu à peu les vibrations mélodieuses de l'éther, les délicates harmonies descendues des colonies célestes ; elle entend le rythme imposant des sphères. Ce chant des mondes, ces voix de l'infini, qui retentissent dans le silence, elle les goûte et s'en pénètre jusqu'au ravissement. Recueillie, enivrée, remplie d'un sentiment grave et religieux, d'une admiration qui ne peut se lasser, elle se baigne dans les flots de l'éther, contemple les profondeurs sidérales, les légions d'esprits, ombres souples, légères, qui y flottent et s'agitent dans des nappes de lumière. Elle assiste à la genèse des mondes ; elle voit la vie s'éveiller, grandir à leur surface ; elle suit le développement des humanités qui les peuplent et, dans ce spectacle, elle constate qu'en tous lieux l'activité, le mouvement, la vie s'unissent à l'ordre dans l'univers.

Quel que soit son état d'avancement, l'esprit qui vient de quitter la terre ne saurait aspirer à vivre indéfiniment de cette vie supérieure. Astreint à la réincarnation, cette vie n'est pour lui qu'un temps de repos, une compensation due aux maux endurés, une récompense offerte à ses mérites. Il s'y retrempe et s'y fortifie pour les luttes futures. Mais, dans l'avenir qui l'attend, il ne retrouvera plus les angoisses et les soucis de la vie terrestre. L'esprit élevé est appelé à renaître sur des globes mieux partagés que le nôtre. L'échelle grandiose des mondes comporte d'innombrables degrés, disposés pour l'ascension graduée des âmes ; chacune la gravit à son tour.

Sur les sphères supérieures à la terre, la matière a moins d'empire. Les maux que celle-ci engendre s'atténuent à mesure que l'être progresse, et finissent par disparaître. L'homme n'y rampe pas péniblement sur le sol, accablé sous le poids d'une pesante atmosphère ; il se déplace avec facilité. Les besoins corporels y sont presque nuls, et les rudes travaux inconnus. L'existence, plus longue que la nôtre, s'écoule dans l'étude, dans la participation aux œuvres d'une civilisation perfectionnée, qui a pour base la morale la plus pure, le respect des droits de tous, l'amitié et la fraternité. Les horreurs de la guerre, les épidémies, les fléaux n'y ont point accès, et les grossiers intérêts, cause de tant de convoitises ici-bas, n'y divisent pas les esprits.

Ces données sur les conditions d'habitabilité des mondes sont confirmées par la science. Au moyen de la spectroscopie, elle est parvenue à analyser leurs éléments constitutifs, à calculer leur puissance d'attraction, à peser leur masse. L'astronomie nous montre les saisons variant de durée et d'intensité suivant l'inclinaison des globes sur leur orbite. Elle nous enseigne que Saturne a la densité du bois d'érable, Jupiter à peu près celle de l'eau. Sur Mars, nous dit-elle, la pesanteur des corps est moitié moindre que sur la Terre. Or, l'organisation des êtres vivants étant la résultante des forces en action sur chaque monde, nous voyons quelles variétés de formes découlent de ces faits, quelles différences peuvent se produire dans les manifestations de la vie sur les innombrables terres de l'espace.

Un jour vient enfin où l'esprit, après avoir parcouru le cycle de ses existences planétaires, après s'être purifié par ses renaissances et ses migrations à travers les mondes, voit se clore la série de ses incarnations et s'ouvrir la vie spirituelle, définitive, la véritable vie de l'âme, d'où le mal, l'ombre et l'erreur sont bannis. Là, les dernières influences matérielles se sont évanouies. Le calme, la sérénité, la sécurité profonde ont remplacé les chagrins, les inquiétudes d'autrefois. L'âme a touché le terme de ses épreuves ; elle est assurée de ne plus souffrir. Avec quel sentiment ému elle se remémore les faits de sa vie, épars dans la succession des temps, sa longue ascension, la conquête de ses mérites et de ses grades ! Quel enseignement dans cette marche grandissante, au cours de laquelle se constitue et s'affirme l'unité de sa nature, de sa personnalité immortelle !

Du souvenir des lointaines alarmes, des soucis, des douleurs, elle se reporte aux félicités du présent et elle les savoure avec délices. Quelle ivresse de se sentir vivre au milieu d'esprits éclairés, patients et doux ; de s'unir à eux par les liens d'une affection que rien ne trouble ; de partager leurs aspirations, leurs occupations, leurs goûts ; de se savoir compris, soutenu, aimé, délivré des besoins et de la mort, jeune d'une jeunesse sur laquelle les siècles n'ont plus de prise ! Puis, étudier, admirer, glorifier l'œuvre infinie, en pénétrer plus profondément les divins mystères ; reconnaître partout la justice, la beauté, la bonté célestes, s'identifier avec elles, s'en abreuver, s'en nourrir ; suivre les génies supérieurs dans leur tâche, dans leurs missions ; comprendre qu'on arrivera à les égaler, qu'on montera encore plus haut, que toujours, toujours, de nouvelles joies, de nouveaux travaux, de nouveaux progrès nous attendent : telle est la vie éternelle, magnifique, débordante, la vie de l'esprit purifié par la souffrance.

**

Les cieux élevés sont la patrie de la beauté idéale et parfaite dont tous les arts s'inspirent. Les esprits supérieurs possèdent, à un degré éminent, le sens du beau. Il est la source de leurs plus pures jouissances, et tous savent le réaliser dans des œuvres auprès desquelles pâlissent les chefs-d'œuvre de la terre. Chaque fois qu'une nouvelle manifestation du génie s'est produite sur notre monde, chaque fois que l'art s'est révélé sous une forme perfectionnée, on peut croire qu'un esprit, descendu des hautes sphères, s'incarnait sur terre pour initier les hommes aux splendeurs de l'éternelle beauté. Pour l'âme supérieure, l'art, sous ses multiples aspects, est une prière, un hommage rendu au Principe éternel.

L'esprit, étant fluidique lui-même, agit sur les fluides de l'espace. Sa volonté puissante les combine, les dispose à sa guise, leur prête les couleurs et les formes qui répondent à son but. Par le moyen de ces fluides s'exécutent des œuvres qui défient toute comparaison et toute analyse.

Dans les demeures éthérées se déploient des fêtes spirituelles. Les esprits purs, éblouissants de lumière, s'y groupent par familles. De suaves harmonies, auprès desquelles les harmonies de la terre ne sont que bruits discordants, les ravissent, et, pour cadre, ils ont l'espace infini, le spectacle merveilleux des mondes roulant dans l'étendue et unissant leurs notes aux voix célestes, à l'hymne universel qui monte vers Dieu.

Tous ces esprits, en foule innombrable, se connaissent, se chérissent. Les liens, les affections qui les unissaient dans la vie matérielle, brisés par la mort, se sont reconstitués pour jamais. Ils viennent, des divers points de l'espace et des mondes supérieurs, se communiquer le résultat de leurs missions, de leurs travaux, se féliciter de leurs succès, s'entr'aider dans les œuvres difficiles. Aucune arrière-pensée, aucun sentiment de jalousie ne se glisse dans ces âmes délicates. L'amour, la confiance, la sincérité président à ces réunions où l'on recueille les instructions des messagers divins, où l'on accepte de nouvelles tâches qui contribuent à vous élever encore. Les uns consentent à veiller au progrès et au développement des nations et des globes ; les autres s'incarnent sur les terres de l'espace, pour y accomplir des missions de dévouement, pour instruire les hommes dans la morale et dans la science ; d'autres encore, les esprits guides ou protecteurs, s'attachent à quelque âme incarnée, la soutiennent dans l'âpre chemin de l'existence, la conduisent de la naissance à la mort, durant plusieurs vies successives, l'accueillant à l'issue de chacune d'elles, au seuil du monde invisible. A tous les degrés de la hiérarchie spirituelle, l'esprit a son rôle dans l'œuvre immense du progrès et concourt à la réalisation des lois supérieures.

Et plus l'esprit se purifie, plus intense, plus ardent devient en lui le besoin d'aimer, d'attirer dans sa lumière et son bonheur, dans le séjour où la douleur est inconnue, tout ce qui souffre, tout ce qui lutte et s'agite dans les bas-fonds de l'existence immortelle. Lorsqu'un de ces esprits adopte un de ses frères inférieurs, devient son protecteur et son guide, avec quelle sollicitude affectueuse il soutient ses pas, avec quelle joie il voit ses progrès, avec quelle amertume il constate les chutes qu'il n'a pu prévenir ! Tel l'enfant, descendu du berceau, essaye ses premiers pas sous le regard attendri de sa mère, tel l'esprit assisté s'essaye aux combats de la vie sous l'égide invisible de son père spirituel.

Nous avons tous un de ces génies tutélaires, qui nous inspire aux heures difficiles et nous dirige dans le droit sentier. De là la poétique légende chrétienne de l'ange gardien. Il n'est pas de pensée plus douce et plus consolante. Savoir qu'un ami fidèle nous est acquis, toujours disposé à nous secourir, de près comme de loin, à nous influencer à de grandes distances, comme à se tenir près de nous dans l'épreuve, nous conseillant par l'intuition, nous réchauffant de son amour, c'est là une source inappréciable de force morale. La pensée que des témoins bienveillants et invisibles voient toutes nos actions, s'en attristent ou s'en réjouissent, est bien faite aussi pour nous inspirer plus de sagesse et de circonspection. C'est par cette protection occulte que se fortifient les liens de solidarité qui unissent le monde céleste à la terre, l'esprit affranchi à l'homme, esprit emprisonné dans la chair. Par cette assistance continue se créent, de part et d'autre, les sympathies profondes, les amitiés durables et désintéressées. L'amour qui anime l'esprit élevé s'étend de proche en proche à tous les êtres, tout en se reportant sans cesse vers Dieu, père des âmes, foyer de toutes les puissances affectives.

⁂

Nous avons parlé de hiérarchie. Il est, en effet, une hiérarchie des esprits, mais les qualités acquises par le travail et la souffrance en sont la seule base et la raison d'être. Nous savons que tous les esprits sont égaux en principe, différents seulement au point de vue de l'avancement et destinés aux mêmes fins. Les degrés de la hiérarchie spirituelle commencent au sein de la vie inférieure et se prolongent vers des hauteurs inaccessibles à nos conceptions actuelles. C'est un échelonnement inénarrable, de puissances, de lumières, de vertus, grandissant de la base au sommet — s'il est un sommet. — C'est la spirale du progrès, se déroulant à l'infini. Trois grandes phases la partagent : vie matérielle, vie spirituelle, vie céleste, se reflétant, réagissant l'une sur l'autre et formant un tout qui constitue le champ d'évolution des êtres, l'échelle de Jacob de la légende. Sur cette échelle immense, tous les êtres sont unis par des liens invisibles. Chacun est soutenu, attiré par un esprit plus élevé que lui. Les âmes supérieures qui se manifestent aux humains nous semblent douées de qualités sublimes, et cependant elles affirment l'existence d'êtres placés aussi haut au-dessus d'elles qu'elles le sont au-dessus de nous. Les innombrables degrés se succèdent et se perdent dans des profondeurs pleines de mystère.

La supériorité de l'esprit se reconnaît à son vêtement fluidique. C'est comme une enveloppe tissée avec les qualités et les mérites acquis dans la succession de ses existences. Terne et sombre pour l'âme inférieure, sa blancheur augmente dans la proportion des progrès réalisés et devient de plus en plus pure. Déjà brillante chez l'esprit élevé, elle donne aux âmes supérieures un éclat insoutenable.

Tout esprit est un foyer de lumière, d'une lumière longtemps voilée, comprimée, invisible, qui se développe avec la valeur morale, s'accroît lentement, augmente d'étendue et d'intensité. C'est d'abord comme un feu caché sous la cendre et qui se révèle par de faibles étincelles, puis par une flamme timide, vacillante. Un jour, elle devient auréole, puis s'active, s'étend, embrase l'esprit tout entier, qui resplendit comme un soleil, ou comme ces astres errants qui parcourent les abîmes célestes en laissant derrière eux une traînée lumineuse. Pour obtenir ce degré de splendeur, il faut un ensemble de travaux, d'œuvres fécondes, une accumulation d'existences qui, à nous humains, semblerait l'éternité.

En s'élevant plus haut, vers des sommets que la pensée ne peut mesurer sans vertige, n'arriverait-on pas à entrevoir par l'intuition ce qu'est

Dieu, âme de l'Univers, centre prodigieux de lumière ? La vue directe de Dieu, nous dit-on, n'est soutenable que pour les plus grands Esprits. La lumière divine exprime la gloire, la puissance, la majesté de l'Éternel; elle est la vision même de la vérité. Mais peu d'âmes peuvent la contempler sans voiles. Pour en supporter l'écrasant éclat, il faut jouir d'une pureté absolue.

La vie terrestre suspend les propriétés radiantes de l'esprit. Durant son cours, la lumière de l'âme est cachée sous la chair, semblable à un flambeau brûlant solitaire au fond d'un sépulcre. Cependant nous en pouvons constater l'existence en nous. Nos bonnes actions, nos élans généreux l'entretiennent et l'avivent. Une foule entière peut ressentir la chaleur communicative d'une âme enthousiaste. Dans nos moments d'expansion, de charité, d'amour, nous sentons en nous-mêmes comme une flamme, comme un rayon émaner de notre être. C'est cette lumière intérieure qui fait les orateurs, les héros, les apôtres. C'est elle qui réchauffe les auditoires, entraîne les peuples, leur fait réaliser de grandes choses. Les forces spirituelles se révèlent alors aux yeux de tous et montrent ce qu'on peut obtenir des puissances psychiques, mises en action par la passion du bien et du juste. La force de l'âme est supérieure à toutes les puissances matérielles. Elle pourrait soulever un monde. Et cette force est lumière.

O petit foyer qui couves en notre cœur, puissions-nous t'alimenter de nos bonnes œuvres, aviver ta flamme, faire de toi un brasier qui éclaire et réchauffe tout ce qui l'approche, un fanal qui guide les esprits sceptiques et errants dans leurs ténèbres !

*
* *

Nous avons tenté de donner une idée de ce qu'est la vie céleste, définitive, en nous conformant à l'enseignement des Esprits. C'est le but vers lequel évoluent toutes les âmes, le milieu où tous les rêves de bonheur se réalisent, où les nobles aspirations sont satisfaites, où les espérances déçues, les affections refoulées, les élans comprimés par la vie matérielle s'épanouissent en liberté. Là, les sympathies, les tendresses, les pures attractions se rejoignent, s'unissent et se fondent en un immense amour, qui embrase tous les êtres et les fait vivre dans une communion perpétuelle, au sein de la grande harmonie.

Toutefois, pour atteindre ces hauteurs presque divines, il faut avoir abandonné, sur les pentes qui y conduisent, les appétits, les passions, les désirs ; il faut avoir été déchiré par les ronces, purifié par l'eau descendue des glaciers. Il faut avoir conquis la douceur, la résignation, la foi, appris à souffrir sans murmures, à pleurer en silence, à dédaigner les biens et les joies éphémères du monde, à mettre tout son cœur dans les biens qui ne passent jamais. Il faut avoir laissé dans les sépultures terrestres bien des dépouilles déformées par la douleur, avoir enduré bien des privations, supporté sans se plaindre l'humiliation, le mépris, senti la morsure du mal, le poids de l'isolement et de la tristesse. Il faut avoir vidé bien des fois le calice profond et amer. Car seule la souffrance, en développant les forces viriles de l'âme, la trempe pour la lutte et l'ascension, l'épure, la mûrit, l'élève, lui ouvre les portes de la vie bienheureuse.

Esprit immortel, esprit incarné ou libre, si tu veux parcourir rapidement la chaîne magnifique des mondes, gagner les régions éthérées, rejette loin de toi tout ce qui alourdit tes pas et entrave ton essor. Rends à la terre tout ce qui vient de la terre et aspire aux trésors éternels ; travaille, prie, console, soutiens, aime, oh ! aime jusqu'à l'immolation ; accomplis le devoir au prix de tout, au prix du sacrifice et de la mort. Ainsi tu sèmeras le germe de ta félicité à venir.

XXXVI. — Les Esprits inférieurs.

L'esprit pur porte en lui sa lumière et son bonheur ; ils le suivent partout ; ils font partie intégrante de son être. De même, l'esprit coupable traîne avec lui sa nuit, son châtiment, son opprobre. Les souffrances des âmes perverses, pour n'être pas matérielles, n'en sont pas moins vives. L'enfer n'est qu'un lieu chimérique, un produit de l'imagination, un épouvantail peut-être nécessaire pour en imposer aux peuples enfants, mais qui, en tous cas, n'a rien de réel. Tout autre est l'enseignement des Esprits, au sujet des tourments de la vie future; l'hypothèse n'y a aucune part.

Ces souffrances, en effet, ceux-là mêmes qui les endurent viennent nous les décrire, comme d'autres viennent nous dépeindre leur ravissement. Elles ne sont pas imposées par une volonté arbitraire. Nulle sentence n'est prononcée. L'esprit subit les conséquences naturelles de ses actes, qui retombent sur lui, le glorifient ou l'accablent. L'être souffre dans la vie d'outre-tombe, non seulement du mal qu'il a fait, mais aussi de son inaction et de sa faiblesse. En un mot, cette vie est son œuvre; elle est telle qu'il l'a façonnée de ses propres mains. La souffrance est inhérente à l'état d'imperfection; elle s'atténue avec le progrès et disparaît quand l'esprit a vaincu la matière.

Le châtiment de l'esprit mauvais se poursuit, non seulement dans la vie spirituelle, mais aussi dans les incarnations successives qui l'entraînent sur des mondes inférieurs, où l'existence est précaire, où la douleur règne en souveraine.

Ce sont ces mondes qui pourraient être qualifiés d'enfers. La terre, à certains points de vue, doit être rangée parmi eux. Autour de ces globes, bagnes roulant dans l'étendue, flottent les sombres légions des esprits imparfaits, attendant l'heure de la réincarnation.

Nous avons vu combien est pénible, prolongée, pleine de trouble et d'angoisse, la phase du dégagement corporel pour l'esprit livré aux passions. L'illusion de la vie terrestre se poursuit en lui pendant des années. Incapable de se rendre compte de son état et de rompre les liens qui l'enchaînent, n'ayant amais élevé son intelligence et son cœur au delà du cercle étroit de son existence, il continue à vivre comme il le faisait avant la mort, asservi à ses habitudes, à ses penchants, s'indignant de ce que ses proches ne semblent plus le voir ni l'entendre, errant, triste, sans but, sans espoir, dans les lieux qui lui sont familiers. Ce sont là ces *âmes en peine* dont on a soupçonné longtemps la présence en certaines demeures, et dont la réalité est établie chaque jour par de nombreuses et bruyantes manifestations.

La situation de l'esprit après la mort résulte uniquement des aspirations et des goûts qu'il a développés en lui. C'est toujours l'inexorable loi de la semence et de la récolte. Celui qui a mis toutes ses joies, tout son bonheur dans les choses de ce monde, dans les biens de la terre, souffre cruellement dès qu'il en est privé. Chaque passion porte sa punition en elle-même. L'esprit, qui n'a pas su s'affranchir des appétits grossiers et des désirs brutaux, devient leur jouet, leur esclave. Son supplice est d'être tourmenté par eux sans pouvoir leur donner satisfaction.

Poignante est la désolation de l'avare qui voit se disperser l'or et les biens amassés par ses soins. Il y reste attaché malgré tout, en proie à une terrible anxiété, livré aux transports d'une fureur indicible.

Aussi digne de pitié est la situation des puissants orgueilleux, de ceux qui ont abusé de leur fortune et de leurs titres, ne songeant qu'à la gloire et au bien-être, méprisant les petits, opprimant les faibles. Pour eux, il n'est plus de courtisans serviles, plus de serviteurs empressés, ni demeures, ni costumes somptueux. Dépouillés de tout ce qui faisait leur grandeur terrestre, la solitude et le dénuement les attendent dans l'espace.

Plus effrayante encore est la condition des esprits cruels et rapaces, des criminels de tout rang, de ceux qui ont fait couler le sang ou foulé aux pieds la justice. Les plaintes, les malédictions de leurs victimes retentissent à leurs oreilles pendant un temps qui leur semble l'éternité. Des ombres ironiques et menaçantes les entourent, les poursuivent sans relâche. Il n'est pas pour eux de retraite assez profonde, assez cachée, et c'est en vain qu'ils cherchent le repos et l'oubli. L'entrée dans une vie obscure, la misère, l'abaissement, l'esclavage peuvent seuls atténuer leurs maux.

Rien n'égale la honte, la terreur de l'âme qui voit se dresser sans cesse devant elle des existences coupables, des scènes de meurtre et de spoliation; elle se sent comme mise à nu, percée à jour par une lumière qui fait revivre ses souvenirs les plus secrets. Le souvenir, cet ardent aiguillon, la brûle et la déchire. Quand on connaît cette souffrance, on comprend et on bénit la prévoyance divine qui nous l'épargne pendant la vie terrestre et nous donne ainsi, avec le calme d'esprit, une plus grande liberté d'action pour travailler à notre perfectionnement.

Les égoïstes, les hommes exclusivement préoccupés de leurs plaisirs et de leurs intérêts, se préparent aussi un pénible avenir. N'ayant aimé qu'eux-mêmes, n'ayant aidé, consolé, soulagé personne, ils ne trouvent, à leur tour, ni sympathie, ni secours dans cette vie nouvelle. Isolés, délaissés, ils voient s'écouler le temps, monotone et lent. Un morne ennui les étreint. Le regret des heures perdues, de l'existence gaspillée, la haine des intérêts misérables qui les absorbaient, tout cela les ronge, les dévore. Ils souffrent, ils errent, jusqu'à ce qu'une pensée charitable vienne à eux et luise dans leur nuit comme un rayon d'espérance, jusqu'à ce que, sur les conseils d'un Esprit bienveillant et éclairé, ils rompent par leur volonté le réseau fluidique qui les enserre et se décident à entrer dans une voie meilleure.

La situation des suicidés a beaucoup d'analogie avec celle des criminels ; elle est parfois plus mauvaise encore. Le suicide est une lâcheté, un crime, et les conséquences en sont terribles.

Selon l'expression d'un esprit, le suicidé *ne fuit la souffrance que pour trouver la torture*. Chacun de nous a des devoirs, une mission à remplir sur terre, des épreuves à supporter pour son propre bien et son élévation. Chercher à s'y soustraire, à se libérer des maux terrestres avant le terme marqué, c'est violer la loi naturelle, et chaque violation de cette loi amène, pour le coupable, une réaction violente. Le suicide ne délivre pas des souffrances physiques. L'esprit reste lié à ce corps charnel qu'il croyait détruire ; il subit lentement toutes les phases de la décomposition, et les sensations douloureuses se multiplient en lui, au lieu de diminuer. Loin d'abréger son épreuve, il la prolonge indéfiniment ; son malaise, son trouble persistent longtemps après la destruction de l'enveloppe matérielle. Il lui faudra de nouveau affronter les épreuves auxquelles il croyait échapper par la mort et que son passé avait fait naître. Il devra les supporter dans de pires conditions, refaire pas à pas le chemin parsemé d'obstacles et, pour cela, subir une incarnation plus pénible encore que celle qu'il a voulu fuir.

Les souffrances des suppliciés après leur exécution sont épouvantables, et les descriptions qu'en donnent certains meurtriers célèbres pourraient émouvoir les cœurs les plus fermes, en montrant à la justice humaine les tristes effets de la peine de mort. La plupart de ces malheureux se trouvent en proie à une surexcitation aiguë, à d'atroces sensations qui les rendent furieux. L'horreur de leurs crimes, les regards de leurs victimes, qui semblent les poursuivre et les transpercer comme un glaive, des hallucinations et des rêves affreux, tel est le sort qui les attend. La plupart, pour trouver un dérivatif à leurs maux, se rejettent sur les incarnés aux tendances similaires et les poussent dans la voie du crime. D'autres, dévorés par le remords comme par un feu inextinguible, cherchent sans trêve, sans repos, un refuge introuvable. Sous leurs pas, autour d'eux, partout, ils croient voir des cadavres, des figures menaçantes et des mares de sang.

Les esprits mauvais, sur lesquels retombe lourdement le poids de leurs fautes, sont dans l'impossibilité de prévoir l'avenir. Ils ne savent rien des lois supérieures. Les fluides dont ils sont enveloppés s'opposent à toute relation avec les esprits élevés, qui voudraient les arracher à leur inertie, à leurs penchants, mais ne le peuvent, en raison de la nature grossière, presque

matérielle, de ces esprits et du champ restreint
de leurs perceptions. Il en résulte une ignorance
complète de leur sort et une tendance à croire
éternelles les souffrances qu'ils endurent. Aussi,
certains d'entre eux, encore imbus de préjugés
catholiques, se croient et se disent en enfer. Dévorés par la jalousie et la haine, afin de se distraire de leurs soucis, beaucoup recherchent les
hommes faibles et portés au mal. Ils s'acharnent
après eux, leur soufflent de funestes inspirations; mais, peu à peu, de ces nouveaux excès
découlent de nouvelles souffrances. La réaction
du mal causé les enserre dans un réseau de
fluides plus sombres. Les ténèbres se font plus
complètes, un cercle étroit se forme, et la réincarnation, pénible, douloureuse, se dresse
devant eux.

Plus calmes sont ceux que le repentir a touchés,
qui, résignés, voient venir le temps des épreuves
et sont résolus à satisfaire à l'éternelle justice.
Le remords, comme une pâle lueur, éclaire leur
âme d'un jour vague, et permet aux bons esprits
de se glisser jusqu'à leur entendement, pour leur
prodiguer des encouragements et des conseils.

XXXVII. — L'Enfer et les Démons.

S'appuyant sur les cas d'obsession, sur les
manifestations bruyantes des esprits légers et
moqueurs, l'Église a cru devoir attribuer aux

démons tous les phénomènes du spiritisme et les condamner comme inutiles ou dangereux. Avant de repousser cette interprétation, il convient d'abord de rappeler que le catholicisme a accueilli de même façon toutes les grandes découvertes, tous les progrès considérables qui ont marqué les étapes de l'histoire. Il n'est guère de conquêtes scientifiques qui n'aient été considérées comme œuvres diaboliques.

Le monde invisible, avons-nous dit, est la doublure de l'humanité. Les esprits ne sont que les âmes, plus ou moins parfaites, des hommes désincarnés, et nos rapports avec eux doivent être réglés avec autant de réserve et de prudence que les relations avec nos semblables.

Ne voir dans le spiritisme que les manifestations des esprits inférieurs équivaut à n'envisager que le mal dans l'humanité. Les enseignements des esprits élevés ont éclairé le chemin de la vie, résolu les obscurs problèmes de l'avenir, fortifié la foi chancelante, rétabli la justice sur ses bases inébranlables. Grâce à eux, une foule d'incrédules et d'athées ont été ramenés à la croyance en Dieu et en l'immortalité ; des hommes ignorants et vicieux sont revenus par milliers au bien et à la vérité. Est-ce donc là l'œuvre du démon, et Satan, s'il existait, serait-il assez aveugle pour travailler au détriment de ses intérêts ?

Il suffit de quelque clairvoyance pour distinguer la nature des esprits et faire, dans nos rapports avec eux, la part de ce qui doit être rejeté ou conservé. Jésus l'a dit : « On reconnaît l'arbre à ses fruits ! » Le langage et les instructions des esprits élevés sont toujours empreints de dignité, de sagesse et de charité. Ils ne visent que le progrès moral de l'homme et se désintéressent de tout ce qui est matériel. Les communications des esprits inférieurs pèchent par les défauts contraires. Elles fourmillent de contradictions et traitent généralement de sujets vulgaires, sans portée morale. Les esprits légers ou inférieurs se livrent de préférence aux manifestations physiques.

Le spiritisme apporte à l'humanité un enseignement proportionné à ses besoins. Il vient rétablir dans sa pureté primitive, expliquer, compléter la doctrine de l'Évangile, l'arracher à l'esprit de spéculation, aux intérêts de caste, lui rendre son rôle véritable et son influence sur les âmes.

La religion chrétienne s'est altérée à la suite des âges, et, aujourd'hui, elle n'exerce plus qu'une action affaiblie, insuffisante, sur les mœurs et les caractères. Or, la tâche dévolue au Christianisme, le Spiritisme vient la reprendre et la poursuivre. C'est aux esprits invisibles qu'échoit la mission de rétablir toutes choses, de pénétrer dans les milieux les plus humbles comme les plus orgueilleux, et, en foule innombrable, de travailler à la régénération des sociétés humaines. La théorie des démons et de l'enfer éternel ne peut plus être invoquée par aucun homme sensé. Satan n'est qu'un mythe. Nulle créature n'est vouée éternellement au mal.

XXXVIII. — Action de l'homme sur les Esprits malheureux.

Notre indifférence à l'endroit des manifestations spirites ne nous priverait pas seulement de la connaissance de l'avenir d'outre-tombe; elle nous ôterait en même temps la possibilité d'agir sur les esprits malheureux, d'adoucir leur sort, en leur rendant plus aisée la réparation des fautes commises. Les esprits arriérés, ayant plus d'affinité avec les hommes qu'avec les esprits purs, en raison de leur constitution fluidique encore grossière, sont par cela même plus accessibles à notre influence. En entrant en communication avec eux, nous pouvons remplir une généreuse mission, les instruire, les moraliser et, en même temps, améliorer, assainir le milieu fluidique dans lequel nous vivons tous. Les esprits malheureux entendent notre appel et nos évocations. Nos pensées sympathiques les enveloppent comme un courant électrique, les attirent à nous, nous permettent de converser avec eux par l'intermédiaire des médiums. Il en est de même pour toute âme qui quitte ce monde. Nos évocations éveillent l'attention des décédés et facilitent leur dégagement corporel. Nos prières ardentes, semblables à des jets lumineux ou à des vibrations harmonieuses, les éclairent et dilatent leur être. Il leur est doux de penser qu'ils ne sont pas abandonnés à eux-mêmes dans l'immensité, qu'il est encore sur la terre des êtres qui s'intéressent à leur sort et désirent leur bonheur. Quoique celui-ci ne puisse, en aucun cas, être obtenu par ces prières, elles n'en sont pas moins salutaires pour l'esprit qu'elles arrachent au désespoir, à qui elles donnent les forces fluidiques nécessaires pour lutter contre les influences pernicieuses et monter plus haut.

Il ne faut pas se dissimuler cependant que les relations avec les esprits inférieurs exigent une certaine sûreté de vues, du tact et de la fermeté. Tous les hommes ne seraient pas aptes à tirer de ces relations les bons effets qu'on en peut attendre. Il faut posséder une véritable supériorité morale pour dominer ces esprits, réprimer leurs écarts et les diriger dans la voie droite. Cette supériorité ne s'acquiert que par une vie exempte de passions matérielles. Dans ce cas, les fluides épurés de l'évocateur commandent aisément aux fluides des esprits arriérés. Il faut, en outre, une connaissance pratique du monde invisible, afin de pouvoir se guider sûrement au milieu des contradictions et des erreurs dont fourmillent les communications des esprits légers. En raison de leur nature imparfaite, ceux-ci ne possèdent que des connaissances très restreintes. Ils voient et jugent les choses différemment. Beaucoup conservent leurs opinions et leurs préjugés de la terre. La sagesse et la clairvoyance deviennent donc indispensables pour se diriger à travers ce dédale.

L'étude des phénomènes spirites et les rapports avec le monde invisible présentent bien des difficultés, parfois même des dangers à l'homme ignorant et frivole qui se soucierait peu du côté moral de la question. Celui qui, négligeant d'étudier la science et la philosophie des Esprits, pénètre brusquement dans le domaine de l'invisible et se livre sans réserve aux manifestations, celui-là se trouve dès l'abord en contact avec des milliers d'êtres dont il n'a aucun moyen de contrôler les agissements ni les dires. Son ignorance le livre désarmé à leur influence, car sa volonté vacillante, indécise, ne saurait résister aux suggestions auxquelles il est en butte. Faible et passionné, son imperfection attire des esprits semblables à lui, qui l'assiègent et ne se feront nul scrupule de le tromper. Ne sachant rien des lois de l'occulte, isolé au seuil d'un monde où l'hallucination et la réalité se confondent, il aura tout à craindre : le mensonge, l'ironie, l'obsession.

La part des esprits inférieurs dans les manifestations spirites a été considérable au début et avait sa raison d'être. Dans un milieu matériel comme le nôtre, des manifestations bruyantes, des phénomènes d'ordre physique, pouvaient seuls frapper les hommes, les arracher à leur indifférence pour tout ce qui ne touche pas leurs intérêts immédiats. C'est ce qui justifie le rôle des tables tournantes, des coups frappés, des maisons hantées, etc. Ces phénomènes vulgaires, produits par des esprits encore soumis à l'influence de la matière, étaient appropriés aux exigences de la cause et à l'état mental de ceux dont on voulait éveiller l'attention. On ne saurait les attribuer aux esprits supérieurs, qui ne se sont manifestés qu'ultérieurement et par des procédés moins grossiers, surtout à l'aide des médiums écrivains, auditifs, à incorporation, etc.

Après les faits matériels, qui s'adressaient aux sens, les esprits ont parlé à l'intelligence, au sentiment et à la raison. Ce perfectionnement graduel des moyens de communication nous montre l'étendue des ressources dont disposent les puissances invisibles, et quelles combinaisons variées et profondes elles savent mettre en jeu, pour stimuler l'homme dans le chemin du progrès et la connaissance de ses destinées.

XXXIX. — Justice, Solidarité, Responsabilité.

Tout s'enchaîne et se lie dans l'univers, au moral comme au physique, nous disent les esprits. Dans l'ordre des faits, du plus simple au plus complexe, tout est réglé par une loi ; chaque effet se rapporte à une cause, et chaque cause engendre un effet identique à elle-même. De là, dans le domaine moral, le principe de justice, la sanction du bien et du mal, la loi distributive qui rend à chacun selon ses œuvres. Comme les nuées formées par la vaporisation solaire retombent fatalement en pluie sur le sol, de même les conséquences des actes accomplis retombent sur leurs auteurs. Chacun de ces actes, chacune des volitions de notre pensée, suivant la force d'impulsion qui lui est imprimée, accomplit son évolution pour revenir avec ses effets, bons ou mauvais, vers la source qui les a produits. Ainsi les peines et les récompenses se répartissent sur les individus par le jeu naturel des choses. Le mal comme le bien, tout revient à son point de départ. Il est des fautes qui produisent leurs effets dans le cours même de la vie terrestre. Il en est d'autres, plus graves, dont les conséquences se font sentir seulement dans la vie spirituelle et parfois même dans les incarnations ultérieures.

La peine du talion n'a rien d'absolu. Il n'en est pas moins vrai que les passions et les méfaits de l'homme amènent des résultats toujours identiques, auxquels il ne saurait se soustraire. L'orgueilleux se prépare un avenir d'humiliation ; l'égoïste crée autour de lui le vide et l'indifférence, et de dures privations attendent les sensuels. C'est là la punition inévitable, le remède efficace qui guériront le mal dans sa cause. Ils s'accomplissent d'eux-mêmes, sans qu'aucun être ait à se constituer bourreau de ses semblables.

Le repentir, un ardent appel à la miséricorde divine, en nous mettant en communication avec les puissances supérieures, peuvent nous procurer la force nécessaire pour parcourir la voie douloureuse, le chemin d'épreuves que notre passé nous trace; mais, en dehors de l'expiation, rien ne saurait effacer nos torts. La souffrance, cette grande éducatrice, peut seule nous réhabiliter.

La loi de justice n'est donc que le fonctionnement de l'ordre moral universel, et les peines, les châtiments nous représentent la réaction de la nature outragée et violentée dans ses principes éternels. Les forces de l'univers sont solidaires, se répercutent et vibrent à l'unisson. Toute puissance morale réagit sur celui qui la viole, proportionnellement à son mode d'action. Dieu ne frappe personne. Il laisse au temps le soin de faire découler les effets de leur cause. L'homme est donc son propre justicier, car, suivant l'usage et l'abus qu'il fait de sa liberté, il se rend heureux ou malheureux. Le résultat de ses actes se fait parfois attendre. Nous voyons en ce monde des coupables bâillonner leur conscience, se rire des lois, vivre et mourir honorés. Par contre, que d'honnêtes gens poursuivis par l'adversité et la calomnie! De là, la nécessité des vies à venir, au cours desquelles le principe de justice trouve son application, et l'état moral de l'être, son équilibre. Sans ce complément nécessaire, l'existence actuelle n'aurait pas de sens, et presque tous nos actes seraient dépourvus de sanction.

En réalité, l'ignorance est le mal souverain, d'où découlent tous les autres maux. Si l'homme voyait distinctement la conséquence de ses agissements, sa conduite serait différente. Connaissant la loi morale et son application inéluctable, il ne chercherait pas plus à la violer qu'à résister à la loi de pesanteur ou à celle de gravitation.

.·.

Ces aperçus nouveaux viennent encore fortifier les liens qui nous unissent aux membres de la grande famille des âmes. Incarnées ou désincarnées, toutes les âmes sont sœurs. Enfantées par leur grande mère Nature, par leur père commun qui est Dieu, elles poursuivent des destinées analogues. Tous les esprits se doivent un mutuel secours. Tour à tour protégés et protecteurs, ils s'entr'aident dans leur marche, et, par des services rendus, par des épreuves supportées en commun, ils font éclore en eux ces sentiments de fraternité et d'amour qui sont une des conditions de la vie supérieure, une des formes de la vie heureuse.

Les liens qui nous rattachent à nos frères de

JUSTICE, SOLIDARITÉ, RESPONSABILITÉ

l'espace nous unissent plus étroitement encore aux habitants de la terre. Tous les hommes, du plus sauvage au plus civilisé, sont des esprits semblables à nous par l'origine et les fins. Dans leur ensemble, ils constituent une société, dont tous les membres sont solidaires, et où chacun, en travaillant à son progrès personnel, doit participer au progrès et au bien de tous. La loi de justice n'étant que la résultante des actes, l'enchaînement des effets et des causes nous explique pourquoi tant de maux affligent l'humanité. L'histoire de la terre n'est guère qu'un tissu de meurtres et d'iniquités. Or, tous ces siècles ensanglantés, toutes ces existences de désordre se réunissent dans le présent comme des affluents dans le lit d'un fleuve. Les esprits qui composent la société actuelle ne sont que les hommes d'autrefois, revenant subir les conséquences de leurs vies antérieures, avec les responsabilités qu'elles entraînent. Formée de tels éléments, comment l'humanité pourrait-elle vivre heureuse ? Les générations sont solidaires à travers les temps; les fumées de leurs passions les enveloppent et les suivent jusqu'à épuration complète. Cette considération nous fait sentir plus vivement encore la nécessité d'améliorer le milieu social, en éclairant nos semblables sur la cause de nos maux communs, en créant autour de nous, par nos efforts collectifs, une atmosphère plus saine et plus pure.

L'homme doit enfin apprendre à mesurer la portée de ses actes, l'étendue de ses responsabilités, à secouer cette indifférence qui creuse le gouffre des misères sociales et empoisonne moralement cette terre où il lui faudra renaître peut-être bien des fois encore. Il faut qu'un souffle nouveau passe sur les peuples et allume en eux ces convictions d'où sortent les volontés fermes, inébranlables. Il importe que tous le sachent enfin : le règne du mal n'est pas éternel, la justice n'est pas un vain mot; elle seule gouverne les mondes, et, sous son niveau puissant, toutes les âmes se courbent dans la vie future, toutes les résistances, toutes les rébellions se brisent.

De l'idée supérieure de justice découlent donc l'égalité, la solidarité et la responsabilité des êtres. Ces principes s'unissent et se fondent en un tout, en une loi unique, laquelle domine et régit l'univers : le progrès dans la liberté. Cette harmonie, cette coordination puissante des lois et des choses ne donne-t-elle pas une idée autrement grande et consolante de la vie et des destinées humaines, que les conceptions néantistes? Dans cette immensité où tout est réglé par des lois sages et profondes, où l'équité apparaît jusque dans les moindres détails, où pas un acte utile ne reste sans profit, pas une faute sans châtiment, pas une souffrance sans compensation, l'être se sent relié à tout ce qui vit. Travaillant pour lui et pour tous, il développe librement ses forces, il voit s'augmenter ses lumières, s'accroître ses félicités.

Que l'on compare ces vues aux froides théories matérialistes, à cet univers effrayant où les êtres s'agitent, souffrent et passent, sans liens, sans but, sans espoir, parcourant leurs vies éphémères comme de pâles ombres sorties du néant pour retomber dans la nuit et le silence éternels ! Que l'on dise laquelle de ces conceptions est la plus capable de soutenir l'homme dans ses douleurs, de tremper son caractère, de l'entraîner vers les hauts sommets !

XL. — Libre Arbitre et Providence.

La question du libre arbitre est une de celles qui ont le plus préoccupé les philosophes et les théologiens. Concilier la volonté, la liberté de l'homme avec le jeu des lois naturelles et la volonté divine, a paru d'autant plus difficile que la fatalité aveugle semblait peser, aux yeux d'un grand nombre, sur la destinée humaine. L'enseignement des Esprits a élucidé le problème. La fatalité apparente qui sème de maux le chemin de la vie, n'est que la conséquence de notre passé, l'effet revenant vers sa cause ; c'est l'accomplissement du programme accepté par nous avant de renaître, suivant les conseils de nos guides spirituels, pour notre plus grand bien et notre élévation.

Dans les couches inférieures de la création, l'être s'ignore encore. L'instinct seul, sorte de fatalité, le conduit, et ce n'est que dans les types supérieurs de l'animalité qu'apparaissent, comme une aube pâlissante, les premiers rudiments des facultés. Entrée dans l'humanité, l'âme s'éveille à la liberté morale. Son jugement, sa conscience se développent de plus en plus, à mesure qu'elle parcourt son immense carrière. Placée entre le bien et le mal, elle compare et choisit librement. Éclairée par ses déceptions et ses maux, c'est au sein des épreuves que son expérience se forme, que sa force morale se trempe.

L'âme humaine, douée de conscience et de liberté, ne peut plus retomber dans la vie inférieure. Ses incarnations se succèdent sur la chaîne des mondes, jusqu'à ce qu'elle ait acquis ces trois biens impérissables, but de ses longs travaux : la sagesse, la science et l'amour. Leur possession l'affranchit pour toujours des renaissances et de la mort et lui ouvre l'accès de la vie céleste.

Par l'usage de son libre arbitre, l'âme fixe ses destinées, prépare ses joies ou ses douleurs. Mais jamais, au cours de sa marche, dans l'épreuve amère, comme au sein de l'ardente lutte passionnelle, jamais les secours d'en haut ne lui sont refusés. Pour peu qu'elle ne s'abandonne pas elle-même, si indigne qu'elle paraisse, dès que se réveille sa volonté de gagner la voie droite, la voie sacrée, la Providence lui procure aide et soutien.

La Providence, c'est l'Esprit supérieur, c'est l'ange veillant sur l'infortune, c'est le consolateur invisible, dont les inspirations réchauffent le cœur glacé par le désespoir, dont les fluides vivifiants soutiennent le voyageur accablé ; c'est le phare allumé dans la nuit pour le salut de ceux qui errent sur la mer orageuse de la vie. La Providence, c'est encore, c'est surtout l'amour divin se déversant à flots sur sa créature. Et quelle sollicitude, quelle prévoyance dans cet amour ! N'est-ce pas pour l'âme seule, pour servir de cadre à sa vie, de théâtre à ses progrès, qu'elle a suspendu les mondes dans l'espace, allumé les soleils, formé les continents et les mers ? Pour l'âme seule, ce grand œuvre s'accomplit, les forces naturelles se combinent, les univers éclosent au sein des nébuleuses.

L'âme est créée pour le bonheur ; mais ce bonheur, pour l'apprécier à sa valeur, pour en connaître le prix, elle doit le conquérir elle-même et, pour cela, développer librement les puissances qui sont en elle. Sa liberté d'action et sa responsabilité croissent avec son élévation ; car, plus elle s'éclaire, plus elle peut et doit conformer le jeu de ses forces personnelles aux lois qui régissent l'univers.

La liberté de l'être s'exerce donc dans un cercle limité, d'une part, par les exigences de la loi naturelle, qui ne peut souffrir aucune atteinte, aucun dérangement à l'ordre du monde, d'autre part, par son propre passé, dont les conséquences rejaillissent sur lui à travers les temps jusqu'à réparation complète. En aucun cas, l'exercice de la liberté humaine ne peut entraver l'exécution des plans divins ; sans cela, l'ordre des choses serait à chaque instant troublé. Au-dessus de nos vues bornées et changeantes, l'ordre immuable de l'univers se maintient et se poursuit. Nous sommes presque toujours mauvais juges de ce qui est pour nous le véritable bien ; et si l'ordre naturel des choses devait se plier à nos désirs, quelles perturbations effroyables n'en résulterait-il pas ?

Le premier usage que l'homme ferait d'une liberté absolue serait d'écarter de lui toutes les causes de souffrance et de s'assurer dès ici-bas une vie de félicités. Or, s'il est des maux que l'intelligence humaine a le devoir et les moyens de conjurer, de détruire, par exemple, ceux qui proviennent du milieu terrestre, il en est d'autres, inhérents à notre nature morale, que la douleur et la compression peuvent seules dompter et vaincre : tels sont nos vices. Dans ce cas, la douleur devient une école ou plutôt un remède indispensable, et les épreuves subies ne sont qu'une répartition équitable de l'infaillible justice. C'est donc notre ignorance des fins voulues de Dieu qui nous fait récriminer contre l'ordre du monde et ses lois. Si nous les critiquons, c'est parce que nous en ignorons les ressorts cachés.

La destinée est la résultante, à travers nos vies successives, de nos actes et de nos libres résolutions. Plus éclairés, à l'état d'esprits, sur nos imperfections, préoccupés des moyens de les atténuer, nous acceptons la vie matérielle sous la forme et dans les conditions qui nous paraissent propres à réaliser ce but. Les phénomènes de l'hypnotisme et de la suggestion mentale expliquent ce qui se passe, en pareil cas, sous l'influence de nos protecteurs spirituels. Dans l'état de somnambulisme, l'âme, sous la suggestion du magnétiseur, s'engage à accomplir tel ou tel acte dans un temps donné. Revenue à l'état de veille, sans avoir conservé aucun souvenir apparent de cette promesse, elle l'exécute de point en point. De même l'homme ne paraît pas avoir gardé la mémoire des résolutions prises avant de renaître; mais, vienne l'heure, il court au-devant des événements prévus et y participe dans la mesure nécessaire à son avancement ou à l'exécution de l'inéluctable loi.

XLI. — Réincarnation.

Nous ne terminerons pas cette étude de la vie dans l'espace, sans indiquer, d'une façon sommaire, d'après quelles règles s'effectue la réincarnation. Toutes les âmes qui n'ont pu s'affranchir des influences terrestres doivent renaître en ce monde, pour y travailler à leur amélioration ; c'est le cas de l'immense majorité. Comme les autres phases de la vie des êtres, la réincarnation est soumise à des lois. Le degré de pureté du périsprit, l'affinité moléculaire, qui déterminent le classement des esprits dans l'espace, fixent aussi les conditions de la réincarnation. Les semblables s'attirent. C'est en vertu de ce fait, de cette loi d'attraction et d'harmonie, que les esprits du même ordre, de caractères et de tendances analogues, se rapprochent, se suivent à travers leurs multiples existences, s'incarnant ensemble et constituant des familles homogènes.

Quand l'heure de se réincarner est venue, l'esprit se sent entraîné par une force irrésistible, par une mystérieuse affinité, vers le milieu qui lui convient. C'est là une heure d'angoisse, plus redoutable que celle de la mort. En réalité, la mort n'est que la délivrance des liens charnels, l'entrée dans une vie plus libre, plus intense. L'incarnation, au contraire, est la perte de cette vie de liberté, un amoindrissement de soi-même, le passage des clairs espaces à la prison obscure, la descente dans un abîme de sang, de boue, de misère, où l'être sera soumis à des nécessités tyranniques et sans nombre. C'est pourquoi il est plus pénible, plus douloureux de renaître que de mourir, et le dégoût, l'épouvante, l'accablement profond de l'esprit, au seuil de ce monde ténébreux, sont faciles à concevoir.

La réincarnation se produit par un rapprochement gradué, par une assimilation des molécules matérielles au périsprit, lequel se réduit, se condense, s'alourdit progressivement, jusqu'à ce que, par une adjonction suffisante de matière, il constitue une enveloppe charnelle, un corps humain.

Le périsprit joue ainsi le rôle d'un moule fluide, élastique, qui prête sa forme à la matière. De là découlent, en majeure partie, les conditions physiologiques de la renaissance. Les qualités ou les défauts du moule reparaissent dans le corps physique, qui n'est, dans la plupart des cas, qu'une laide et grossière copie du périsprit.

Dès que commence l'assimilation moléculaire qui doit donner naissance au corps, le trouble saisit l'esprit; une torpeur, une sorte d'anéantissement l'envahissent peu à peu. Ses facultés se voilent l'une après l'autre, sa mémoire s'évanouit, sa conscience s'endort. L'esprit est comme enseveli sous une épaisse chrysalide.

Éclose à la vie terrestre, l'âme devra, pendant une longue période, préparer cet organisme nouveau, l'adapter aux fonctions nécessaires. Ce n'est qu'après vingt ou trente ans de tâtonnements, d'efforts instinctifs, qu'elle retrouvera l'usage de ses facultés, amoindries, il est vrai, par la matière, et pourra, avec plus de résolution, poursuivre la traversée périlleuse de l'existence. L'homme peu éclairé pleure et se lamente sur les tombes, ces issues ouvertes sur l'infini. Familiarisé avec les lois d'en haut, c'est sur les berceaux qu'il gémirait. Le vagissement de l'enfant qui vient de naître, n'est-il pas comme la plainte de l'esprit devant les tristes perspectives de la vie ?

Les lois inflexibles de la nature, ou plutôt les effets résultant du passé de l'être, décident de sa réincarnation. L'esprit inférieur, ignorant de ces lois, insouciant de son avenir, subit machinalement son sort et revient prendre sa place sur terre sous l'impulsion d'une force qu'il ne cherche même pas à connaître. L'esprit avancé s'inspire des exemples qui l'entourent dans la vie fluidique ; il recueille les avis de ses guides spirituels, pèse les conditions bonnes ou mauvaises de sa réapparition en ce monde, prévoit les obstacles, les difficultés de la route, se trace un programme et prend de fortes résolutions en vue de le réaliser. Il ne redescend dans la chair qu'assuré de l'appui des invisibles, qui l'aideront à accomplir sa tâche nouvelle. Dans ce cas, l'esprit ne subit pas exclusivement le poids de la fatalité. Son choix peut s'exercer dans de certaines limites, de façon à accélérer sa marche.

C'est pourquoi l'esprit éclairé choisit de préférence une existence laborieuse, une vie de lutte et d'abnégation. Il sait que, grâce à elle, son avancement sera plus rapide. La terre est le véritable purgatoire. Il faut renaître et souffrir pour se dépouiller de ses vices, pour effacer les fautes ou les crimes du passé. De là, les infirmités cruelles, les longues et douloureuses maladies, la perte de la raison.

L'abus des hautes facultés, l'orgueil, l'égoïsme s'expient par la renaissance en des organismes incomplets, en des corps difformes et souffreteux. L'esprit accepte cette immolation passagère, parce qu'elle est à ses yeux le prix de la réhabilitation, le seul moyen d'acquérir la modestie, l'humilité ; il consent à se priver momentanément des talents, des connaissances qui firent sa gloire, à descendre dans un corps impuissant, doué d'organes défectueux, à devenir un objet de risée ou de pitié. Respectons les idiots, les infirmes, les fous. Que la douleur soit sacrée pour nous ! Dans ces sépulcres de chair, un esprit veille et souffre, car, dans sa personnalité intime, il a conscience de sa misère et de son abjection. Craignons nous-mêmes, par nos excès, de mériter leur sort. Mais ces dons de l'intelligence, que l'âme abandonne pour s'humilier, elle les retrouvera à la mort ; car ils sont sa propriété, son bien, et rien de ce qu'elle a acquis par ses efforts ne peut se perdre ni s'amoindrir. Elle les retrouvera et, avec eux, les qualités, les vertus nouvelles recueillies dans le sacrifice, et qui feront sa couronne de lumière au sein des espaces.

Ainsi tout se paye, tout se rachète. Les pensées, les désirs coupables, ont leur contre-coup dans la vie fluidique ; mais les fautes accomplies dans la chair doivent s'expier dans la chair. Toutes nos existences se lient ; le bien et le mal se répercutent à travers les temps. Si des fourbes et des méchants semblent terminer leur vie dans l'abondance et la paix, sachons que l'heure de la justice sonnera, que les souffrances qu'ils ont causées rejailliront sur eux. Homme, résigne-toi donc et supporte avec courage les épreuves inévitables, mais fécondes, qui effacent tes souillures et te préparent un meilleur avenir. Imite le laboureur qui va droit devant lui, courbé sous l'ardent soleil ou mordu par la bise, et dont les sueurs arrosent le sol, le sol fouillé, déchiré comme ton cœur par la dent de fer, mais d'où sortira la moisson dorée qui fera sa félicité.

Évite les défaillances qui te ramèneraient sous le joug de la matière et te créeraient de nouvelles dettes qui pèseraient sur tes vies futures. Sois bon et vertueux, afin de ne pas te laisser ressaisir par le redoutable engrenage du mal et de ses conséquences. Fuis les joies avilissantes, les discordes, les vaines agitations de la foule. Ce n'est pas dans les discussions stériles, les rivalités, la convoitise des honneurs et des biens, que tu trou-

veras la sagesse, le contentement de toi-même ;
c'est dans le travail et la pratique de la charité ;
c'est dans la méditation solitaire, dans l'étude
recueillie, en face de la nature, ce livre admirable, qui porte la signature de Dieu.

CINQUIÈME PARTIE

LE DROIT CHEMIN

XLII. — La Vie Morale.

Tout être humain porte, gravés en lui, dans sa conscience, dans sa raison, les rudiments de la loi morale. Cette loi reçoit dans ce monde même un commencement de sanction. Une bonne action procure à son auteur une satisfaction intime, une sorte de dilatation, d'épanouissement de l'âme; nos fautes, par contre, amènent souvent à leur suite amertume et regrets. Cependant, cette sanction, si variable suivant les individus, est trop vague, trop insuffisante, au point de vue de l'absolue justice. C'est pourquoi les religions ont placé dans la vie future, dans les peines et les récompenses qu'elle nous réserve, la sanction capitale de nos actes. Or, ces données manquant de base positive, étant mises en doute par le plus grand nombre, après avoir exercé une influence sérieuse sur les sociétés du moyen âge, ne suffisent |plus désormais à écarter l'homme des voies de la sensualité.

Avant le drame du Golgotha, Jésus avait annoncé aux hommes un autre consolateur, l'Esprit de vérité, qui devait rétablir et compléter son enseignement. Cet Esprit de vérité est venu et a parlé à la terre ; partout il a fait entendre sa voix.

Dix-huit siècles après la mort du Christ, la liberté de parole et de pensée s'étant répandue sur le monde, la science ayant sondé les cieux, l'intelligence humaine s'étant développée, l'heure a été jugée favorable. Les Esprits sont venus en foule enseigner à leurs frères de la terre la loi du progrès infini et réaliser la promesse de Jésus en relevant sa doctrine, en commentant ses paroles.

Le spiritisme nous donne la clef de l'Évangile. Il en explique le sens obscur ou caché ; il nous apporte la morale supérieure, la morale définitive, dont la grandeur et la beauté révèlent l'origine surhumaine.

Afin que la vérité se répande à la fois sur tous les peuples, afin que nul ne puisse la dénaturer, la détruire, ce n'est plus un homme, ce n'est plus un groupe d'apôtres qui est chargé de la faire connaître à l'humanité. Les voix des Esprits la proclament sur tous les points du monde civilisé, et, grâce à ce caractère universel, permanent, cette révélation défie toutes les hostilités, toutes les inquisitions. On peut détruire l'enseignement d'un homme, falsifier, annihiler ses œuvres; mais qui peut atteindre et repousser les habitants de l'espace ? Ils savent déjouer tous les mauvais vouloirs et porter la précieuse semence jusque dans les régions les plus reculées. De là vient la puissance, la rapidité d'extension du spiritisme, sa supériorité sur toutes les doctrines qui l'ont précédé et ont préparé son avènement.

C'est donc sur les témoignages de millions d'âmes, venant en tous lieux, par l'intermédiaire des médiums, décrire la vie d'outre-tombe, dépeindre leurs propres sensations, leurs joies, leurs douleurs, que s'édifie la morale spirite.

La morale indépendante, celle que les matérialistes ont tenté d'édifier, vacille à tous les vents, faute de base solide. La morale des Églises, comme mobile, s'inspire surtout de la peur, de la crainte des châtiments infernaux; sentiment faux, qui nous abaisse et nous amoindrit. La philosophie des Esprits vient offrir à l'humanité une sanction morale plus élevée, un idéal autrement noble et généreux. Plus de supplices éternels, mais la juste conséquence des actes retombant sur leur auteur.

L'esprit se retrouve en tous lieux ce qu'il s'est fait. S'il viole la loi morale, il enténèbre sa conscience et ses facultés, il se matérialise, il s'enchaîne de ses propres mains. En pratiquant la loi du bien, en dominant les passions brutales, il s'allège et se rapproche de plus en plus des mondes heureux.

Envisagée sous ces aspects, la vie morale s'impose comme une obligation rigoureuse à tous ceux qui ont quelque souci de leurs destinées. De là, la nécessité d'une hygiène de l'âme, s'appliquant à tous nos actes, maintenant nos forces spirituelles en état d'équilibre et d'harmonie. S'il convient de soumettre le corps, cette enveloppe mortelle, cet instrument périssable, aux prescriptions de la loi physique qui assure son entretien et son fonctionnement, il importe bien plus encore de veiller au perfectionnement de cette âme qui est notre impérissable Moi, et à laquelle est attaché notre sort à venir. Cette hygiène de l'âme, le spiritisme nous en fournit les éléments.

La connaissance du but réel de l'existence a des conséquences incalculables pour l'amélioration et l'élévation de l'homme. Savoir où l'on va a pour résultat immédiat d'affermir nos pas, d'imprimer à nos actes une impulsion vigoureuse vers l'idéal conçu.

Les doctrines du néant font de cette vie une impasse et aboutissent logiquement au sensualisme et au désordre. Les religions, en faisant de l'existence une œuvre de salut personnel, très problématique, la considèrent à un point de vue égoïste et fort étroit.

Avec la philosophie des Esprits, ce point de vue change, la perspective s'élargit. Ce que nous devons rechercher, ce n'est plus le bonheur terrestre, — le bonheur ici-bas n'est qu'une chimère, — c'est une amélioration continue; et le moyen de la réaliser, c'est l'observation de la loi morale sous toutes ses formes.

Avec un tel idéal, une société est indestructible; elle défie toutes les vicissitudes, tous les événements. Elle grandit dans le malheur, elle trouve dans l'adversité les moyens de s'élever au-dessus d'elle-même. Dépourvue d'idéal, bercée par les sophismes des sensualistes, une société ne peut que se corrompre et s'affaiblir; sa foi au progrès, à la justice, s'éteint avec sa virilité; elle n'est bientôt plus qu'un corps sans âme et devient fatalement la proie de ses ennemis.

Heureux l'homme qui, dans cette vie pleine d'obscurité et d'embûches, marche constamment vers un but élevé, vers un but qu'il discerne, qu'il connaît, dont il est certain ! Heureux celui qu'un souffle d'en haut inspire dans ses œuvres et porte en avant. Les plaisirs le laissent indifférent; les tentations de la chair, les mirages trompeurs de la fortune n'ont pas de prise sur lui. Voyageur en marche, le but l'appelle; il se précipite pour l'atteindre.

XLIII. — Le Devoir.

Le devoir est l'ensemble des prescriptions de la loi morale, la règle de conduite de l'homme dans ses rapports avec ses semblables et avec l'univers entier. Noble et sainte figure, il plane au-dessus de l'humanité, inspire les grands sacrifices, les purs dévouements, les beaux enthousiasmes. Souriant aux uns, redoutable aux autres, toujours inflexible, il se dresse devant nous et nous montre cette échelle du progrès, dont les degrés se perdent à des hauteurs incommensurables.

Le devoir n'est pas identique pour tous. Il varie suivant notre condition et notre savoir. Plus nous nous élevons, plus il acquiert à nos yeux de grandeur, de majesté, d'étendue. Mais toujours son culte est doux au sage, et la soumission à ses lois, fertile en joies intimes, que rien ne peut égaler.

Si obscure que soit la condition de l'homme, si humble que soit son sort, le devoir domine et ennoblit sa vie. De lui seul nous viennent cette sérénité d'esprit, ce calme intérieur, plus précieux que tous les biens de la terre et que nous pouvons goûter jusqu'au sein des épreuves et des revers. Nous ne sommes pas maîtres de changer les événements, et notre destinée doit suivre sa ligne rigoureuse; mais nous pouvons toujours, même au milieu des orages, nous assurer cette paix de la conscience, ce contentement de nous-mêmes que procure l'accomplissement du devoir.

Le sentiment du devoir jette des racines profondes dans tout esprit élevé. C'est sans efforts que celui-ci parcourt sa voie; par une tendance naturelle, résultat des progrès acquis, il s'écarte des choses viles et oriente vers le bien les élans de son être. Le devoir devient alors une obligation de tous les instants, la condition même de l'existence, une puissance à laquelle on se sent indissolublement lié, dans la vie comme dans la mort.

Le devoir a des formes multiples. Il y a le devoir envers nous-mêmes, qui consiste à nous respecter, à nous gouverner avec sagesse, à ne vouloir, à ne réaliser que ce qui est digne, utile et beau. Il y a le devoir professionnel, qui exige que nous remplissions avec conscience les obligations de notre charge. Il y a le devoir social, qui nous convie à aimer les hommes, à travailler pour eux, à servir fidèlement notre pays et l'humanité. Il y a le devoir envers Dieu. Le devoir n'a pas de limites. On peut toujours faire mieux, et c'est dans l'immolation de soi-même que l'être trouve le plus sûr moyen de s'agrandir et de s'épurer.

L'honnêteté est l'essence même de l'homme moral. Dès qu'il en sort, il est malheureux. L'honnête homme fait le bien pour le bien, sans chercher ni approbation, ni récompense. Ignorant la haine, la vengeance, il oublie les offenses et pardonne à ses ennemis. Il est bienveillant pour tous, secourable aux petits. En chaque homme, il voit un frère, quel que soit son pays, quelle que soit sa foi. Plein de tolérance, il respecte les croyances sincères, excuse les défauts des autres, fait ressortir leurs qualités et ne médit jamais. Il use avec modération des biens que la vie lui accorde, les consacre à l'amélioration sociale et, dans la pauvreté, n'envie ni ne jalouse personne.

L'honnêteté devant le monde n'est pas toujours l'honnêteté selon les lois divines. L'opinion publique a son prix; elle rend plus douce la pratique du bien, mais on ne saurait la considérer comme infaillible. Le sage ne la dédaigne pas, sans doute; mais, quand elle est injuste ou insuffisante, il passe outre et mesure son devoir à une règle plus sûre. Le mérite, la vertu sont parfois méconnus sur terre, et les jugements de la foule sont souvent influencés par ses passions et ses intérêts matériels. Avant tout, l'honnête homme recherche sa propre estime et l'acquiescement de sa conscience.

Celui qui a su comprendre toute la portée morale de l'enseignement des Esprits a du devoir une conception encore plus haute. Il sait que la responsabilité est corrélative au savoir, que la possession des secrets d'outre-tombe lui impose l'obligation de travailler avec plus d'énergie à son amélioration et à celle de ses frères. Les voix d'en haut ont fait vibrer en lui des échos, éveillé des forces qui sommeillent chez la plupart des hommes; elles le sollicitent puissamment dans sa marche ascensionnelle. Un noble idéal le réchauffe et le tourmente à la fois, fait de lui la risée des méchants, mais il ne le changerait pas pour tous les trésors d'un empire. La pratique de la charité lui est devenue facile. Elle lui a appris à développer sa sensibilité et ses qualités affectives. Compatissant et bon, il souffre de tous les maux de l'humanité; il veut répandre sur ses compagnons d'infortune les espérances qui le soutiennent; il voudrait essuyer toutes les larmes, panser toutes les plaies, supprimer toutes les douleurs.

**

La pratique constante du devoir nous mène au perfectionnement. Pour hâter celui-ci, il convient d'abord de s'étudier soi-même avec attention, de soumettre ses actes à un contrôle scrupuleux. On ne saurait remédier au mal sans le connaître.

Nous pouvons même nous étudier dans les autres hommes. Si quelque vice, quelque fâcheux défaut nous choque en eux, recherchons avec soin s'il n'existe pas en nous un germe identique, et, si nous l'y découvrons, appliquons-nous à l'en arracher.

Considérons notre âme pour ce qu'elle est réellement, c'est-à-dire une œuvre admirable, mais très imparfaite, que notre devoir est d'embellir et d'orner sans cesse. Cette pensée de notre imperfection nous rendra plus modestes, éloignera de nous la présomption, la sotte vanité.

Soumettons-nous à une discipline rigoureuse. Comme on donne à l'arbuste la forme et la direction convenables, nous pouvons aussi régler les tendances de notre être moral. L'habitude du bien en rend la pratique aisée. Seuls, les premiers efforts sont pénibles. Apprenons avant tout à nous dominer. Les impressions sont fugitives et changeantes; la volonté est le fond solide de l'âme. Sachons gouverner cette volonté, maîtriser nos impressions, ne jamais nous laisser dominer par elles.

L'homme ne doit pas s'isoler de ses semblables. Il importe cependant de choisir ses relations, ses amis, de s'attacher à vivre dans un milieu honnête et pur, où ne règnent que de bonnes influences, où ne rayonnent que des fluides calmes et bienfaisants.

Évitons les conversations frivoles, les propos oiseux, qui conduisent à la médisance. Quel qu'en puisse être le résultat, disons toujours la vérité. Retrempons-nous souvent dans l'étude et le recueillement. L'âme y trouve de nouvelles forces, de nouvelles lumières. Puissions-nous nous dire à la fin de chaque jour : J'ai fait œuvre utile, j'ai remporté quelque succès sur moi-même, secouru, consolé des malheureux, éclairé mes frères, travaillé à les rendre meilleurs ; j'ai rempli mon devoir ! »

XLIV. — Foi, Espérance, Consolations.

La foi, c'est la confiance de l'homme en ses destinées, le sentiment qui le porte vers la Puissance infinie ; c'est la certitude d'être sur la voie qui conduit à la vérité. La foi aveugle est comme un fanal dont la rouge lueur ne peut percer le brouillard ; la foi éclairée est un foyer électrique qui illumine d'une vive clarté la route à parcourir.

On n'acquiert pas cette foi sans avoir passé par les épreuves du doute, par toutes les angoisses qui sèment la voie des chercheurs. Il en est qui n'aboutissent qu'à une accablante incertitude et flottent longtemps entre des courants contraires. Heureux celui qui croit, sait, voit et marche à coup sûr ! Sa foi est profonde, inébranlable. Elle le rend capable de surmonter les plus grands obstacles. C'est dans ce sens qu'on a pu dire que la foi soulève des montagnes, ce qui doit évidemment être pris au figuré, les montagnes représentant ici les difficultés accumulées sur le chemin des novateurs, les passions, l'ignorance, les préjugés et l'intérêt matériel.

On ne voit communément dans la foi que la croyance en certains dogmes religieux acceptés sans examen. Mais la foi peut se dire de la conviction qui anime l'homme et l'entraîne vers d'autres buts. Il y a la foi en soi-même, en une œuvre matérielle quelconque, la foi politique, la foi en la patrie. Pour l'artiste, le poète, le penseur, la foi, c'est le sentiment de l'idéal, la vue de ce foyer sublime, allumé par la main divine aux sommets éternels, pour guider l'humanité vers le Beau et le Vrai.

La foi religieuse, qui fait abstraction de la raison et s'en rapporte au jugement des autres, qui accepte un corps de doctrine, vrai ou faux, et s'y soumet sans contrôle, c'est la foi aveugle. Dans son impatience, dans ses excès, elle recourt aisément à la perfidie, à la contrainte et conduit au fanatisme. Envisagée sous cet aspect, la foi est encore un mobile puissant. Elle a appris aux hommes à s'humilier et à souffrir. Pervertie par l'esprit de domination, elle a été la cause de bien des crimes, mais, dans ses conséquences funestes, elle nous montre encore l'étendue des ressources qui sont en elle.

Or, si la foi aveugle peut produire de tels effets, que ne fera pas la foi appuyée sur la raison, la foi qui juge, discerne et comprend? Certains théologiens nous convient à mépriser la raison, à la renier, à la fouler aux pieds. Devons-nous donc la renier, même quand elle nous révèle ce qui est bien et beau ? On objecte toutes les erreurs dans lesquelles est tombée la raison, et on semble oublier que c'est la raison elle-même qui nous a aidés à les corriger.

La raison est une faculté supérieure, destinée à nous éclairer sur toutes choses, et qui se développe et s'augmente par l'exercice, comme toutes nos facultés. La raison humaine est un reflet de la Raison éternelle : « *C'est Dieu en nous* », a dit saint Paul. Méconnaître sa valeur, son utilité, c'est méconnaître la nature humaine et outrager la Divinité même. Vouloir remplacer la raison par la foi, c'est ignorer que toutes deux sont solidaires. Elles s'affermissent et se vivifient l'une l'autre. Leur union ouvre à la pensée un champ plus vaste ; elle harmonise nos facultés et nous procure la paix intérieure.

La foi est mère des nobles sentiments et des grandes actions. L'homme profondément convaincu reste inébranlable devant le péril comme au milieu des épreuves. Au-dessus des séductions, des flatteries, des menaces, plus haut que les voix de la passion, il entend une voix qui retentit dans les profondeurs de sa conscience et dont les accents l'excitent dans la lutte, le soutiennent aux heures dangereuses.

Pour produire de tels résultats, la foi doit reposer sur le fond solide que lui offrent le libre examen et la liberté de penser. Au lieu de dogmes et de mystères, elle ne doit reconnaître que des principes découlant de l'observation directe, de l'étude des lois naturelles. Tel est le caractère de la foi spirite.

La philosophie des Esprits vient nous offrir une croyance qui, pour être rationnelle, n'en est que plus robuste. La connaissance du monde invisible, la confiance en une loi supérieure de justice et de progrès, tout cela imprime à la foi un double caractère de calme et de sûreté.

Que peut-on craindre, en effet, lorsqu'on sait qu'aucune âme ne peut périr, qu'après les tempêtes et les déchirements de la vie, par delà la sombre nuit où tout semble s'abîmer, on verra poindre la lueur enchantée des jours qui ne doivent pas finir ?

Quand la vieillesse, glacée, muette, s'avance, mettant son stigmate sur notre front, éteignant nos yeux, raidissant nos membres, nous courbant sous son poids, alors viennent avec elle la tristesse, le dégoût de tout et la grande sensation de fatigue, un besoin de repos, comme une soif du néant. Oh! à cette heure de trouble, à ce crépuscule de la vie, comme elle réjouit et réconforte, la petite lumière qui brille dans l'âme du croyant, la foi en l'avenir infini, la foi à la Justice, à la Suprême Bonté !

Pénétrés de l'idée que cette vie n'est qu'un instant dans l'ensemble de notre existence immortelle, nous prendrons en patience les maux inévitables qu'elle engendre. La perspective des temps qui nous sont ouverts nous donnera le pouvoir de dominer les misères présentes et de nous placer au-dessus des fluctuations de la fortune. Nous nous sentirons plus libres, mieux armés pour la lutte. Connaissant la cause de ses maux, le spirite en comprend la nécessité. Il sait que la souffrance est légitime et l'accepte sans murmure. Pour lui, la mort ne tranche rien, les liens affectifs persistent dans la vie d'outre-tombe, et tous ceux qui se sont aimés ici-bas se retrouvent, affranchis des misères terrestres, loin de ce dur séjour ; il n'y a de séparation que pour les méchants. De ces convictions résultent des consolations inconnues aux indifférents et aux sceptiques. Si, d'une extrémité à l'autre du globe, toutes les âmes communiaient dans cette foi puissante, on assisterait à la plus grande transformation morale que l'histoire ait jamais enregistrée.

Cependant, cette foi, trop peu d'hommes la possèdent encore. L'Esprit de Vérité a parlé à la Terre, mais celle-ci n'a pas prêté une oreille attentive à ses accents. Ce ne sont pas les puissants qui l'ont écouté, ce sont plutôt les humbles, les petits, les déshérités, tous ceux qui ont soif d'espérance. La révolution spirite a rencontré d'abord une vive opposition dans les milieux religieux et scientifiques. Cet état de choses tend à s'atténuer. Beaucoup d'hommes n'ont pas le courage de revenir sur leurs dires et d'avouer qu'ils se sont trompés; ils préfèrent combattre toute la vie une vérité qui peut compromettre leurs intérêts, ou ruiner leurs affirmations. D'autres, dans le secret, reconnaissent la beauté, la grandeur de cette doctrine; mais ses exigences morales les effrayent. Attachés à leurs plaisirs, voulant vivre à leur guise, sans souci de l'au-delà, ils éloignent de leur pensée tout ce qui les porterait à rompre avec des habitudes pernicieuses, mais chères. Ces agissements seront pour eux, dans la suite, la source d'amers regrets.

Notre société, tout enfiévrée de spéculation, se soucie médiocrement d'un enseignement moral. Trop d'opinions contradictoires se heurtent, s'entre-choquent; au milieu de cet état confus, emporté par le tourbillon de la vie matérielle, l'homme s'arrête et réfléchit peu.

Mais tout esprit sincère, qui cherche la foi et la vérité, les trouvera dans la révélation nouvelle. Une influence d'en haut se répandra sur lui et le guidera vers cette lumière naissante, qui, un jour, éclairera l'humanité entière.

XLV. — L'Orgueil. Richesse et Pauvreté.

De tous les vices, le plus redoutable est l'orgueil, car il sème après lui les germes de presque tous les autres vices. C'est l'hydre monstrueuse toujours en voie d'enfantement, et dont les rejetons sont des monstres comme elle. Dès qu'il a pénétré dans une âme, ainsi que dans une place conquise, il s'y établit en maître, s'y étale à l'aise, s'y fortifie, au point de devenir inexpugnable.

Malheur à l'homme qui s'est laissé surprendre ! Il ne pourra se délivrer de ce tyran qu'au prix de terribles luttes, à la suite d'épreuves douloureuses, d'existences obscures, de tout un avenir d'abaissement et d'humiliation, car c'est là le seul remède efficace aux maux qu'engendre l'orgueil.

Ce vice est le plus grand fléau de l'humanité. C'est de lui que procèdent tous les déchirements de la vie sociale, les rivalités de classes et de peuples, les intrigues, la haine et la guerre. Inspirateur des folles ambitions, il a couvert la terre de sang et de ruines ; et c'est encore lui qui cause nos souffrances d'outre-tombe, car ses effets s'étendent par delà la mort, jusque sur nos destinées lointaines.

Non seulement l'orgueil nous détourne de l'amour de nos semblables, mais il rend toute amélioration impossible, en nous abusant sur notre valeur, en nous aveuglant sur nos défauts. C'est seulement par un examen rigoureux de nos actes et de nos pensées que nous parvenons à nous réformer. Et comment l'orgueilleux se soumettrait-il à cet examen ? De tous les hommes, c'est celui qui peut le moins se connaître. Infatué de sa personne, rien ne peut le détromper, car il écarte avec soin tout ce qui serait de nature à l'éclairer ; il hait la contradiction et ne se complaît que dans la société des flatteurs.

Comme le ver rongeur dans un beau fruit, l'orgueil corrompt les œuvres les plus méritoires. Parfois même il les rend préjudiciables à celui qui les accomplit. Le bien fait avec ostentation, avec un secret désir d'être applaudi, glorifié, se retourne contre son auteur. Dans la vie spirituelle, les intentions, les mobiles cachés qui nous inspirent, reparaissent comme autant de témoins ; ils accablent l'orgueilleux et réduisent à néant ses mérites illusoires.

L'orgueil nous cache toute vérité. Pour étudier avec fruit l'univers et ses lois, il faut avant tout la simplicité, la sincérité, la droiture du cœur et de l'esprit, vertus inconnues à l'orgueilleux. La pensée que tant d'êtres et de choses nous dominent lui est insupportable, et il la repousse. Ses jugements sont pour lui les bornes du possible ; il se résout difficilement à admettre que son savoir et sa compréhension soient limités.

L'homme simple, humble de cœur, riche en qualités morales, arrivera plus vite à la vérité, malgré l'infériorité possible de ses facultés, que le présomptueux, vain de sa science terrestre, révolté contre la loi qui le rabaisse et détruit son prestige.

L'enseignement des Esprits nous montre sous son jour véritable la situation des orgueilleux dans la vie d'outre-tombe. Les humbles et les petits de ce monde s'y retrouvent élevés ; les vaniteux et les puissants y sont amoindris, humiliés. Les uns ont apporté avec eux ce qui fait la véritable supériorité : les vertus, les qualités acquises par la souffrance, tandis que les autres ont dû abandonner, à la mort, titres, fortune et vain savoir. Tout ce qui faisait leur gloire, leur bonheur, s'est évanoui en fumée. Ils arrivent dans l'espace pauvres, dépouillés, et ce dénûment subit, contrastant avec leur splendeur passée, avive leurs soucis, leurs cuisants regrets. C'est avec une amertume profonde qu'ils voient au-dessus d'eux, dans la lumière, ceux qu'ils ont dédaignés, méprisés sur terre. Il en est de même pour les réincarnations à venir. L'orgueil, l'ambition avide, ne peuvent s'atténuer et s'éteindre qu'au moyen de vies tourmentées, vies de travail et de renoncement, au cours desquelles l'âme orgueilleuse rentre en elle-même, reconnaît sa faiblesse, s'ouvre peu à peu à des sentiments meilleurs.

Un peu de sagesse et de réflexion nous préserverait de ces maux. Comment pouvons-nous nous laisser envahir et dominer par l'orgueil, lorsqu'il suffit de nous considérer pour voir le peu que nous sommes ? Est-ce notre corps, nos agréments physiques qui nous inspirent de la vanité ? La beauté est de peu de durée; une seule maladie peut la détruire. Chaque jour, le temps fait son œuvre ; encore quelques pas dans la vie, et tous ces avantages seront fanés, flétris ; notre corps ne sera plus qu'une chose repoussante. Est-ce notre supériorité sur la nature ? Que le plus puissant, le mieux doué de nous soit transporté dans un désert où il devra se suffire ; qu'il affronte les éléments déchaînés ; qu'isolé, il s'expose aux colères de l'Océan ; au milieu des fureurs du vent, des ondes ou des feux souterrains, comme sa faiblesse se révélera !

Aux heures de péril, toutes les distinctions sociales, les titres, les avantages de la fortune, se mesurent à leur juste valeur. Nous sommes tous égaux devant le danger, la souffrance et la mort. Tous les hommes, du plus haut placé au plus misérable, sont pétris de la même argile. Revêtus de haillons ou de somptueux habits, leurs corps sont animés par des esprits de même origine, et tous se retrouveront confondus dans la vie future. Seule, leur valeur morale les distinguera. Le plus grand ici-bas peut devenir un des derniers dans l'espace, et le mendiant peut revêtir une robe éclatante. Ne méprisons personne. Ne tirons pas vanité de faveurs, d'avantages passagers. Nul ne sait ce que demain lui réserve.

*
* *

Si Jésus promit l'entrée des célestes royaumes aux humbles et aux petits, c'est que la richesse et la puissance engendrent trop souvent l'orgueil, tandis qu'une vie laborieuse et obscure est l'élément le plus sûr du progrès moral. Dans l'accomplissement de sa tâche journalière, les tentations, les désirs, les appétits malsains assiègent moins le travailleur ; il peut se livrer à la méditation, développer sa conscience ; l'homme du monde, au contraire, est absorbé par les occupations frivoles, la spéculation ou le plaisir.

La richesse nous lie à la terre par des attaches si nombreuses et si intimes, que la mort réussit rarement à les rompre, à nous en délivrer. De là les angoisses du riche dans la vie future. Il est pourtant facile de comprendre que rien n'est à nous, en réalité, sur ce globe. Ces biens, auxquels nous attachons tant de prix, ne nous appartiennent qu'en apparence. Cent autres, mille autres avant nous, ont cru les posséder ; mille autres après nous se berceront des mêmes illusions, et tous les abandonnent tôt ou tard. Notre corps lui-même est un prêt de la nature, et elle sait bien nous le reprendre quand il lui convient. Nos seules acquisitions durables sont d'ordre intellectuel et moral.

De l'amour des biens matériels naissent souvent l'envie et la jalousie. Lorsqu'on porte en soi ces vices, on peut dire adieu à tout repos, à toute paix. La vie devient un perpétuel tourment. Les succès, l'opulence du prochain éveillent chez l'envieux d'ardentes convoitises, une fièvre de possession qui le consument. Il ne songe qu'à éclipser les autres, à acquérir des richesses dont il ne sait même pas jouir. Est-il une existence plus pitoyable! Poursuivre sans cesse un bonheur chimérique, mettre toute son âme dans ces vanités dont la perte nous désespère, n'est-ce pas se créer un supplice de tous les instants?

La richesse n'est cependant pas un mal par elle-même. Elle est bonne ou mauvaise, suivant l'emploi qu'on en fait. L'important est qu'elle n'inspire ni orgueil ni dureté de cœur. Il faut être maître de sa fortune et non pas son esclave, se montrer supérieur à elle, désintéressé et généreux. Dans ces conditions, l'épreuve périlleuse de la richesse devient plus facile à supporter. Elle n'amollit pas les caractères, elle n'éveille pas cette sensualité presque inséparable du bien-être.

La prospérité est dangereuse par les tentations qu'elle donne, par la fascination qu'elle exerce sur les esprits. Elle peut toutefois être la source d'un grand bien, quand on en dispose avec sagesse et mesure.

On peut, par la richesse, contribuer au progrès intellectuel des hommes, à l'amélioration des sociétés, en créant des institutions de bienfaisance ou des écoles, en faisant participer les déshérités aux découvertes de la science et aux révélations du beau sous toutes ses formes. Mais par-dessus tout, la richesse doit se déverser sur ceux qui luttent contre le besoin, sous forme de travail et de secours.

Par contre, consacrer ses ressources à la satisfaction exclusive de sa vanité et de ses sens, c'est perdre son existence et se créer de pénibles entraves. Le riche devra compte du dépôt remis entre ses mains pour le bien de tous. Lorsque la loi inexorable, lorsque le cri de sa conscience s'élèveront contre lui dans ce monde futur où l'or n'a plus d'influence, que répondra-t-il à l'accusation d'avoir détourné à son seul profit ce qui devait apaiser la faim et les souffrances des autres ?

Quand l'esprit ne se sent pas suffisamment armé contre les séductions de la richesse, il devra s'écarter de cette épreuve dangereuse, rechercher de préférence une vie simple, loin des vertiges de la fortune et de la grandeur. Si le sort le destine, malgré tout, à occuper une place élevée en ce monde, qu'il ne s'en réjouisse pas, car sa responsabilité et ses devoirs en seront beaucoup plus étendus. Placé dans les rangs inférieurs de la société, qu'il n'en rougisse jamais. Le rôle des humbles est le plus méritoire ; ce sont eux qui supportent tout le poids de la civilisation ; c'est de leur travail que vit et s'alimente l'humanité. Le pauvre doit être sacré pour tous, car c'est pauvre que Jésus a voulu naître et mourir; c'est la pauvreté qu'ont choisie Épictète, François d'Assise, Michel-Ange, Vincent de Paul et tant de nobles Esprits qui ont vécu en ce monde. Ils savaient que le travail, les privations, la souffrance développent les forces viriles de l'âme, tandis que la prospérité les amoindrit. Dans le détachement des choses humaines, les uns ont trouvé la sanctification, les autres la puissance qui fait le génie.

La pauvreté nous apprend à compatir aux maux des autres, en nous les faisant mieux connaître; elle nous unit à tous ceux qui souffrent; elle donne du prix à mille choses indifférentes pour les heureux. Ceux qui n'ont pas connu ses leçons ignoreront toujours un des côtés les plus touchants de la vie.

N'envions pas les riches, dont la splendeur apparente cache tant de misères morales. N'oublions pas que, sous le cilice de la pauvreté, se cachent les vertus les plus sublimes, l'abnégation, l'esprit de sacrifice. N'oublions jamais que c'est par les labeurs et le sang, par l'immolation continuelle des petits, que les sociétés vivent, se défendent et se renouvellent.

XLVI. — L'Égoïsme.

L'égoïsme est frère de l'orgueil et procède des mêmes causes. C'est une des plus terribles maladies de l'âme, le plus grand obstacle aux améliorations sociales. A lui seul, il neutralise, il rend stériles presque tous les efforts de l'homme vers le bien. Aussi, le combattre doit être la préoccupation constante de tous les amis du progrès, de tous les serviteurs de la justice.

L'égoïsme est la persistance de cet individualisme féroce qui caractérise l'animal, comme un vestige de cet état d'infériorité que nous avons pu subir. Mais l'homme est, avant tout, un être sociable ; il est destiné à vivre avec ses semblables et ne peut rien sans eux. Abandonné à lui-même, il serait impuissant à satisfaire ses besoins, à développer ses qualités.

Après Dieu, c'est à la société qu'il doit tous les bienfaits de l'existence, tous les avantages de la civilisation. Il en jouit, mais précisément cette jouissance, cette participation aux fruits de l'œuvre commune, lui imposent le devoir de coopérer à l'œuvre elle-même. Une étroite solidarité le lie à cette société ; il se doit à elle, comme elle se doit à lui. Rester inactif, improductif, inutile, au milieu du travail de tous, serait un outrage à la morale, presque un vol ; ce serait profiter des labeurs d'autrui, accepter un prêt que l'on se refuse à restituer.

Faisant partie intégrante de la société, tout ce qui l'atteint nous atteint. C'est à cette compréhension du lien social, de la loi de solidarité, que se mesure la dose d'égoïsme qui est en nous.

Celui qui sait vivre en ses semblables et pour ses semblables n'a pas à craindre les atteintes de ce fléau. Il possède un critérium infaillible pour juger sa conduite. Il ne fait rien sans rechercher si ce qu'il projette est bon ou mauvais pour ceux qui l'entourent, sans se demander si ses actes sont nuisibles ou profitables à cette société dont il est membre. S'ils ne paraissent avantageux que pour lui seul et préjudiciables aux autres, il sait qu'en réalité ils sont mauvais pour tous, et il s'en abstient scrupuleusement.

L'avarice est une des formes les plus repoussantes de l'égoïsme. Elle montre la bassesse de l'âme qui, en accaparant des richesses utilisables pour le bien commun, ne sait même pas en profiter. L'avare, dans son amour de l'or, dans son âpreté à l'acquérir, appauvrit ses semblables et reste indigent lui-même, car c'est encore la pauvreté que cette prospérité apparente qui accumule sans profit pour personne, une pauvreté relative, aussi à plaindre que celle des malheureux et le juste objet de la réprobation de tous.

Aucun sentiment élevé, rien de ce qui constitue la noblesse de l'être ne peut germer dans l'âme d'un avare. L'envie, la cupidité qui le tourmentent, le condamnent à une pénible existence, à un avenir plus misérable encore. Rien n'égale son désespoir, lorsque, par delà la tombe, il voit ses trésors partagés ou dispersés.

Vous qui cherchez la paix du cœur, fuyez ce

vice bas et méprisable. Mais ne tombez pas dans l'excès contraire. Ne gaspillez rien. Sachez user de vos ressources avec sagesse et modération.

L'égoïsme porte en lui son propre châtiment. L'égoïste ne voit que sa personne au monde; tout ce qui lui est étranger lui est indifférent.

Aussi les heures de sa vie sont semées d'ennui. Il trouve partout le vide, dans l'existence terrestre comme après la mort, car, hommes ou esprits, tous le fuient.

Au contraire, celui qui coopère dans la mesure de ses forces à l'œuvre sociale, qui vit en communion avec ses semblables, les faisant profiter de ses facultés et de ses biens, comme il profite des leurs, répandant au dehors ce qu'il y a de bon en lui, celui-là se sent plus heureux. Il a conscience d'obéir à la Loi, d'être un membre utile de la société. Tout ce qui s'accomplit dans le monde l'intéresse; tout ce qui est grand et beau le touche et l'émeut; son âme vibre à l'unisson de toutes les âmes éclairées et généreuses, et l'ennui, le désenchantement n'ont pas de prise sur lui.

Notre rôle n'est donc pas de nous abstenir, mais de combattre sans relâche pour la cause du bien et de la vérité. Ce n'est pas assis ou couché qu'il faut contempler le spectacle de la vie humaine ou ses perpétuels enfantements; c'est debout, en pionnier, en soldat prêt à participer à toutes les grandes tâches, à frayer les voies nouvelles, à féconder le patrimoine commun de l'humanité.

Quoique l'égoïsme se rencontre dans tous les rangs de la société, ce vice est plutôt l'apanage du riche que du pauvre. Trop souvent la prospérité dessèche le cœur, tandis que l'infortune, en nous faisant connaître le poids de la douleur, nous apprend à compatir à celle des autres. Le riche sait-il seulement au prix de quelle peine, de quels durs labeurs se créent les mille choses dont se compose son luxe ?

Ne nous asseyons jamais à une table bien servie sans penser à ceux qui souffrent de la faim. Cette pensée nous rendra sobres, mesurés dans nos appétits et nos goûts. Songeons aux millions d'hommes courbés sous les ardeurs de l'été ou sous les dures intempéries, et qui, au prix d'un maigre salaire, retirent du sol les produits qui alimentent nos festins et ornent nos demeures. Rappelons-nous que, pour éclairer nos logis d'une resplendissante lumière ou faire jaillir dans nos foyers la flamme bienfaisante, des hommes, nos semblables, capables comme nous d'aimer, de sentir, travaillent sous la terre, loin du ciel bleu et du gai soleil, et, le pic en main, perforent toute leur vie les entrailles du globe. Sachons que, pour orner nos salons de glaces, de cristaux étincelants, pour produire la foule des objets dont se compose notre bien-être, d'autres hommes, par milliers, semblables à des damnés dans la fournaise, passent leur existence à la chaleur dévorante des hauts fourneaux et des fonderies, privés d'air, usés, brisés avant l'âge, n'ayant pour perspective qu'une vieillesse souffreteuse et dénuée. Sachons-le, tout ce confort dont nous jouissons avec indifférence est acheté par le supplice des humbles et l'écrasement des petits. Que cette pensée nous pénètre et nous obsède ; comme une épée de feu, elle chassera l'égoïsme de nos cœurs et nous forcera à consacrer à l'amélioration du sort des faibles nos biens, nos loisirs, nos facultés.

Car il n'y aura de paix entre les hommes, il n'y aura de sécurité, de bonheur social, que lorsque l'égoïsme sera vaincu, lorsque les privilèges, les inégalités choquantes disparaîtront et que chacun participera, dans la mesure de son travail et de ses mérites, au bien-être de tous. Il ne peut y avoir ni paix ni harmonie sans la justice. Tant que l'égoïsme des uns se nourrira des souffrances et des larmes des autres, tant que les exigences du moi étoufferont la voix du devoir, la haine se perpétuera sur terre, les luttes d'intérêt diviseront les esprits, des tempêtes couveront au sein des sociétés.

Mais, grâce à la connaissance de notre avenir, l'idée de solidarité finira par prévaloir. La loi du retour dans la chair, la nécessité de renaître dans des conditions modestes, seront autant d'aiguillons qui stimuleront l'égoïste. Devant ces perspectives, le sentiment outré de la personnalité s'atténuera pour faire place à une notion plus exacte de notre place et de notre rôle dans l'univers. Nous sachant reliés à toutes les âmes, solidaires de leur avancement et de leur bonheur, nous nous intéresserons davantage à leur situation, à leurs progrès, à leurs travaux. A mesure que ce sentiment se répandra sur le monde, les institutions, les rapports sociaux s'amélioreront; la fraternité, ce mot banal répété par tant de bouches, descendra dans les cœurs et deviendra une réalité. Nous nous sentirons vivre dans les autres, nous jouirons de leurs joies et souffrirons de leurs maux. Il n'y aura plus alors une seule plainte sans écho, une seule douleur sans consolation. La grande famille humaine, forte, paisible, unie, s'avancera d'un pas plus rapide vers ses magnifiques destinées.

XLVII. — LA CHARITÉ.

A l'encontre des religions exclusives qui ont pris pour précepte : « Hors de l'Église point de salut », comme si leur point de vue purement humain pouvait décider du sort des êtres dans la vie future, Allan Kardec place ces paroles en tête de ses œuvres : *Hors la Charité, point de salut.* Les Esprits nous enseignent, en effet, que la charité est la vertu par excellence; elle seule donne la clef des cieux élevés.

« Il faut aimer les hommes, » répètent-ils après le Christ, qui avait résumé en ces mots tous les commandements de la loi morale.

Mais les hommes ne sont point aimables, objecte-t-on. Trop de méchanceté couve en eux, et la charité est bien difficile à pratiquer à leur égard.

Si nous les jugeons ainsi, n'est-ce pas parce que nous nous plaisons à considérer uniquement les mauvais côtés de leur caractère, leurs défauts, leurs passions, leurs faiblesses, oubliant trop souvent que nous n'en sommes pas exempts nous-mêmes, et que, s'ils ont besoin de notre charité, nous n'avons pas moins besoin de leur indulgence ?

Cependant, le mal ne règne pas seul, en ce monde. Il y a aussi du bien en l'homme, des qualités, des vertus. Il y a surtout des souffrances. Si nous voulons être charitables, et nous le devons, dans notre propre intérêt comme dans celui de l'ordre social, ne nous attachons donc pas, dans nos jugements sur nos semblables, à ce qui peut nous porter à la médisance, au dénigrement, mais voyons surtout en l'homme un compagnon d'épreuves, un frère d'armes dans la lutte de la vie. Voyons les maux qu'il endure dans tous les rangs de la société. Quel est celui qui ne cache une plaie, un ver rongeur au fond de son âme ; qui ne supporte le poids de chagrins, d'amertumes ? Si nous nous plaçions à ce point de vue pour considérer le prochain, notre malveillance se changerait vite en sympathie.

Par exemple, on entend souvent récriminer contre la grossièreté et les passions brutales des classes ouvrières, contre les convoitises et les revendications de certains hommes du peuple. Réfléchit-on assez aux mauvais exemples qui les ont entourés dès l'enfance ? Les nécessités de la vie, les besoins impérieux de chaque jour leur imposent une tâche rude et absorbante. Aucun loisir, aucun répit pour éclairer leur intelligence. Les douceurs de l'étude, les jouissances de l'art leur sont inconnues. Que savent-ils des lois morales, de leur destinée, des ressorts de l'univers ? Peu de rayons consolateurs se glissent dans ces ténèbres. Pour eux, la lutte farouche contre la nécessité est de tous les instants. Le chômage, la maladie, la noire misère, les menacent, les harcèlent sans cesse. Quel est le caractère qui ne s'aigrirait au milieu de tant de maux ? Pour les supporter avec résignation, il faut un véritable stoïcisme, une force d'âme d'autant plus admirable qu'elle est plutôt instinctive que raisonnée. Au lieu de jeter la pierre à ces infortunés, attachons-nous à soulager leurs maux, à essuyer leurs larmes, à travailler de toutes nos forces à amener sur terre une répartition plus équitable des biens matériels et des trésors de la pensée. On ne sait pas assez ce que peuvent sur ces âmes aigries une bonne parole, une marque d'intérêt, un cordial serrement de main. Les vices du pauvre nous rebutent, et, cependant, quelle excuse n'y a-t-il pas au fond de sa misère ! Mais nous voulons ignorer ses vertus, qui sont bien plus étonnantes, s'épanouissant dans le bourbier.

Que de dévouements obscurs parmi ces humbles ! Que de luttes héroïques et tenaces contre l'adversité ! Songeons aux innombrables familles qui végètent sans appui, sans secours, à tant d'enfants privés du nécessaire, à tous ces êtres qui grelottent de froid, au fond de réduits humides et sombres, ou dans des mansardes désolées. Quel rôle est celui de la femme du peuple, de la mère de famille dans de tels milieux, lorsque l'hiver s'abat sur la terre, que le foyer est sans feu, la table sans aliments, que sur le lit glacé des haillons remplacent la couverture vendue ou engagée pour avoir du pain ! Son sacrifice n'est-il pas de tous les instants ? Comme son pauvre cœur se brise à la vue des douleurs des siens ! L'oisif opulent ne devrait-il pas rougir d'étaler sa richesse parmi tant de souffrance ? Quelle responsabilité écrasante pour lui, si, au sein de son abondance, il oublie ceux que le besoin accable !

Sans doute, bien des choses répugnantes, beaucoup de fanges se mêlent aux scènes de la vie des petits. Plaintes et blasphèmes, ivrognerie et proxénétisme, enfants sans cœur et parents sans entrailles, toutes les laideurs s'y confondent ; mais, même sous ces dehors repoussants, c'est toujours l'âme humaine qui souffre, l'âme notre sœur, encore digne d'intérêt et d'affection.

L'arracher à la boue du cloaque, la réchauffer, l'éclairer, lui faire gravir degré à degré l'échelle de réhabilitation, quelle grande tâche ! Tout se purifie au feu de la charité. C'est ce feu qui embrasait les Christ, les Vincent de Paul, les Fénelon. C'est dans leur immense amour pour les faibles et les déchus qu'ils trouvaient le principe de leur abnégation sublime.

Il en est de même de tous ceux qui ont la faculté de beaucoup aimer et de beaucoup souffrir. La douleur est pour eux comme une initiation à l'art de consoler et de soulager les autres. Ils savent s'élever au-dessus de leurs propres maux pour ne voir que les maux de leurs semblables et en rechercher le remède. De là, les grands exemples donnés par ces âmes d'élite qui, au fond de leur déchirement, de leur agonie douloureuse, trouvent encore le secret de guérir les blessures des vaincus de la vie.

Mais la charité a d'autres formes que la sollicitude pour les malheureux. La charité matérielle, ou bienfaisance, peut s'appliquer à un certain nombre de nos semblables, sous forme de secours, de soutien, d'encouragements. La charité morale doit s'étendre à tous ceux qui partagent notre vie en ce monde. Elle ne consiste plus en aumônes, mais en une bienveillance qui doit envelopper tous les hommes, du plus vertueux au plus criminel, et régler nos relations avec eux. Celle-là, nous pouvons tous la pratiquer, si modeste que soit notre condition.

La vraie charité est patiente et indulgente. Elle ne froisse, ne dédaigne personne ; elle est tolérante, et si elle cherche à dissuader, c'est avec douceur, sans heurter ni brusquer les idées acquises.

Toutefois, cette vertu est rare. Un certain fond d'égoïsme nous porte plutôt à observer, à critiquer les défauts du prochain, tandis que nous nous aveuglons sur nous-mêmes. Alors qu'il est en nous tant de pourriture, nous exerçons volontiers notre sagacité à faire ressortir les travers de nos semblables. Aussi, la vraie supériorité morale ne va pas sans la charité et sans la modestie. Nous n'avons pas le droit de condamner chez autrui des fautes que nous sommes exposés à commettre ; et, quand même notre élévation morale nous en aurait affranchis pour jamais, nous ne devons pas oublier qu'un temps fut où nous nous débattions contre la passion et le vice.

Il est peu d'hommes qui n'aient de mauvaises habitudes à corriger, de fâcheux penchants à réformer. Rappelons-nous que nous serons jugés avec la même mesure qui nous aura servi à juger nos semblables. Les opinions que nous nous formons sur eux sont presque toujours un reflet de notre propre nature. Soyons plus prompts à excuser qu'à blâmer. On regrette souvent un jugement trop précipité. Évitons surtout de considérer les choses sous un mauvais jour.

Rien n'est plus funeste pour l'avenir de l'âme que les mauvais propos, que cette médisance incessante qui alimente la plupart des conversations. L'écho de nos paroles retentit dans la vie future, la fumée de nos pensées malveillantes forme comme une épaisse nuée dont l'esprit est enveloppé et obscurci. Gardons-nous de ces critiques, de ces appréciations malignes, de ces paroles railleuses qui empoisonnent l'avenir. Fuyons la médisance comme une peste ; retenons sur nos lèvres tout propos amer prêt à s'en échapper. Notre bonheur est à ce prix.

L'homme charitable fait le bien dans l'ombre ; il dissimule ses bonnes actions, tandis que le vaniteux proclame le peu qu'il fait. « La main gauche doit ignorer ce que donne la main droite », a dit Jésus. « Celui qui fait le bien avec ostentation a déjà reçu sa récompense. »

Donner en cachette, être indifférent aux louanges des hommes, c'est montrer une véritable élévation de caractère, c'est se placer au-dessus des jugements d'un monde passager et chercher la justification de ses actes dans la vie qui ne finit pas.

Dans ces conditions, l'ingratitude, l'injustice ne peuvent atteindre l'homme charitable. Il fait le bien parce que c'est son devoir et sans en attendre aucun avantage. Il ne cherche pas de récompense ; il laisse à la loi éternelle le soin de faire découler les conséquences de ses actes, ou plutôt il n'y songe même pas. Il est généreux sans calcul. Pour obliger les autres, il sait se priver lui-même, pénétré de l'idée qu'il n'y a nul mérite à donner son superflu. C'est pourquoi l'obole du pauvre, le denier de la veuve, le morceau de pain que le prolétaire partage avec son compagnon d'infortune, ont plus de prix que les largesses du riche.

Il est mille manières de se rendre utile, de venir au secours de ses frères. Le pauvre, dans son dénûment, peut encore secourir plus pauvre que lui. L'or ne tarit pas toutes les larmes et ne panse pas toutes les plaies. Il est des maux pour lesquels une amitié sincère, une ardente sympathie, une effusion de l'âme feront plus que toutes les richesses.

Soyons généreux pour ceux qui ont succombé dans la lutte contre leurs passions et ont été entraînés dans le mal, généreux pour les pécheurs, les criminels, les endurcis. Savons-nous par quelles phases cruelles ces âmes ont passé, quelles souffrances elles ont endurées avant de faillir ? Avaient-elles cette connaissance des lois supérieures qui soutient à l'heure du péril ? Ignorantes, incertaines, agitées par tous les souffles du dehors, pouvaient-elles résister et vaincre ? Souvenons-nous que la responsabilité est proportionnelle au savoir et qu'il sera beaucoup demandé à celui qui possède la vérité. Soyons pitoyables pour les petits, les débiles, les affligés, pour tous ceux qui saignent des blessures de l'âme ou du corps. Recherchons les milieux où les douleurs abondent, où les cœurs se brisent, où les existences se dessèchent dans le désespoir et l'oubli. Descendons dans ces abîmes de misère, afin d'y porter les consolations qui relèvent, les bonnes paroles qui réconfortent, les exhortations qui vivifient, afin d'y faire luire l'espérance, ce soleil des malheureux. Efforçons-nous d'en arracher quelque victime, de la purifier, de la sauver du mal, de lui ouvrir la voie honorable. C'est seulement par le dévouement et l'affection que nous rapprocherons les distances, que nous préviendrons les cataclysmes sociaux, en éteignant la haine qui couve au cœur des déshérités.

Tout ce que l'homme fait pour son frère se grave dans le grand livre fluidique dont les pages se déroulent à travers l'espace, pages lumineuses où s'inscrivent nos actes, nos sentiments, nos pensées. Et ces dettes nous seront payées amplement dans les existences futures.

Rien n'est perdu, ni oublié. Les liens qui unissent les âmes à travers les temps sont tissés des bienfaits du passé. La sagesse éternelle a tout réglé pour le bien des êtres. Les bonnes œuvres accomplies ici-bas deviennent, pour leur auteur, la source d'infinies jouissances dans l'avenir.

La perfection de l'homme se résume en deux mots : Charité, Vérité. La charité est la vertu par excellence ; elle est d'essence divine. Elle rayonne sur les mondes, elle réchauffe les âmes comme un regard, comme un sourire de l'Éternel. Elle surpasse en résultats le savoir, le génie. Ceux-ci ne vont pas sans quelque orgueil. Ils sont contestés, parfois méconnus, mais la charité, toujours douce et bienveillante, attendrit les cœurs les plus durs, désarme les esprits les plus méchants, en les inondant d'amour.

XLVIII. — Douceur, Patience, Bonté.

Si l'orgueil est le père d'une foule de vices, la charité donne naissance à bien des vertus. La patience, la douceur, la réserve dans les propos, dérivent d'elle. Il est facile à l'homme charitable d'être patient et doux, de pardonner les offenses qui lui sont faites. La miséricorde est compagne de la bonté. Une âme élevée ne peut connaître la haine, ni pratiquer la vengeance. Elle plane au-dessus des basses rancunes ; elle voit les choses de haut. Comprenant que les torts des hommes ne sont que le résultat de leur ignorance, elle n'en conçoit ni fiel, ni ressentiment. Elle sait que pardonner, oublier les torts du prochain, c'est anéantir tout germe d'inimitié, c'est effacer toute cause de discorde dans l'avenir, aussi bien sur la terre que dans la vie de l'espace.

La charité, la mansuétude, le pardon des injures nous rendent invulnérables, insensibles aux bassesses et aux perfidies. Elles provoquent notre détachement progressif des vanités terrestres et nous habituent à porter nos regards vers les choses que la déception ne peut atteindre.

Pardonner est le devoir de l'âme qui aspire aux cieux élevés. Que de fois n'avons-nous pas eu besoin nous-mêmes de ce pardon ? Combien ne l'avons-nous pas demandé ? Pardonnons, afin qu'il nous soit pardonné ! Nous ne pourrions obtenir pour nous ce que nous refusons aux autres. Si nous voulons nous venger, que ce soit par de bonnes actions. Le bien fait à qui nous offense désarme notre ennemi. Sa haine se change en étonnement, et son étonnement en admiration. En réveillant sa conscience endormie, cette leçon peut produire en lui une impression profonde. Par ce moyen, peut-être aurons-nous, en l'éclairant, arraché une âme à la perversité.

Le seul mal que l'on doive signaler et combattre, c'est celui qui rejaillit sur la société.

Quand il se présente sous la forme de l'hypocrisie, de la duplicité, du mensonge, nous devons le démasquer, car d'autres personnes pourraient en souffrir ; mais il est beau de garder le silence sur ce qui atteint nos seuls intérêts ou notre amour-propre.

La vengeance sous toutes ses formes, le duel, la guerre sont des vestiges de la sauvagerie primitive, l'héritage d'un monde barbare et arriéré. Celui qui a entrevu l'enchaînement grandiose des lois supérieures, de ce principe de justice dont les effets se répercutent à travers les temps, celui-là peut-il songer à se venger ?

Se venger, c'est faire deux fautes, deux crimes d'un seul ; c'est se rendre aussi coupable que l'offenseur lui-même. Quand l'outrage ou l'injustice nous frappent, imposons silence à notre dignité blessée, songeons à ceux que, dans le passé obscur, nous avons nous-mêmes offensés, outragés, spoliés, et subissons l'injure comme une réparation. Ne perdons pas de vue le but de l'existence, que ces accidents nous feraient oublier. Ne quittons pas la voie droite et sûre ; ne nous laissons pas entraîner par la passion sur les pentes dangereuses qui nous ramèneraient à la bestialité ; gravissons-les plutôt avec un redoublement de courage. La vengeance est une folie qui nous ferait perdre le fruit de bien des progrès, reculer sur le chemin parcouru. Un jour, lorsque nous aurons quitté la terre, peut-être bénirons-nous ceux qui auront été durs, impitoyables envers nous, qui nous auront dépouillés, abreuvés d'amertume; nous les bénirons, car de leurs iniquités sera sorti notre bonheur spirituel. Ils croyaient nous faire du mal, et ils auront facilité notre avancement, notre élévation, en nous donnant l'occasion de souffrir sans murmure, de pardonner et d'oublier.

La patience est cette qualité qui nous apprend à supporter avec calme tous les ennuis. Elle ne consiste pas à éteindre en nous toute sensation, à nous rendre indifférents, inertes, mais à rechercher, au delà des horizons du présent, les consolations qui nous font considérer comme futiles et secondaires les tribulations de la vie matérielle.

La patience mène à la bienveillance. Comme autant de miroirs, les âmes nous renvoient le reflet des sentiments qu'elles nous inspirent. La sympathie appelle la sympathie, et l'indifférence engendre l'aigreur.

Apprenons, quand c'est nécessaire, à réprimander avec douceur, à discuter sans emportement, à juger toutes choses avec bienveillance et modération. Recherchons les entretiens utiles, les questions d'un intérêt sérieux; fuyons les conversations frivoles et aussi tout ce qui passionne et surexcite.

Gardons-nous de la colère, qui est le réveil

de tous les instincts sauvages, amortis en nous par le progrès et la civilisation, une réminiscence de nos vies obscures. En chaque homme, la bête subsiste encore par certains côtés, la bête que nous devons dompter à force d'énergie, si nous ne voulons être dominés, asservis par elle. Dans la colère, ces instincts assoupis se réveillent et de l'homme font un fauve. Alors s'évanouissent toute dignité, toute raison, tout respect de soi-même. La colère nous aveugle, nous fait perdre la conscience de nos actes et, dans ses fureurs, peut nous conduire jusqu'au crime.

Il est dans la nature du sage de se posséder toujours, et la colère est l'indice d'un caractère arriéré. Celui qui y est enclin devra veiller avec soin sur ses impressions, étouffer en lui le sentiment de la personnalité, éviter de rien faire, de rien dire, tant qu'il se sentira sous l'empire de cette redoutable passion.

Efforçons-nous d'acquérir la bonté, qualité ineffable, auréole de la vieillesse, la bonté, doux foyer où se réchauffent toutes les créatures et qui vaut à son possesseur ce culte du cœur rendu par les humbles et les petits à leurs soutiens et à leurs protecteurs.

L'indulgence, la sympathie, la bonté apaisent les hommes, les attirent à nous, les disposent à prêter à nos avis une oreille confiante, tandis que la sévérité les rebute et les éloigne. La bonté nous crée ainsi une sorte d'autorité morale sur les âmes, nous fournit plus de chances de les émouvoir, de les ramener au bien. Faisons-nous donc de cette vertu un flambeau, à l'aide duquel nous porterons la lumière dans les intelligences les plus obscures, tâche délicate, mais qu'un sentiment profond de la solidarité, un peu d'amour pour nos frères rendront facile.

XLIX. — L'Amour.

L'amour, c'est la céleste attraction des âmes et des mondes, la puissance divine qui relie les univers, les gouverne et les féconde ; l'amour, c'est le regard de Dieu !

Ne décorez pas d'un tel nom l'ardente passion qu'attisent des désirs charnels. Ce n'est là qu'une ombre, un grossier pastiche de l'amour. Non, l'amour est le sentiment supérieur en qui se fondent et s'harmonisent toutes les qualités du cœur; c'est le couronnement des vertus humaines, de la douceur, de la charité, de la bonté ; c'est l'éclosion dans l'âme d'une force qui nous entraîne au-dessus de la matière, vers des hauteurs divines, nous unit à tous les êtres et éveille en nous des félicités intimes, qui laissent bien loin toutes les voluptés terrestres.

Aimer, c'est se sentir vivre en tous et pour tous, c'est se consacrer jusqu'au sacrifice, jusqu'à la mort, à une cause ou à un être. Si vous voulez savoir ce qu'est aimer, considérez les grandes figures de l'humanité et, au-dessus de toutes, le Christ, pour qui l'amour était toute la morale et toute la religion. N'a-t-il pas dit : « *Aimez vos ennemis,* etc. » ? (Voir p. 78.)

En nous tenant ce langage, le Christ n'exige pas de notre part une affection qui ne peut être dans notre cœur, mais bien l'absence de toute haine, de tout esprit de vengeance, une disposition sincère à aider, dans l'occasion, ceux qui nous affligent, à leur tendre une main secourable.

Une sorte de misanthropie, de lassitude morale, éloigne parfois de bons esprits du reste de l'humanité; Il faut réagir contre cette tendance à l'isolement, en considérant tout ce qu'il y a de grand et de beau dans l'être humain, en se rappelant toutes les marques d'affection, tous les actes bienveillants, dont on a été l'objet. Que devient l'homme séparé de ses semblables, privé de la famille et de la patrie? Un être inutile et malheureux. Ses facultés s'étiolent, ses forces s'amoindrissent, la tristesse l'envahit. On ne progresse pas seul. Aussi faut-il vivre avec les hommes, voir en eux des compagnons nécessaires. La bonne humeur est la santé de l'âme. Laissons notre cœur s'ouvrir aux impressions saines et fortes. Aimons pour être aimés !

Si notre sympathie doit s'étendre à tout ce

qui nous entoure, êtres et choses, à tout ce qui nous aide à vivre, et même aux membres inconnus de la grande famille humaine, quel amour profond, inaltérable, ne devons-nous pas à nos parents : au père dont la sollicitude soutint notre enfance, qui longtemps peina pour aplanir devant nous le rude sentier de la vie ; à la mère qui nous a portés, réchauffés sur son sein, qui a veillé avec angoisse sur nos premiers pas et nos premières douleurs ! De quel tendre dévouement ne devons-nous pas entourer leur vieillesse, reconnaître leur affection, leurs soins assidus !

A la patrie nous devons également notre cœur et notre sang. Elle recueille et transmet l'héritage des nombreuses générations qui travaillent et souffrent pour édifier une civilisation dont nous recevons les bienfaits en naissant. Gardienne des trésors intellectuels accumulés par les âges, elle veille à leur conservation, à leur développement, et, mère généreuse, elle les dispense à tous ses enfants. Ce patrimoine sacré, sciences et arts, lois, institutions, ordre et libertés, tout l'immense outillage sorti de la pensée et des mains des hommes, tout ce qui constitue la richesse, la grandeur, le génie d'une nation, nous en avons notre part. Sachons élever nos devoirs envers la patrie à la hauteur des avantages qu'elle nous procure. Sans elle, sans cette civilisation qu'elle nous lègue, nous ne serions que des sauvages.

Vénérons la mémoire de ceux qui ont contribué

par leurs veilles et leurs efforts à réunir et à augmenter cet héritage, la mémoire des héros qui ont défendu la patrie aux heures terribles, de tous ceux qui ont, jusqu'au seuil de la mort, proclamé la vérité, servi la justice et nous ont transmis, rouges de leur sang, les libertés, les progrès dont nous jouissons.

∴

L'amour, profond comme la mer, infini comme le ciel, embrase tous les êtres. Dieu en est le foyer. Comme le soleil se lève indifféremment sur toutes choses et réchauffe la nature entière, l'amour divin vivifie toutes les âmes; ses rayons, pénétrant à travers les ténèbres de notre égoïsme, vont allumer des lueurs tremblantes au fond de chaque cœur humain. Tous les êtres sont faits pour aimer. Les parcelles de vie morale, les germes du bien qui reposent en eux, fécondés par le foyer suprême, s'épanouiront un jour, fleuriront jusqu'à ce qu'ils soient réunis dans une même communion d'amour, dans une fraternité universelle.

Qui que vous soyez, vous qui lisez ces pages, sachez que nous nous rencontrerons un jour, soit en ce monde, dans des existences ultérieures, soit sur une sphère plus avancée, ou dans l'immensité des espaces; que nous sommes destinés à nous influencer dans le sens du bien, à nous aider dans notre ascension commune. Enfants de Dieu, membres de la grande famille des esprits, marqués au front du signe de l'immortalité, nous sommes destinés à nous connaître, à nous unir dans la sainte harmonie des lois et des choses, loin des passions et des grandeurs mensongères de la terre. En attendant ce jour, que ma pensée aille vers toi, ô mon frère ou ma sœur, comme un témoignage de douce sympathie ; qu'elle te soutienne dans tes doutes, qu'elle te console dans tes douleurs, qu'elle te relève dans tes défaillances, qu'elle se joigne à la tienne pour demander à notre père commun de nous aider à conquérir un avenir meilleur.

L. — Résignation dans l'Adversité.

La souffrance est une loi de notre monde. Dans toutes les conditions, dans tous les âges, sous tous les climats, l'homme a souffert, l'homme a pleuré. Malgré les progrès sociaux, des millions d'êtres ploient encore sous le poids de la douleur. Les classes supérieures ne sont pas exemptes de maux. Chez les esprits cultivés, la sensibilité, plus éveillée, plus exquise, amène des impressions plus vives. Le riche, comme le pauvre, souffre en sa chair et en son cœur. De tous les points du globe, la plainte humaine monte dans l'étendue.

Même au sein de l'abondance, un sentiment

d'accablement, une vague tristesse s'empare parfois des âmes délicates. Elles sentent que le bonheur est irréalisable ici-bas, qu'il n'y luit qu'en fugitifs éclairs. L'esprit aspire à des vies, à des mondes meilleurs; une sorte d'intuition lui dit que la terre n'est pas tout. Pour l'homme nourri de la philosophie des Esprits, cette intuition vague se change en certitude. Il sait où il va, il connaît le pourquoi de ses maux, la raison d'être de la souffrance. Au delà des ombres et des angoisses de la terre, il entrevoit l'aube d'une nouvelle vie.

Pour peser les biens et les maux de l'existence, pour savoir ce que sont le bonheur et le malheur véritables, il faut s'élever au-dessus du cercle étroit de la vie terrestre. La connaissance de la vie future, du sort qui nous y attend nous permet de mesurer les conséquences de nos actes et leur influence sur notre avenir.

Envisagé à ce point de vue, le malheur pour l'être humain ne sera plus la souffrance, la perte des siens, les privations, la misère; non, ce sera tout ce qui le souille, l'amoindrit ou fait obstacle à son avancement. Le malheur, pour celui qui considère seulement le présent, peut être la pauvreté, les infirmités, la maladie. Pour l'esprit qui plane de haut, ce sera l'amour du plaisir, l'orgueil, la vie inutile et coupable. On ne peut juger une chose sans voir tout ce qui en découle, et c'est pourquoi nul ne comprendra la vie, s'il n'en connaît ni le but, ni les lois. Les épreuves, en purifiant l'âme, préparent son élévation et son bonheur, tandis que les joies de ce monde, les richesses, les passions l'amollissent, lui ménagent dans l'autre vie d'amères déceptions. Aussi celui qui souffre en son âme et en son corps, celui que l'adversité accable peut espérer et lever son regard confiant vers le ciel ; il paie sa dette à la destinée et conquiert la liberté ; mais celui qui se complaît dans la sensualité forge ses propres chaînes, accumule de nouvelles responsabilités, qui pèseront lourdement sur ses jours futurs.

La douleur, sous ses formes multiples, est le remède suprême aux imperfections, aux infirmités de l'âme. Sans elle, pas de guérison possible. De même que les maladies organiques sont souvent le résultat de nos excès, les épreuves morales qui nous atteignent sont la résultante de nos fautes passées. Tôt ou tard, ces fautes retombent sur nous, avec leurs conséquences logiques. C'est la loi de justice, d'équilibre moral. Sachons en accepter les effets, comme nous acceptons les remèdes amers, les opérations douloureuses qui doivent rendre la santé, l'agilité à notre corps. Alors même que les chagrins, les humiliations et la ruine nous accablent, subissons-les avec patience. Le laboureur déchire le sein de la terre pour en faire jaillir la moisson dorée. Ainsi, de notre âme déchirée, surgira une abondante moisson morale.

L'action de la douleur détache de nous ce qui est impur et mauvais, les appétits grossiers, les vices, les désirs, tout ce qui vient de la terre et doit retourner à la terre. L'adversité est la grande école, le champ fertile des transformations. Sous ses enseignements, les passions mauvaises se changent peu à peu en passions généreuses, en amour du bien. Rien n'est perdu. Mais cette transformation est lente et difficile. La souffrance, la lutte constante contre le mal, le sacrifice de soi-même peuvent seuls la réaliser. Par eux, l'âme acquiert l'expérience et la sagesse. Le fruit vert et acide qu'elle était se change, sous les ondes régénératrices de l'épreuve, sous les rayons du soleil divin, en un fruit doux, parfumé, mûr pour les mondes supérieurs.

Seule, l'ignorance des lois universelles nous fait prendre nos maux en dégoût. Si nous comprenions combien ces maux sont nécessaires à notre avancement, si nous savions en aimer l'amertume, ils ne nous paraîtraient plus un fardeau. Pourtant, nous haïssons tous la douleur, nous n'en sentons l'utilité que lorsque nous avons quitté le monde où elle exerce son empire. Son œuvre est féconde cependant. Elle fait éclore en nous des trésors de pitié, de tendresse, d'affection. Ceux qui ne l'ont jamais connue ont peu de valeur. A peine la surface de leur âme est-elle défrichée. Rien n'est profond en eux, ni le sentiment, ni la raison. N'ayant pas subi la souffrance, ils restent indifférents, insensibles à celle des autres.

Dans notre aveuglement, nous maudissons nos existences obscures, monotones, douloureuses ; mais, lorsque nous élevons nos regards au-dessus des horizons bornés de la terre ; lorsque nous avons discerné le véritable motif de la vie, nous comprenons que ces vies sont précieuses, indispensables pour dompter les esprits orgueilleux, pour nous soumettre à cette discipline morale sans laquelle il n'est pas de progrès.

Libres de nos actions, exempts de maux, de soucis, nous nous laissons aller à la fougue de nos passions, à l'entraînement de notre caractère. Loin de travailler à notre amélioration, nous ne faisons qu'ajouter à nos fautes passées des fautes nouvelles, tandis que, comprimés par la souffrance, dans des existences humbles, nous nous habituons à la patience, à la réflexion, nous acquérons ce calme de la pensée qui, seul, permet d'entendre la voix d'en haut, la voix de la raison.

C'est au creuset de la douleur que se forment les grandes âmes. Parfois, sous nos yeux, des anges de bonté viennent vider le calice d'amertume, afin de donner l'exemple à ceux qu'emporte la tourmente des passions. L'épreuve est la réparation nécessaire, acceptée avec connaissance de cause par beaucoup d'entre nous. Que cette pensée nous inspire aux moments de défaillance;

que le spectacle des maux supportés avec une résignation touchante nous donne la force de rester fidèles à nos propres engagements, aux résolutions viriles prises avant le retour dans la chair.

La foi nouvelle a résolu le problème de l'épuration par la douleur. La voix des Esprits nous encourage aux heures difficiles. Ceux-là mêmes qui subirent toutes les agonies de l'existence terrestre nous disent aujourd'hui :

« J'ai souffert et n'ai été heureux que de mes souffrances. Elles ont racheté bien des années de luxe et de mollesse. La souffrance m'a appris à penser, à prier ; au milieu des enivrements du plaisir, jamais la réflexion salutaire n'avait pénétré dans mon âme, jamais la prière n'avait effleuré mes lèvres. Bénies soient mes épreuves, puisqu'elles m'ont enfin ouvert la voie qui conduit à la sagesse et à la vérité (1) ! »

Voilà l'œuvre de la souffrance ! N'est-ce pas la plus grande de toutes celles qui s'accomplissent dans l'humanité ? Elle se poursuit en silence, en secret, mais les résultats en sont incalculables. Détachant l'âme de tout ce qui est bas, matériel, transitoire, elle l'élève, la tourne vers l'avenir, vers les mondes supérieurs, son héritage. Elle lui parle de Dieu et des lois éternelles. Certes, il est beau d'avoir une fin glorieuse, de mourir jeune, en héros. L'histoire

---

(1) Communication médianimique reçue par l'auteur.

enregistrera votre nom, et les générations rendront à votre mémoire leur tribut d'admiration. Mais une longue vie de douleurs, de maux patiemment subis est autrement féconde pour l'avancement de l'esprit. L'histoire n'en dira rien, sans doute. Toutes ces vies obscures et muettes, vies de lutte silencieuse et de recueillement, tombent dans l'oubli, mais ceux qui les ont accomplies trouvent dans la lumière spirituelle leur récompense. La douleur seule assouplit notre cœur, avive les feux de notre âme. C'est le ciseau qui lui donne ses proportions harmoniques, affine ses contours, la fait resplendir de sa plus parfaite beauté. Une œuvre de sacrifice, lente, continue, produit de plus grands effets qu'un acte sublime, mais isolé.

Consolez-vous donc, vous tous, ignorés, qui souffrez dans l'ombre de maux cruels, et vous que l'on méprise pour votre ignorance et vos facultés restreintes. Apprenez que parmi vous se trouvent de grands Esprits, qui ont voulu renaître ignorants pour s'humilier, abandonnant pour un temps leurs facultés brillantes, leurs aptitudes, leurs talents. Bien des intelligences sont voilées par l'expiation ; mais, à la mort, ces voiles tombent, et ceux que l'on dédaignait pour leur peu de savoir, éclipseront les orgueilleux qui les repoussaient. Il ne faut mépriser personne. Sous d'humbles et chétives apparences et jusque parmi les idiots et les fous, de grands esprits, cachés dans la chair, expient un passé redoutable.

O vies humbles et douloureuses, trempées de larmes, sanctifiées par le devoir, vies de luttes et de renoncement, existences de sacrifice pour la famille, pour les faibles, les petits; dévouements inconnus, abnégations ignorées, plus méritoires que les dévouements célèbres, vous êtes autant d'échelons qui conduisent l'âme à la félicité! C'est à vous, c'est aux obstacles, aux humiliations dont vous êtes semées qu'elle doit sa pureté, sa force, sa grandeur. Vous seules, en effet, dans les angoisses de chaque jour, dans les immolations imposées, vous lui apprenez la patience, la résolution, la constance, toute la sublimité de la vertu, et elle vous devra cette couronne, cette auréole splendide, promise dans l'espace au front de ceux qui ont souffert, lutté et vaincu.

..

S'il est une cruelle épreuve, c'est la perte des êtres aimés; c'est quand, l'un après l'autre, on les voit disparaître, enlevés par la mort, et que la solitude se fait peu à peu autour de nous, pleine de silence et de nuit.

Ces départs successifs de tous ceux qui nous furent chers sont autant d'avertissements solennels; ils nous arrachent à notre égoïsme; ils nous montrent la puérilité de nos préoccupations matérielles, de nos ambitions terrestres et nous invitent à nous préparer à ce grand voyage.

La perte d'une mère est irréparable. Quel vide en nous, autour de nous, lorsque cette amie, la meilleure, la plus ancienne et la plus sûre de toutes, descend au tombeau ; que ces yeux, qui nous contemplèrent avec amour, se ferment pour jamais ; que ces lèvres, qui se posèrent si souvent sur notre front, se refroidissent ! L'amour d'une mère, n'est-ce pas ce qu'il y a de plus pur, de plus désintéressé ? N'est-ce pas comme un reflet de la bonté de Dieu ?

La mort de nos enfants est aussi une source d'amers chagrins. Un père, une mère ne sauraient sans déchirement voir disparaître l'objet de leur affection. C'est à ces heures désolées que la philosophie des Esprits nous est d'un grand secours. A nos regrets, à notre douleur de voir ces existences pleines de promesses sitôt brisées, elle répond qu'une mort prématurée est souvent un bien pour l'esprit qui s'en va et se trouve affranchi des périls et des séductions de la terre. Cette vie si courte — pour nous inexplicable mystère — avait sa raison d'être. L'âme confiée à nos soins, à nos tendresses, y venait parfaire ce qu'avait eu d'insuffisant pour elle une incarnation précédente. Nous ne voyons ces choses qu'au point de vue humain, et de là viennent nos erreurs. Le séjour de ces enfants sur terre nous aura été utile. Il aura fait naître dans notre cœur les saintes émotions de la paternité, ces sentiments délicats, jusqu'alors inconnus de nous, qui attendrissent et rendent meilleur. Il aura formé de nous à eux des liens assez puissants pour nous attacher à ce monde invisible qui nous réunira tous. Car c'est là qu'est la beauté de la doctrine des Esprits. Avec elle, ces êtres ne sont pas perdus pour nous. Ils nous quittent un instant, mais nous sommes destinés à les rejoindre.

Que dis-je? notre séparation n'est qu'apparente. Ces âmes, ces enfants, cette mère bien-aimés sont près de nous. Leurs fluides, leurs pensées nous enveloppent; leur amour nous protège. Nous pouvons parfois même communiquer avec eux, recevoir leurs encouragements, leurs conseils. Leur affection pour nous n'est pas évanouie. La mort l'a rendue plus profonde et plus éclairée. Ils nous exhortent à chasser loin de nous cette vaine tristesse, ces chagrins stériles, dont le spectacle les rend malheureux. Ils nous supplient de travailler avec courage et persévérance à notre amélioration, afin de les retrouver, de nous réunir à eux dans la vie spirituelle.

* * *

C'est un devoir de lutter contre l'adversité. S'abandonner, se laisser aller à la paresse, subir sans réagir les maux de la vie serait une lâcheté. Les difficultés que nous avons à vaincre exercent et développent notre intelligence. Cependant, lorsque nos efforts restent superflus, lorsque l'inévitable se dresse, l'heure est venue de faire appel à la résignation. Nulle puissance ne saurait détourner de nous les conséquences du passé. Se révolter contre la loi morale serait aussi insensé que de vouloir résister aux lois de la distance et de la pesanteur. Un fou peut chercher à lutter contre la nature immuable des choses, tandis que l'esprit sensé trouve dans l'épreuve un moyen de se retremper, de fortifier ses qualités viriles. L'âme intrépide accepte les maux de la destinée ; mais, par la pensée, elle s'élève au-dessus d'eux et s'en fait un marchepied pour atteindre à la vertu.

Les afflictions les plus cruelles, les plus profondes, lorsqu'elles sont acceptées avec cette soumission qui est le consentement de la raison et du cœur, indiquent généralement le terme de nos maux, l'acquittement de la dernière fraction de notre dette. C'est l'instant décisif où il importe de rester ferme, de faire appel à toute notre résolution, à notre énergie morale, afin de sortir victorieux de l'épreuve et d'en recueillir les avantages.

Souvent, aux heures difficiles, la pensée de la mort vient nous visiter. Il n'est pas répréhensible de demander la mort, mais elle n'est vraiment désirable qu'après avoir triomphé de toutes nos passions. A quoi bon désirer la mort, si, n'étant pas guéris de nos vices, il faut revenir encore nous purifier par de pénibles incarnations? Nos fautes sont comme la tunique du centaure collée à notre être, et dont le repentir et l'expiation peuvent seuls nous débarrasser.

La douleur règne toujours en souveraine sur le monde, et pourtant un examen attentif nous montrerait avec quelle sagesse et quelle prévoyance la volonté divine en a gradué les effets. D'étapes en étapes, la nature s'achemine vers un ordre de choses moins farouche, moins violent. Aux premiers âges de notre planète, la douleur était la seule école, le seul aiguillon pour les êtres. Mais peu à peu la souffrance s'atténue ; des maux effroyables, la peste, la lèpre, la famine disparaissent. Déjà, les temps où nous vivons sont moins âpres que le passé. L'homme a dompté les éléments, rapproché les distances, conquis la terre. L'esclavage n'est plus. Tout évolue et progresse. Lentement, mais sûrement, le monde et la nature elle-même s'améliorent. Ayons confiance en la puissance directrice de l'univers. Notre esprit borné ne saurait juger l'ensemble de ses moyens. Dieu seul a la notion exacte de cette cadence rythmée, de cette alternance nécessaire, de la vie et de la mort, de la nuit et du jour, de la joie et de la douleur, d'où se dégagent finalement le bonheur et l'élévation des êtres. Laissons-lui donc le soin de fixer l'heure de notre départ et attendons-la, sans la désirer ni la craindre.

Enfin, la voie d'épreuves est parcourue ; le juste sent que le terme est proche. Les choses de la terre pâlissent de jour en jour à ses yeux. Le soleil lui semble terne, les fleurs incolores, le chemin plus rocailleux. Plein de confiance, il voit s'approcher la mort. Ne sera-t-elle pas le calme après la tempête, le port après une traversée orageuse ?

Qu'il est grand, le spectacle offert par l'âme résignée, s'apprêtant à quitter la terre après une vie douloureuse ! Elle jette un dernier regard sur son passé ; elle revoit, dans une sorte de pénombre, les mépris endurés, les larmes refoulées, les gémissements étouffés, les souffrances bravement supportées. Doucement, elle sent se détacher les entraves qui l'enchaînaient à ce monde. Elle va abandonner son corps de boue, laisser bien loin derrière elle toutes les servitudes matérielles. Que pourrait-elle craindre ? N'a-t-elle pas fait preuve d'abnégation, sacrifié ses intérêts à la vérité, au devoir ? N'a-t-elle pas bu jusqu'à la lie le calice purificateur ?

Elle voit aussi ce qui l'attend. Les images fluidiques de ses actes de sacrifice et de renoncement, ses pensées généreuses l'ont devancée, semant, comme des jalons brillants, la voie de son ascension. Ce sont les trésors de sa vie nouvelle.

Elle distingue tout cela, et son regard s'élève

encore plus haut, là où l'on n'aborde qu'avec la lumière au front, l'amour et la foi au cœur.

A ce spectacle, une joie céleste la pénètre; elle regrette presque de ne pas avoir assez souffert. Une dernière prière, comme un cri d'allégresse, jaillit des profondeurs de son être et monte vers son Père, vers son Maître bien-aimé. Les échos de l'espace répètent ce cri de délivrance, auquel se joignent les accents des esprits heureux, qui se pressent en foule pour la recevoir.

LI. — La Prière.

La prière doit être un épanchement intime de l'âme à Dieu, un entretien solitaire, une méditation toujours utile, souvent féconde. C'est le refuge par excellence des affligés, des cœurs meurtris. Aux heures d'accablement, de déchirement intérieur et de désespoir, qui n'a trouvé dans la prière, le calme, le réconfort, un adoucissement à ses maux ? Un dialogue mystérieux s'établit entre l'âme souffrante et la puissance évoquée. L'âme expose ses angoisses, ses défaillances; elle implore secours, appui, indulgence. Et alors, dans le sanctuaire de la conscience, une voix secrète répond, la voix de Celui d'où proviennent toute force pour les luttes de ce monde, tout baume pour nos blessures, toute lumière pour nos incertitudes. Et cette voix console, relève, persuade ; elle fait descendre en nous le courage, la soumission, la résignation stoïque. Nous nous relevons moins tristes, moins accablés ; un rayon de soleil divin a lui en notre âme, y a fait éclore l'espérance.

Il est des hommes qui médisent de la prière, qui la trouvent banale, ridicule. Ceux-là n'ont jamais prié ou n'ont jamais su prier. Ah ! sans doute, s'il ne s'agit que des patenôtres débitées sans conviction, de ces récitations aussi vaines qu'interminables, de toutes ces oraisons classées et numérotées, que les lèvres balbutient et où le cœur n'a point de part, on peut comprendre leurs critiques ; mais ce n'est pas là la prière. La prière est une élévation au-dessus des choses terrestres, un ardent appel aux puissances supérieures, un élan, un coup d'aile vers des régions que ne troublent pas les murmures, les agitations d'un monde matériel et où l'être puise les inspirations qui lui sont nécessaires. Et plus son élan est puissant, plus son appel est sincère, plus distinctes, plus claires se révèlent à lui les harmonies, les voix, les beautés des mondes supérieurs. C'est comme une fenêtre qui s'ouvre sur l'invisible, sur l'infini, et par où il perçoit mille impressions consolantes et sublimes. Ces impressions, il s'en imprègne, s'en enivre, il s'y retrempe comme dans un bain fluidique, régénérateur.

Dans ces entretiens de l'âme avec la Puissance suprême, le langage ne doit être rien moins que préparé, noté d'avance ; surtout il ne doit pas être une formule, dont on mesure la longueur à la somme qu'elle rapporte, ce qui devient une profanation, presque un sacrilège. Le langage de la prière doit varier suivant les besoins, l'état d'esprit de l'être humain. C'est un cri, une plainte, une effusion ou un chant d'amour, un acte d'adoration ou un examen de ses actes, un inventaire moral fait sous l'œil de Dieu, ou encore une simple pensée, un souvenir, un regard levé vers les cieux.

Il n'est pas d'heures pour la prière. Il est bon, sans doute, d'élever son cœur à Dieu au début et à la fin de la journée. Mais, si vous vous sentez mal disposé, ne priez pas. En revanche, lorsque votre âme est attendrie, remuée par un sentiment profond, par le spectacle de l'infini, que ce soit au bord des océans, sous la clarté du jour ou sous la coupole étincelante des nuits, au milieu des champs et des bois ombreux, dans le silence des forêts, alors, priez ; toute cause est bonne et grande qui mouille vos yeux de larmes, fait ployer vos genoux et jaillir de votre cœur un hymne d'amour, un cri d'adoration vers la Puissance éternelle qui guide vos pas au bord des abîmes.

Ce serait une erreur de croire que nous pouvons tout obtenir par la prière, que son efficacité est assez grande pour détourner de nous les épreuves inhérentes à la vie. La loi d'immuable justice ne saurait se plier à nos caprices. Les maux que nous voudrions éloigner de nous sont parfois la condition nécessaire de nos progrès. Les supprimer aurait pour effet de rendre notre vie stérile. D'autre part, comment Dieu pourrait-il accéder à tous les désirs que les hommes expriment dans leurs prières? La plupart d'entre eux sont incapables de discerner ce qui leur convient, ce qui leur serait le plus profitable. Certains demandent la fortune, ignorant qu'elle serait un malheur pour eux, en donnant un libre essor à leurs passions.

Dans la prière qu'il adresse chaque jour à l'Éternel, le sage ne demande pas que sa destinée soit heureuse ; il ne demande pas que la douleur, les déceptions, les revers soient écartés de lui. Non ! ce qu'il désire, c'est connaître la loi pour mieux l'accomplir ; ce qu'il implore, c'est l'aide d'en haut, le secours des Esprits bienveillants, afin de supporter dignement les mauvais jours. Et les bons Esprits répondent à son appel. Ils ne cherchent pas à détourner le cours de la justice, à entraver l'exécution des divins décrets. Sensibles aux souffrances humaines, qu'ils ont connues, endurées, ils apportent à leurs frères de la terre l'inspiration qui les soutient contre les influences matérielles ; ils favorisent ces nobles et salutaires pensées, ces élans du cœur qui, en les portant vers les hautes régions, les délivrent des tentations et des pièges de la chair. La prière du sage, faite dans un recueillement profond, en dehors de toute préoccupation égoïste, éveille en lui cette intuition du devoir, ce sentiment supérieur du vrai, du bien et du juste, qui le guident à travers les difficultés de l'existence et le maintiennent en communion intime avec la grande harmonie universelle.

Mais la puissance souveraine ne représente pas seulement la justice, elle est aussi la bonté, immense, infinie, secourable. Or, pourquoi n'obtiendrions-nous pas dans nos prières tout ce que la bonté peut concilier avec la justice ? Nous pouvons toujours demander appui et secours aux heures de détresse. Dieu seul sait ce qui est le plus convenable pour nous et, à défaut de l'objet de nos demandes, il nous enverra toujours soutien fluidique et résignation.

.·.

Lorsqu'une pierre vient frapper les eaux, on en voit vibrer la surface en ondulations concentriques. Ainsi le fluide universel est mis en vibration par nos prières et nos pensées, avec cette différence que les vibrations des eaux sont limitées, alors que celles du fluide universel se succèdent à l'infini. Tous les êtres, tous les mondes sont baignés dans cet élément, comme nous le sommes nous-mêmes dans l'atmosphère terrestre. Il en résulte que notre pensée, lorsqu'elle est mue par une force d'impulsion, par une volonté suffisante, va impressionner les âmes à des distances incalculables. Un courant fluidique s'établit des unes aux autres et permet aux Esprits élevés de nous influencer, de répondre à nos appels, des profondeurs de l'espace.

Il en est de même pour les âmes souffrantes. La prière opère sur elles comme une magnétisation à distance. Elle pénètre à travers les fluides épais et sombres qui enveloppent les esprits malheureux ; elle atténue leurs soucis, leurs tristesses. C'est la flèche lumineuse, la flèche d'or perçant leurs ténèbres. C'est la vibration harmonieuse qui dilate et réjouit l'âme oppressée. Quelle consolation pour ces esprits de sentir qu'ils ne sont pas abandonnés ; que des êtres humains s'intéressent encore à leur sort ! Des sons, à la fois puissants et doux, s'élèvent comme un chant dans l'étendue et se répercutent avec d'autant plus d'intensité qu'ils émanent d'une bouche plus aimante. Ils arrivent jusqu'à eux, les émeuvent, les pénètrent profondément. Cette voix lointaine et amie leur rend la paix, l'espoir, le courage. Si nous pouvions mesurer l'effet produit par une prière ardente, par une volonté généreuse et énergique sur ces malheureux, nos vœux s'élèveraient souvent vers les déshérités, les délaissés de l'espace, vers ceux à qui nul ne songe et qui sont plongés dans un morne découragement.

Prier pour les esprits malheureux, prier avec compassion, avec amour, est une des formes les plus efficaces de la charité. Tous peuvent l'exercer, tous peuvent faciliter le dégagement des âmes, abréger la durée du trouble qu'elles ressentent après la mort, par un élan chaleureux de la pensée, par un souvenir bienveillant et affectueux. La prière facilite la désagrégation corporelle, aide l'esprit à se dégager des fluides grossiers qui l'enchaînent à la matière. Sous l'influence des ondes magnétiques que projette une volonté puissante, la torpeur cesse, l'esprit se reconnaît, reprend possession de lui-même.

La prière pour autrui, pour nos proches, pour les infortunés et les malades, quand elle est faite avec un cœur droit et une foi ardente, peut aussi produire de salutaires effets. Même lorsque les lois de la destinée lui font obstacle, lorsque l'épreuve doit être accomplie jusqu'au bout, la prière n'est pas inutile. Les fluides bienfaisants qu'elle porte en elle s'accumulent pour se déverser, à la mort, dans le périsprit de l'être aimé.

« Réunissez-vous pour prier, » a dit l'apôtre (1). La prière faite en commun est un faisceau de volontés, de pensées, rayons, harmonies, parfums, qui se dirige avec plus de puissance vers son but. Elle peut acquérir une force irrésistible, une force capable de soulever, d'ébranler les

---

(1) Actes, XII, v. 12.

masses fluidiques. Quel levier pour l'âme ardente qui met dans cet élan tout ce qu'il y a de grand, de pur, d'élevé en elle ! Dans cet état, ses pensées jaillissent, comme un courant impétueux, en larges et puissants effluves. Parfois, on a vu l'âme en prière se dégager du corps et, ravie en extase, suivre elle-même la pensée bouillonnante qu'elle projetait en avant-coureur vers l'infini. L'homme porte en lui un moteur incomparable, dont il ne sait tirer qu'un médiocre parti. Pour le mettre en œuvre, deux choses suffisent cependant : la foi et la volonté.

Considérée sous ces aspects, la prière perd tout caractère mystique. Elle n'a plus pour but l'obtention d'une grâce, d'une faveur, mais l'élévation de l'âme et son entrée en rapport avec les puissances supérieures fluidiques et morales. La prière, c'est la pensée tendue vers le bien, c'est le fil lumineux qui rattache les mondes obscurs aux mondes divins, les esprits incarnés aux âmes libres et rayonnantes. La dédaigner, c'est dédaigner la seule force qui nous arrache au conflit des passions et des intérêts, nous transporte au-dessus des choses changeantes et nous unit à ce qui est fixe, permanent, immuable dans l'univers. Au lieu de repousser la prière, en raison des abus dont elle a été l'objet, ne vaut-il pas mieux l'utiliser avec sagesse et mesure ? C'est d'une âme recueillie et sincère, c'est avec son cœur qu'il faut prier. Évitons les formules banales en usage dans certains milieux. Dans ces sortes d'exercices spirituels, nos lèvres seules ont remué, notre âme est restée muette. A la fin de chaque jour, avant de nous livrer au repos, descendons en nous-mêmes, examinons avec soin nos actions. Sachons condamner les mauvaises, afin d'en éviter le retour, et applaudissons à ce que nous avons fait d'utile et de bon. Demandons à la suprême Sagesse de nous aider à réaliser en nous et autour de nous la beauté morale et parfaite. Loin de la terre, élevons nos pensées. Que notre âme s'élance, joyeuse et aimante, vers l'Éternel! Elle redescendra de ces hauteurs avec des trésors de patience et de courage, qui lui rendront facile l'accomplissement de ses devoirs, de sa tâche de perfectionnement.

Si, dans notre impuissance à exprimer nos sentiments, il nous faut absolument un texte, une formule, disons :

« Mon Dieu, toi qui es grand, toi qui es tout, laisse tomber sur moi, petit, sur moi qui ne suis que parce que tu l'as voulu, un rayon de ta lumière. Fais que, pénétré de ton amour, je trouve le bien facile, le mal odieux ; qu'animé du désir de te plaire, mon esprit surmonte les obstacles qui s'opposent au triomphe de la vérité sur l'erreur, de la fraternité sur l'égoïsme; fais que, dans chaque compagnon d'épreuves, je voie un frère, comme tu vois un fils en chacun des êtres qui émanent de toi et doivent retourner vers toi. Donne-moi l'amour du travail, qui est le devoir de tous sur la terre, et, avec l'aide du flambeau que tu as mis à ma portée, éclaire-moi sur les imperfections qui retardent mon avancement en cette vie et dans l'autre (1). »

. . . .

Unissons nos voix aux voix de l'infini. Tout prie, tout célèbre la joie de vivre, depuis l'atome qui s'agite dans la lumière, jusqu'à l'astre immense qui nage dans l'éther. L'adoration des êtres forme un prodigieux concert, qui remplit l'espace et monte à Dieu. C'est le salut des enfants à leur Père, l'hommage rendu par les créatures au Créateur. Interrogez la nature dans la splendeur des jours ensoleillés, dans le calme des nuits étoilées. Écoutez la grande voix des océans, les murmures qui s'élèvent du sein des déserts et de la profondeur des bois, les accents mystérieux qui bruissent dans le feuillage, retentissent dans les gorges solitaires, s'exhalent des plaines, des vallons, franchissent les hauteurs, s'étendent dans tout l'univers. Partout, en vous recueillant, vous entendrez l'admirable cantique que la Terre adresse à la grande Ame. Plus solennelle encore est la prière des mondes, le chant grave et profond qui fait vibrer l'immensité, et dont les Esprits seuls comprennent le sens sublime.

(1) Prière inédite, dictée, au moyen de la table, par l'esprit de Jérôme de Prague à un groupe d'ouvriers, au Mans.

LII. — Travail, Sobriété, Continence.

Le travail est une loi pour les humanités planétaires comme pour les sociétés de l'espace. Depuis l'être le plus rudimentaire jusqu'aux esprits angéliques qui veillent aux destinées des mondes, chacun fait son œuvre, sa partie dans le grand concert universel.

Pénible et grossier pour les êtres inférieurs, le travail s'adoucit à mesure que la vie s'affine. Il devient une source de jouissances pour l'esprit avancé, insensible aux attractions matérielles, exclusivement occupé des études les plus hautes.

C'est par le travail que l'homme dompte les forces aveugles de la nature et se garantit de la misère; c'est par lui que les civilisations se fondent, que le bien-être et la science se répandent.

Le travail est l'honneur et la dignité de l'être humain. L'oisif qui profite, sans rien produire, du travail des autres, n'est qu'un parasite. Tant que l'homme est occupé de sa tâche, ses passions se taisent. L'oisiveté, au contraire, les déchaîne, leur ouvre un vaste champ d'action. Le travail est aussi un grand consolateur, un dérivatif salutaire à nos soucis, à nos tristesses; il calme les angoisses de notre esprit et féconde notre intelligence. Il n'est pas de douleur morale, pas de déceptions, de revers qui n'y trouvent un adoucissement; pas de vicissitudes qui résistent à son action prolongée. Le travailleur a toujours un refuge assuré dans l'épreuve, un véritable ami dans la détresse; il ne saurait prendre la vie en dégoût. Mais combien est digne de pitié la situation de celui que les infirmités condamnent à l'immobilité, à l'inaction ! Et quand cet homme a senti la grandeur, la sainteté du travail; que, par delà son intérêt propre, il voit l'intérêt général, le bien de tous et voudrait les servir, c'est là une des épreuves les plus cruelles qui soient réservées à un être vivant.

Telle est, aussi, dans l'espace, la situation de l'esprit qui a manqué à ses devoirs et gaspillé sa vie. Comprenant trop tard la noblesse du travail et la vilenie de l'oisiveté, il souffre de ne plus pouvoir réaliser ce que son âme conçoit et désire.

Le travail est la communion des êtres. Par lui, nous nous rapprochons les uns des autres, nous apprenons à nous aider, à nous unir; de là à la fraternité, il n'y a qu'un pas. L'antiquité romaine avait déshonoré le travail en en faisant le lot de l'esclave. Cela explique sa stérilité morale, sa corruption, ses sèches et froides doctrines.

Les temps actuels ont une tout autre conception de la vie. Ils en cherchent la plénitude dans un labeur fécond, régénérateur. La philosophie des Esprits élargit encore cette conception, en nous indiquant dans la loi du travail le principe de tous les progrès, de toutes les élévations, en nous montrant l'action de cette loi s'étendant à l'universalité des êtres et des mondes. C'est pourquoi nous sommes autorisés à dire : Réveillez-vous, ô vous tous qui laissez sommeiller vos facultés, vos forces latentes. Debout, et à l'œuvre ! Travaillez, fécondez la terre, faites retentir dans les usines le bruit cadencé des marteaux et les sifflements de la vapeur. Agitez-vous dans la ruche immense. Votre tâche est grande et sainte. Votre travail, c'est la vie, c'est la gloire, c'est la paix de l'humanité. Ouvriers de la pensée, scrutez les grands problèmes, étudiez la nature, propagez la science, jetez à travers les foules les écrits, les paroles qui réchauffent, relèvent, fortifient. Que d'une extrémité du monde à l'autre, unis dans l'œuvre gigantesque, chacun de nous fasse effort, afin de contribuer à enrichir le domaine matériel, intellectuel et moral de l'humanité !

*

La première condition pour garder son âme libre, son intelligence saine, sa raison lucide, c'est d'être sobre et chaste. Les excès de table troublent notre organisme et nos facultés; l'ivresse nous fait perdre toute dignité et toute mesure. Leur retour fréquent amène une suite de maladies, d'infirmités, qui nous font une vieillesse misérable.

Donner au corps ce qui lui est nécessaire, afin d'en faire un serviteur utile et non un tyran : telle est la règle du sage. Réduire la somme de ses besoins matériels, comprimer les sens, maîtriser les vils appétits, c'est s'affranchir du joug des forces inférieures, c'est préparer l'émancipation de l'esprit. Avoir peu de besoins est aussi une des formes de la richesse.

La sobriété et la continence vont de pair. Les plaisirs de la chair nous amollissent, nous énervent, nous détournent de la voie de la sagesse. La volupté est comme une mer où l'homme voit sombrer toutes ses qualités morales. Loin de nous satisfaire, elle ne fait qu'attiser nos désirs. Dès que nous la laissons pénétrer en nous, elle nous envahit, nous absorbe et, comme un flot, éteint tout ce qu'il y a dans notre être de lumières, de généreuses flammes. Modeste visiteuse au début, elle finit par nous dominer, par nous posséder tout entiers.

Évitez les plaisirs corrupteurs, où la jeunesse s'étiole, où la vie se dessèche et s'altère. Choisissez de bonne heure une compagne et soyez-lui fidèle. Faites-vous une famille. C'est le cadre naturel d'une existence honnête et régulière. L'amour de l'épouse, l'affection des enfants, la saine atmosphère du foyer sont des préservatifs souverains contre les passions. Au milieu de ces êtres qui nous sont chers et voient en nous leur seul appui, le sentiment de notre responsabilité grandit; notre dignité, notre gravité s'augmentent; nous comprenons mieux nos devoirs et, dans les joies que cette vie nous procure, nous puisons des forces qui nous en rendent l'accomplissement facile. Comment oser commettre des actes dont nous aurions à rougir sous le regard de notre femme et de nos enfants ? Apprendre à diriger les autres, c'est apprendre à se diriger soi-même, à devenir prudent et sage, à écarter tout ce qui peut salir notre existence.

Vivre seul est coupable. Mais donner sa vie aux autres, se voir revivre en des enfants dont on a su faire des hommes utiles, des serviteurs zélés de la cause du bien, mourir après leur avoir inculqué un sentiment profond du devoir, une connaissance étendue de leurs destinées, c'est là une noble tâche.

S'il est une exception à cette règle, elle sera en faveur de ceux qui, au-dessus de la famille, ont placé l'humanité, et, pour la mieux servir, pour remplir à son profit quelque mission plus haute encore, ont voulu affronter seuls les périls de la vie, gravir solitaires le sentier ardu, consacrer tous leurs instants, toutes leurs facultés, toute leur âme à une cause que beaucoup ignorent, mais qu'eux ne perdent jamais de vue.

La sobriété, la continence, la lutte contre les séductions des sens ne sont pas, comme le prétendent les viveurs, un manquement aux lois naturelles, un amoindrissement de la vie; au con-

traire, elles révèlent en celui qui les observe et
les poursuit une entente profonde des lois supérieures, une intuition éclairée de l'avenir. Le
voluptueux, séparé par la mort de tout ce qu'il
aimait, se consume en vains désirs. Il hante les
maisons de débauche, recherche les milieux terrestres qui lui rappellent sa manière de vivre.
Ainsi, il se rive de plus en plus aux chaînes matérielles; il s'éloigne de la source des jouissances
pures et se voue à la bestialité, à la nuit.

Mettre ses joies dans les voluptés charnelles,
c'est se priver pour longtemps de la paix dont
jouissent les esprits élevés. Cette paix, la pureté
peut seule nous la procurer. Ne le voyons-nous
pas dès cette vie ? Nos passions, nos désirs en-
fantent des images, des fantômes qui nous poursuivent jusque dans le sommeil et troublent nos
réflexions. Mais, loin des plaisirs menteurs, l'esprit se recueille, se retrempe, s'ouvre aux sensations délicates. Ses pensées s'élèvent vers l'infini.
Détaché par avance des concupiscences infimes,
il abandonne sans regret ses organes usés.

Méditons souvent et mettons en pratique le
proverbe oriental : *Sois pur, pour être heureux,
pour être fort !*

LIII. — L'ÉTUDE.

L'étude est la source de douces et nobles jouissances; elle nous délivre des préoccupations

vulgaires; elle nous fait oublier les meurtrissures de la vie. Le livre est un ami sincère qui nous fait bon visage dans les jours heureux comme dans la mauvaise fortune. Nous parlons du livre sérieux, utile, qui instruit, console, relève, et non du livre frivole qui amuse et, trop souvent, démoralise. On ne se pénètre pas assez du véritable caractère du bon livre. C'est comme une voix qui nous parle à travers les temps et nous raconte les travaux, les luttes, les découvertes de ceux qui nous ont précédés dans le chemin de la vie et, à notre profit, en ont aplani les aspérités.

N'est-ce pas une des rares félicités de ce monde que de pouvoir communier par la pensée avec les grands esprits de tous les siècles et de tous les pays? Ils ont mis dans le livre le meilleur de leur intelligence et de leur cœur. Ils nous conduisent par la main à travers les dédales de l'histoire; ils nous guident vers les hautes régions de la science, de l'art, de la littérature. Au contact de ces œuvres qui constituent le plus précieux des biens de l'humanité, en compulsant ces archives sacrées, nous nous sentons grandir, nous sommes fiers d'appartenir à des races qui ont enfanté de tels génies. Le rayonnement de leur pensée s'étend sur nos âmes, les réchauffe et les exalte.

Sachons choisir de bons livres et habituons-nous à vivre au milieu d'eux, en rapport constant avec les esprits d'élite. Rejetons avec soin les livres immondes, écrits pour flatter les passions basses. Gardons-nous de cette littérature relâchée, fruit du sensualisme, qui répand après elle la corruption et l'immoralité.

La plupart des hommes prétendent aimer l'étude et objectent que le temps leur manque pour s'y livrer. Cependant beaucoup d'entre eux consacrent des soirées entières au jeu, aux conversations oiseuses. On répond aussi que les livres coûtent cher, alors qu'on dépense, en plaisirs futiles et de mauvais goût, plus d'argent qu'il n'en faudrait pour se composer une riche collection d'ouvrages. Et, d'ailleurs, l'étude de la nature, la plus efficace, la plus réconfortante de toutes, ne coûte rien.

La science humaine est faillible et variable. La nature ne l'est pas. Elle ne se dément jamais. Aux heures d'incertitude et de découragement, tournons-nous vers elle. Comme une mère, elle nous accueillera, nous sourira, nous bercera sur son sein. Elle nous parlera un simple et doux langage, dans lequel la vérité apparaîtra sans fard, sans apprêts; mais ce langage paisible, bien peu savent l'écouter, le comprendre. L'homme porte avec lui, jusqu'au fond des solitudes, ses passions, ses agitations intérieures, dont les bruits couvrent l'enseignement intime de la nature. Pour discerner la révélation immanente au sein des choses, il faut imposer silence aux chimères du monde, à ces opinions turbulentes qui troublent nos sociétés ; il faut se recueillir, faire la paix en soi et autour de soi. Alors, tous les échos de la vie publique se taisant, l'âme rentre en elle-même, reprend le sentiment de la nature, des lois éternelles, et communique avec la Raison Suprême.

L'étude de la nature terrestre élève et fortifie la pensée ; mais que dire de la vision des cieux ?

Lorsque la nuit paisible déroule son dôme étoilé et que le défilé des astres commence ; lorsque, des amas stellaires et des nébuleuses, perdues au fond des espaces, la clarté tremblante, diffuse descend sur nous, une mystérieuse influence nous enveloppe, un sentiment profondément religieux nous envahit. Comme les vaines préoccupations se taisent à cette heure ! comme la sensation de l'incommensurable nous pénètre, nous écrase, fait ployer nos genoux ! quelle muette adoration monte de notre cœur !

La terre vogue, faible esquif, dans les champs de l'immensité. Elle vogue, entraînée par le puissant soleil. Partout, autour d'elle, des profondeurs béantes que nul ne peut sonder sans vertige. Partout aussi, à des distances énormes, des mondes, puis encore des mondes, îles flottantes, bercées dans les flots de l'éther. Le regard se refuse à les compter, mais notre esprit les considère avec respect, avec amour. Leurs subtils rayonnements l'attirent.

Énorme Jupiter, et toi, Saturne, qu'entoure

une écharpe lumineuse et que couronnent neuf lunes d'or; soleils géants, aux feux multicolores, sphères innombrables, nous vous saluons du fond de l'espace ! Mondes qui étincelez sur nos têtes, quelles merveilles recélez-vous ? Nous voudrions vous connaître, savoir quels peuples, quelles cités étranges, quelles civilisations s'épanouissent sur vos vastes flancs ! Une intuition secrète nous dit qu'en vous réside le bonheur, cherché en vain ici-bas.

Mais pourquoi douter et craindre ? Ces mondes sont notre héritage. Nous sommes destinés à les parcourir, à les habiter. Nous visiterons ces archipels stellaires, nous en pénétrerons les mystères. Jamais nul terme n'arrêtera notre course, nos élans, nos progrès, si nous savons conformer notre volonté aux lois divines et conquérir par nos actions la plénitude de la vie avec les célestes jouissances qui y sont attachées.

LIV. — L'ÉDUCATION.

C'est par l'éducation que les générations se transforment et s'améliorent. Pour avoir une société nouvelle, il faut faire des hommes nouveaux. Aussi l'éducation de l'enfance est-elle d'une importance capitale.

Il ne suffit pas d'apprendre à l'enfant les éléments de la science. Ce qui est aussi essentiel que de savoir lire, écrire, calculer, c'est d'apprendre à se gouverner, à se conduire en être raisonnable et conscient; c'est d'entrer dans la vie, armé non seulement pour la lutte matérielle, mais surtout pour la lutte morale. Or, c'est là ce dont on s'occupe le moins. On s'attache à développer les facultés et les côtés brillants de l'enfant, mais non ses vertus. A l'école, comme dans la famille, on néglige trop de l'éclairer sur ses devoirs et sur sa destinée. Aussi, dépourvu de principes élevés, ignorant du but de l'existence, le jour où il entre dans la vie publique, il se trouve livré à tous les pièges, à tous les entraînements de la passion, dans un milieu sensuel et corrompu.

Même dans l'enseignement secondaire, on s'applique à bourrer le cerveau des écoliers d'un amas indigeste de notions et de faits, de dates et de noms, le tout au détriment de l'enseignement moral. La morale de l'école, dépourvue de sanction effective, sans but d'ordre universel, n'est qu'une morale stérile, incapable de réformer la société.

Aussi puérile est l'éducation donnée par les établissements religieux, où l'enfant devient la proie du fanatisme et de la superstition, et n'acquiert que des idées fausses sur la vie présente et l'au-delà.

Une bonne éducation morale est rarement l'œuvre d'un maître. Pour éveiller chez l'enfant les premières aspirations au bien, pour redresser un caractère difficile, il faut à la fois de la persévérance, de la fermeté, une tendresse dont le cœur d'un père ou d'une mère est seul susceptible. Si des parents ne réussissent pas à corriger leurs enfants, comment celui qui en a un grand nombre à diriger pourrait-il y parvenir ?

Cette tâche n'est pourtant pas aussi difficile qu'on pourrait le croire. Elle n'exige pas une science profonde. Petits et grands peuvent la remplir, s'ils se sont pénétrés du but et des conséquences de l'éducation. Il faut toujours se rappeler une chose, c'est que ces esprits sont venus vers nous afin que nous les aidions à vaincre leurs défauts et les préparions aux devoirs de la vie. Nous acceptons avec le mariage la mission de les diriger ; accomplissons-la avec amour, mais avec un amour exempt de faiblesse, car l'affection outrée est pleine de danger. Étudions dès le berceau les tendances apportées, par l'enfant, de ses existences antérieures, appliquons-nous à développer les bonnes, à étouffer les mauvaises. Ne leur donnons pas trop de joies, afin qu'habituées de bonne heure au désenchantement, ces jeunes âmes comprennent que la vie terrestre est ardue, qu'il n'y faut compter que sur soi-même, sur son travail, seule chose qui procure l'indépendance et la dignité. Ne tentons pas de détourner d'eux l'action des lois éternelles. Il y a des pierres dans le chemin de chacun de nous : la sagesse seule nous apprend à les éviter.

Ne confiez vos enfants à d'autres que si vous y êtes absolument contraints. L'éducation ne doit pas être mercenaire. Qu'importe à une nourrice qu'un enfant parle ou marche avant tel autre ? Elle n'a ni la fierté, ni l'amour maternels. Mais quelle joie pour la mère aux premiers pas de son chérubin ! Aucune fatigue, aucune peine ne l'arrête. Elle aime ! Faites de même pour l'âme de vos enfants. Ayez encore plus de sollicitude pour elle que pour le corps. Celui-ci s'usera vite et sera jeté au charnier, tandis que l'âme immortelle, rayonnant des soins dont elle aura été entourée, des mérites acquis, des progrès réalisés, vivra à travers les temps pour vous bénir et vous aimer.

L'éducation, basée sur une conception exacte de la vie, changerait la face du monde. Supposons chaque famille initiée aux croyances spiritualistes sanctionnées par les faits, les inculquant aux enfants, en même temps que l'école neutre leur enseignerait les principes de la science et les merveilles de l'univers, bientôt une rapide transformation sociale se produirait sous l'action de ce double courant.

Toutes les plaies morales découlent de la mauvaise éducation. La réformer, la placer sur de nouvelles bases aurait pour l'humanité des conséquences incalculables. Instruisons la jeunesse, éclairons son intelligence ; mais, avant tout, parlons à son cœur, apprenons-lui à se dépouiller de ses imperfections. Souvenons-nous que la science par excellence consiste à devenir meilleur.

LV. — Questions sociales.

Les questions sociales préoccupent vivement notre époque. On s'est aperçu que les progrès de la civilisation, l'accroissement énorme de la puissance productive et de la richesse, le développement de l'instruction n'ont pu éteindre le paupérisme, ni guérir les maux du plus grand nombre. Pourtant, les sentiments généreux et humanitaires ne sont pas éteints. Au cœur des foules couvent d'instinctives aspirations vers la justice, comme le sentiment vague d'une société meilleure. On comprend généralement qu'une répartition plus équitable des biens de la vie est nécessaire. De là, mille théories, mille systèmes divers, tendant à améliorer la situation des classes pauvres, à assurer à chacun au moins le strict nécessaire. Mais l'application de ces systèmes exige de la part des uns beaucoup de patience et d'habileté, de la part des autres un esprit d'abnégation qui fait souvent défaut. Au lieu de cette mutuelle bienveillance qui, en rapprochant les hommes, leur permettrait d'étudier en commun et de résoudre les plus graves problèmes, c'est avec violence et la menace à la bouche que le prolétaire réclame sa place au banquet social : c'est avec aigreur que le riche se confine dans son égoïsme et refuse d'abandonner aux affamés les moindres bribes de sa fortune. Aussi le fossé se creuse, et les malentendus, les convoitises, les haines s'accumulent de jour en jour.

L'état de guerre ou de paix armée qui pèse sur le monde entretient ces sentiments hostiles. Les gouvernements, les États donnent de fâcheux exemples et assument de lourdes responsabilités, en développant les instincts belliqueux, au détriment des œuvres pacifiques et fécondes. Comment pourrait-on réconcilier les classes entre elles, apaiser les passions mauvaises, résoudre les difficiles problèmes de la vie commune, quand tout nous convie à la lutte et que les forces vives des nations sont portées vers la destruction (1) ?

Parmi les systèmes préconisés par les socialistes pour amener une organisation pratique du travail et une sage répartition des biens matériels, les plus connus sont la coopération, l'association ouvrière ; il en est même qui vont jusqu'au communisme. Jusqu'ici, l'application partielle de ces

---

(1) Tout en déplorant les maux causés par la guerre, nous ne tombons pas pour cela dans un « pacifisme » débilitant. Pour assurer l'intégrité morale et matérielle de la France, nous reconnaissons encore la nécessité d'une armée, que les progrès de la civilisation permettront peut-être d'employer un jour à des œuvres d'utilité générale.

systèmes n'a produit chez nous que de maigres résultats. Il est vrai que, pour vivre associés, pour participer à une œuvre dans laquelle des intérêts nombreux s'unissent et se fondent, il faudrait des qualités devenues rares.

La cause du mal et le remède ne sont pas où on les cherche le plus souvent. C'est en vain qu'on s'évertue à créer des combinaisons ingénieuses. Les systèmes succèdent aux systèmes, les institutions font place aux institutions, mais l'homme reste malheureux, parce qu'il reste mauvais. La cause du mal est en nous, dans nos passions, dans nos erreurs. C'est là ce qu'il faut changer. Pour améliorer la société, il faut améliorer l'individu. Pour cela, la connaissance des lois supérieures de progrès et de solidarité, la révélation de notre nature et de nos destinées sont nécessaires, et ces connaissances, la philosophie des Esprits peut seule les donner.

On se récriera peut-être à cette pensée. Croire que ce spiritisme si méprisé peut influer sur la vie des peuples, faciliter la solution des problèmes sociaux, cela est si loin des vues du jour ! Cependant, pour si peu qu'on y réfléchisse, on sera forcé de reconnaître que les opinions et les croyances ont une influence considérable sur la forme des sociétés.

La société du moyen âge était l'image fidèle des conceptions catholiques. La société moderne, sous l'inspiration du matérialisme, ne voit guère dans l'univers que la concurrence vitale et la lutte des êtres, lutte ardente, dans laquelle tous les appétits, tous les instincts sont déchaînés. Elle tend à faire du monde actuel la formidable et aveugle machine qui broie les existences, dans laquelle l'individu n'est qu'un rouage infime et passager, sorti du néant pour y bientôt rentrer. Avec cette notion de la vie, tout sentiment de véritable solidarité disparaît.

Comme le point de vue change, dès que l'idéal nouveau vient éclairer notre esprit, régler notre conduite ! Convaincus que cette vie n'est qu'un anneau isolé de la chaîne de nos existences, un moyen d'épuration et de progrès, riches ou pauvres, nous attacherons moins d'importance aux intérêts du présent. Dès qu'il sera établi que chaque être humain doit renaître bien des fois en ce monde, passer par toutes les conditions sociales, — les existences obscures et douloureuses étant de beaucoup les plus nombreuses, et la richesse mal employée entraînant d'accablantes responsabilités, — tout homme comprendra qu'en travaillant à l'amélioration du sort des humbles, des petits, des déshérités, il travaille pour lui-même, puisqu'il lui faudra revenir sur terre et qu'il a neuf chances sur dix d'y renaître pauvre.

Grâce à cette révélation, la fraternité et la solidarité s'imposent ; les privilèges, les faveurs, les titres perdent leur raison d'être. La noblesse des actes et des pensées remplace celle des parchemins.

Ainsi envisagée, la question sociale changerait d'aspect; les concessions entre classes deviendraient faciles, et l'on verrait cesser tout antagonisme entre le capital et le travail. La vérité étant connue, on comprendrait que les intérêts des uns sont les intérêts de tous, et que nul ne doit être la proie des autres. De là, la justice dans la répartition, et, avec la justice, plus de haine, plus de rivalité sauvage, mais une mutuelle confiance, l'estime et l'affection réciproques, en un mot, la réalisation de la loi de fraternité, devenue la seule règle entre les hommes.

Tel est le remède que l'enseignement des Esprits apporte aux maux de la société. Si quelques parcelles de la vérité, cachées sous des dogmes obscurs et incompréhensibles, ont pu, dans le passé, susciter tant d'actions généreuses, que ne peut-on attendre d'une conception du monde et de la vie, appuyée sur des faits, par laquelle l'homme se sent relié à tous les êtres, destiné comme eux à s'élever par le progrès vers la perfection, sous l'action de lois sages et profondes!

Un tel idéal saura réchauffer les âmes, les porter par la foi jusqu'à l'enthousiasme et faire naître de toute part des œuvres de dévouement, de solidarité, d'amour, qui, en contribuant à l'édification d'une société nouvelle, feront pâlir les actes les plus sublimes de l'antiquité.

La question sociale n'embrasse pas seulement les rapports des classes entre elles, elle concerne aussi la femme de tous rangs, la femme, cette grande sacrifiée, à laquelle il serait équitable de rendre ses droits naturels, une situation digne d'elle, si on veut voir la famille plus forte, plus morale, plus unie. La femme est l'âme du foyer; c'est elle qui représente les éléments de douceur et de paix dans l'humanité. Délivrée du joug de la superstition, si elle pouvait faire entendre sa voix dans les conseils des peuples, si sa part d'influence pouvait se faire sentir, on verrait bientôt disparaître le fléau de la guerre.

La philosophie des Esprits, en enseignant que le corps est une forme d'emprunt et que le principe de la vie est dans l'âme, établit l'égalité de l'homme et de la femme, au point de vue des mérites et des droits. Les spirites font à la femme une large place dans leurs réunions et leurs travaux. Elle y occupe même une situation prépondérante, car c'est elle qui fournit les meilleurs médiums, la délicatesse de son système nerveux la rendant plus apte à remplir ce rôle.

Les Esprits affirment qu'en s'incarnant de préférence dans le sexe féminin, l'âme s'élève plus rapidement de vies en vies vers la perfection. C'est que la femme acquiert plus facilement ces vertus souveraines : la patience, la douceur, la bonté. Si la raison paraît dominer chez l'homme, chez elle, le cœur est plus vaste et plus profond.

La situation de la femme dans la société est généralement plus effacée; elle est souvent esclave; aussi n'en est-elle que plus grande dans la vie spirituelle; car, plus un être est humilié, sacrifié ici-bas, plus il a de mérite devant l'éternelle justice.

Cet argument, toutefois, ne saurait être invoqué par ceux qui prétendent maintenir la femme en tutelle. Il serait absurde de tirer prétexte des jouissances futures pour perpétuer les iniquités sociales. Notre devoir est de travailler, dans la mesure de nos forces, à la réalisation sur terre des vues providentielles. Or, l'éducation et le relèvement de la femme, l'extinction du paupérisme, de l'ignorance et de la guerre, la fusion des classes dans la solidarité, l'appropriation du globe, toutes ces réformes font partie du plan divin, qui n'est autre que la loi même du progrès.

Toutefois, ne perdons pas de vue une chose : l'inéluctable loi ne peut assurer à l'être humain que le bonheur personnellement mérité. La pauvreté sur les mondes comme le nôtre ne saurait entièrement disparaître, car elle est la condition nécessaire de l'esprit, qui doit se purifier par le travail et la souffrance. La pauvreté est l'école de la patience et de la résignation, comme la richesse est l'épreuve de la charité et de l'abnégation.

Nos institutions peuvent changer de forme, elles ne nous délivreront pas des maux inhérents à notre nature arriérée. Le bonheur des hommes ne dépend pas des changements politiques, des révolutions ni d'aucune modification extérieure de la société. Tant que celle-ci sera corrompue, ses institutions le seront également, quels que soient les changements que les événements y apportent. Le seul remède consiste en cette transformation morale dont les enseignements supérieurs nous fournissent les moyens. Que l'humanité consacre à cette tâche un peu de l'ardeur passionnée qu'elle apporte à la politique ; qu'elle arrache de son cœur le principe même de son mal, et les grands problèmes sociaux seront bien vite résolus.

LVI. — La Loi Morale.

Dans les pages qui précèdent, nous avons exposé tout ce que l'enseignement des Esprits nous dit de la loi morale. C'est dans cette révélation que réside la véritable grandeur du spiritisme. Les phénomènes n'en sont que la préface et, par rapport à elle, à peu près ce que l'écorce est au fruit, inséparables dans leur gestation, mais de valeur si différente !

L'étude scientifique doit conduire à l'étude philosophique ; cette dernière est couronnée par la connaissance de cette morale, en laquelle se complètent, s'éclairent et se fondent toutes celles du passé, pour devenir la morale universelle, source de toute sagesse et de toute vertu, mais dont l'expérience et la pratique ne s'acquièrent qu'à la suite d'existences nombreuses.

La possession, la compréhension de cette loi est ce qu'il y a de plus nécessaire et de plus précieux pour l'âme. Elle nous permet de mesurer nos ressources intérieures, d'en régler l'exercice, de les disposer en vue de notre plus grand bien. Nos passions sont des forces, dangereuses lorsque nous en sommes esclaves, utiles et bienfaisantes quand nous savons les diriger ; les dominer, c'est être grand ; se laisser dominer par elles, c'est être petit et misérable.

Lecteur, si tu veux t'affranchir des maux terrestres, échapper aux réincarnations douloureuses, grave en toi cette loi morale, et mets-la en pratique. Ne donne que l'indispensable à l'homme matériel, être éphémère qui s'évanouira à la mort ; cultive avec soin l'être spirituel, qui vivra à jamais. Détache-toi des choses périssables ; honneurs, richesses, plaisirs mondains, tout cela n'est que fumée ; le bien, le beau, le vrai, seuls, sont éternels !

Garde ton âme sans tache, ta conscience sans reproches. Toute pensée, tout acte mauvais attire à toi les impuretés du dehors ; tout élan, tout effort vers le bien augmente tes forces et te fait communier avec les puissances supérieures. Développe en toi la vie intérieure qui nous met en relation avec le monde invisible et la nature entière. Là est la source de notre véritable puissance et, en même temps, celle de jouissances, de sensations exquises, qui iront grandissant à mesure que les impressions de la vie extérieure s'affaibliront avec l'âge et le détachement des choses terrestres. Aux heures de recueillement, écoute l'harmonie qui s'élève des profondeurs de ton être, comme un écho des mondes rêvés, entrevus, et qui parle de grandes luttes morales et de nobles actions. Dans ces sensations intimes, dans ces inspirations ignorées des sensuels et des méchants, reconnais le prélude de la vie libre des espaces, comme un avant-goût des félicités réservées à l'esprit juste, bon et valeureux.

RÉSUMÉ

Pour apporter plus de clarté à cette étude, nous résumerons ici les principes essentiels de la philosophie des Esprits.

I. — *Une divine intelligence régit les mondes. A elle s'identifie la Loi, loi immanente, éternelle, régulatrice, à laquelle êtres et choses sont soumis.*

II. — *De même que l'homme, sous son enveloppe matérielle, sans cesse renouvelée, conserve son identité spirituelle, ce moi indestructible, cette conscience, en qui il se reconnaît et se possède, de même l'univers, sous ses apparences changeantes, se possède et se réfléchit dans une unité vivante qui est son Moi. Le moi de l'univers, c'est Dieu, unité suprême où viennent aboutir et s'harmoniser tous les rapports, foyer immense de lumière et de perfection d'où rayonnent et se répandent sur toutes les humanités Justice, Sagesse, Amour !*

III. — *Tout évolue dans l'univers et tend vers un état supérieur. Tout se transforme et se perfectionne. Du sein des abîmes, la vie s'élève, d'abord confuse, indécise, animant des formes innombrables, de plus en plus parfaites, puis s'épanouit dans l'être humain, en qui elle acquiert conscience, raison, volonté et constitue l'âme, ou l'esprit.*

IV. — *L'âme est immortelle. Couronnement et synthèse des puissances inférieures de la nature, elle contient en germe toutes les facultés supérieures, est destinée à les développer par ses travaux et ses efforts, en s'incarnant sur les mondes matériels, et à monter, à travers des vies successives, de degré en degré, vers la perfection.*

L'âme a deux enveloppes : l'une temporaire, le corps terrestre, instrument de lutte et d'épreuve, qui se désagrège à la mort; l'autre permanente, le corps fluidique, dont elle est inséparable et qui progresse et s'épure avec elle.

V. — *La vie terrestre est une école, un moyen d'éducation et de perfectionnement par le travail, l'étude, la souffrance. Il n'y a ni bonheur, ni malheur éternels. La récompense ou le châtiment consistent dans l'extension ou l'amoindrissement de nos facultés, de notre champ de perceptions, résultant de l'usage bon ou mauvais que nous avons fait de notre libre arbitre, et des aspirations ou des penchants que nous avons développés en nous. Libre et responsable, l'âme porte en soi la loi de ses destinées : dans le présent, elle recueille les conséquences du passé, elle sème les joies ou les douleurs de l'avenir. La vie actuelle est l'héritage de nos vies précédentes et la préparation de celles qui suivront.*

L'esprit s'éclaire, grandit en puissances intellectuelles et morales, en raison du travail effectué, de l'impulsion donnée à ses actes vers le bien et le vrai.

VI. — Une étroite solidarité unit les esprits, identiques dans leur origine et dans leurs fins, différents seulement par leur situation transitoire: les uns à l'état libre dans l'espace, les autres revêtus d'une enveloppe périssable, mais passant alternativement d'un état à l'autre, la mort n'étant qu'un temps de repos entre deux existences terrestres. Issus de Dieu, leur père commun, tous les esprits sont frères et ne forment qu'une immense famille. Une communion perpétuelle et de constants rapports relient les morts aux vivants.

VII. — Les esprits se classent dans l'espace en raison de la densité de leur corps fluidique, corrélative à leur degré d'avancement et d'épuration. Leur situation est déterminée par des lois précises; ces lois jouent dans le domaine moral un rôle analogue à celui que remplissent dans l'ordre physique les lois d'attraction et de pesanteur. La justice règne dans ce domaine, comme l'équilibre dans l'ordre matériel. Les esprits coupables et mauvais sont enveloppés d'une épaisse atmosphère fluidique, qui les entraîne vers les mondes inférieurs, où ils doivent s'incarner pour dépouiller leurs imperfections. L'âme vertueuse, revêtue d'un corps subtil, éthéré, participe aux sensations de la vie spirituelle et s'élève vers les mondes heureux, où la matière a moins d'empire, où règnent l'harmonie, la félicité. L'âme, dans sa vie supérieure et parfaite, collabore avec Dieu, coopère à la formation des mondes, en dirige les évolutions, veille au progrès des humanités, à l'accomplissement des lois éternelles.

VIII. — Le bien est la loi suprême de l'univers et le but de l'évolution des êtres. Le mal n'a pas d'existence propre, il n'est qu'un effet de contraste; c'est l'état d'infériorité, la situation transitoire que traversent tous les êtres dans leur ascension vers un état meilleur.

IX. — L'éducation de l'âme étant l'objet même de la vie, il importe d'en résumer les préceptes en peu de mots :

Comprimer les besoins grossiers, les appétits matériels; se créer des besoins intellectuels et élevés. Lutter, combattre, souffrir au besoin pour l'avancement des hommes et des mondes. Initier ses semblables aux splendeurs du Vrai et du Beau. Aimer la vérité et la justice, pratiquer envers tous la charité, la bienveillance, tel est le secret du bonheur dans l'avenir, tel est le Devoir !

CONCLUSION

Dans tous les temps, des rayons de la vérité ont lui sur l'humanité ; chaque religion en a eu sa part, mais les passions et les intérêts matériels ont bien vite voilé, dénaturé ces enseignements ; le dogmatisme, l'oppression religieuse, les abus de toutes sortes ont jeté l'homme dans l'indifférence et le scepticisme. Le matérialisme s'est répandu partout, amollissant les caractères, altérant les consciences.

Puis, un jour, la voix des Esprits, la voix des Morts s'est fait entendre : la vérité est sortie de nouveau de l'ombre, plus belle, plus éclatante que jamais. La voix a dit : Meurs pour renaître, renais pour grandir, pour t'élever par la lutte et la souffrance ! Et la mort n'est plus un sujet d'épouvante, car derrière elle nous voyons la résurrection. Ainsi est né le spiritisme. A la fois science expérimentale, philosophie et morale, il nous apporte une conception générale du monde et de la vie, basée sur la raison, sur l'étude des faits et des causes, conception plus vaste, plus éclairée, plus complète que celles qui l'ont précédée.

Le spiritisme éclaire le passé, fait la lumière sur les anciennes doctrines spiritualistes et relie des systèmes en apparence contradictoires. Il ouvre des voies nouvelles à l'humanité. En l'initiant aux mystères de la vie future et du monde invisible, il lui montre sa véritable situation dans l'univers ; il lui fait connaître sa double nature, corporelle et spirituelle, et déploie devant elle des horizons infinis.

De tous les systèmes, c'est le seul qui fournisse la preuve objective de la survivance de l'être et indique les moyens de correspondre avec ceux que nous nommions improprement les morts. Par lui, nous pouvons converser avec ceux que nous avons aimés sur terre et que nous croyions à jamais perdus ; nous pouvons recevoir leurs enseignements, leurs conseils. Ces moyens de communication, il nous apprend à les développer par l'exercice.

Le spiritisme nous révèle la loi morale, trace notre ligne de conduite et tend à rapprocher les hommes par la fraternité, la solidarité et la communauté de vues. Il indique à tous un but plus digne et plus élevé que celui poursuivi jusqu'alors. Il apporte avec lui un sentiment nouveau de la prière, un besoin d'aimer, de travailler pour les autres, d'enrichir notre intelligence et notre cœur.

La doctrine des Esprits, née au milieu du dernier siècle, est déjà répandue sur toute la surface du globe. Bien des préjugés, des intérêts, des erreurs en retardent encore la marche, mais elle peut attendre : l'avenir est à elle. Elle est forte, patiente, tolérante et respecte la volonté de l'homme; elle est progressive et vit de science et de liberté. Elle est désintéressée, n'ayant d'autre ambition que de rendre les hommes plus heureux, en les faisant meilleurs. A tous, elle apporte le calme, la confiance, la fermeté dans l'épreuve. Bien des religions et des philosophies se sont succédé à travers les âges, jamais l'humanité n'a entendu de plus puissantes sollicitations vers le bien; jamais elle n'avait connu une doctrine plus rationnelle, plus consolante, plus moralisatrice. Avec elle, le temps des aspirations incertaines, des vagues espérances, est passé. Il ne s'agit plus des rêves d'un mysticisme maladif, ni des mythes enfantés par de superstitieuses croyances; c'est la réalité même qui se dévoile, c'est la virile affirmation des âmes qui ont quitté la terre et communiquent avec nous. Victorieuses de la mort, elles planent dans la lumière, au-dessus de ce monde, qu'elles suivent et guident au milieu de ses perpétuelles transformations.

Éclairés par elles, conscients de notre devoir et de nos destinées, nous avançons résolument dans la voie tracée. L'existence a changé d'aspect. Ce n'est plus le cercle étroit, sombre, isolé, que la plupart des hommes ont cru voir ; pour nous, ce cercle s'élargit au point d'embrasser le passé et l'avenir, qu'il relie au présent, pour former une unité permanente, indissoluble. Rien ne périt. La vie change simplement de forme. La tombe nous ramène au berceau, mais de l'une comme de l'autre sortent des voix qui proclament l'immortalité.

Perpétuité de la vie, solidarité éternelle des générations, justice, égalité, ascension et progrès pour tous : tels sont les principes de la foi nouvelle, et ces principes s'appuient sur le roc de la méthode expérimentale.

Les adversaires de cette doctrine peuvent-ils offrir davantage à l'humanité ? Peuvent-ils plus sûrement calmer ses angoisses, guérir ses blessures, lui procurer de plus douces espérances et de plus grandes certitudes ? S'ils le peuvent, qu'ils parlent, qu'ils fournissent la preuve de leurs dires. Mais s'ils persistent à lui opposer des affirmations démenties par les faits, s'ils ne peuvent offrir à sa place que l'enfer ou le néant, nous sommes en droit de repousser avec énergie leurs anathèmes et leurs sophismes.

.·.

Venez vous désaltérer à cette source céleste, vous tous qui souffrez, vous tous qui avez soif de vérité. Elle fera couler dans vos âmes une onde rafraîchissante et régénératrice. Vivifiés par elle, vous soutiendrez plus allégrement les combats de l'existence ; vous saurez vivre et mourir dignement.

Observez assidûment les phénomènes sur lesquels ces enseignements reposent, mais n'en faites pas un jeu. Songez que c'est une chose sérieuse que de s'entretenir avec les morts, de recevoir d'eux la solution des grands problèmes. Considérez que ces faits vont susciter la plus grande révolution morale que l'histoire ait enregistrée, en ouvrant à tous la perspective ignorée des vies à venir. Ce qui, pour des milliers de générations, pour l'immense majorité des hommes qui vous ont précédés, n'a été qu'une hypothèse, devient pour vous une certitude. Une telle révélation a droit à votre attention et à votre respect. N'en usez qu'avec sagesse, pour votre bien et celui de vos semblables.

Dans ces conditions, les Esprits élevés vous prêteront assistance ; mais, si vous faisiez du spiritisme un frivole usage, sachez que vous deviendriez l'inévitable proie des esprits menteurs, la victime de leurs embûches et de leurs mystifications.

Et toi, ô mon ami, ô mon frère, qui as reçu ces vérités dans ton cœur et qui en connais tout le prix, permets-moi un dernier appel, une dernière exhortation.

Souviens-toi que la vie est courte. Pendant sa

durée, efforce-toi d'acquérir ce que tu es venu chercher en ce monde : le perfectionnement véritable. Puisse ton être spirituel en sortir plus pur qu'il n'y est entré ! Garde-toi des pièges de la chair ; songe que la terre est un champ de bataille, où la matière et les sens livrent à l'âme un perpétuel assaut. Lutte avec courage contre les passions viles ; lutte par l'esprit et par le cœur, corrige tes défauts, adoucis ton caractère, fortifie ta volonté. Élève-toi par la pensée au-dessus des vulgarités terrestres ; ouvre-toi des échappées sur le ciel lumineux.

Souviens-toi que tout ce qui est matériel est éphémère. Les générations passent comme les flots de la mer, les empires s'écroulent, les mondes eux-mêmes périssent, les soleils s'éteignent ; tout fuit, tout s'évanouit. Mais il est trois choses qui viennent de Dieu et sont immuables comme lui, trois choses qui resplendissent au-dessus du miroitement des gloires humaines, c'est la Sagesse, la Vertu, l'Amour ! Conquiers-les par tes efforts, et, en les atteignant, tu t'élèveras au-dessus de ce qui est passager, transitoire, pour jouir de ce qui est éternel !

FIN

TABLE DES MATIÈRES

Introduction	1

Première Partie. — Croyances et Négations.

I. Les Religions. La Doctrine secrète	9
II. L'Inde	22
III. L'Egypte	39
IV. La Grèce	47
V. La Gaule	61
VI. Le Christianisme	73
VII. Matérialisme et Positivisme	107
VIII. La Crise morale	116

Deuxième Partie. — Les grands Problèmes.

IX. L'Univers et Dieu	131
X. L'Ame immortelle	157
XI. La Pluralité des existences	162
XII. Le But de la vie	169
XIII. Les Épreuves et la Mort	174
XIV. Objections	180

Troisième Partie. — Le Monde invisible.

XV. La Nature et la Science	186
XVI. Matière et force. Principe unique des choses	189
XVII. Les Fluides. Le Magnétisme	192
XVIII. Phénomènes spirites	198
XIX. Témoignages scientifiques	201
XX. Le Spiritisme en France	216
XXI. Le Périsprit ou Corps fluidique	226
XXII. Les Médiums	232
XXIII. L'Évolution animique et périspritale	239
XXIV. Conséquences philosophiques et morales	241
XXV. Le Spiritisme et la Science	244

XXVI. Dangers du Spiritisme 247
XXVII. Charlatanisme et Vénalité. 251
XXVIII. Utilité des études psychologiques. . 255

Quatrième Partie. — **L'Au-delà.**

XXIX. Connais-toi toi-même 260
XXX. La dernière Heure 262
XXXI. Le Jugement. 267
XXXII. La Volonté et les Fluides 271
XXXIII. La Vie dans l'Espace 280
XXXIV. L'Erraticité 284
XXXV. La Vie supérieure. 286
XXXVI. Les Esprits inférieurs 300
XXXVII. L'Enfer et les Démons 307
XXXVIII. Action de l'homme sur les Esprits malheureux 310
XXXIX. Justice, Solidarité, Responsabilité . 313
XL. Libre Arbitre et Providence . . . 319
XLI. Réincarnation 323

Cinquième Partie. — **Le droit Chemin.**

XLII. La Vie morale 330
XLIII. Le Devoir 335
XLIV. Foi, Espérance, Consolations. . . 340
XLV. L'Orgueil, Richesse et Pauvreté . . 345
XLVI. L'Égoïsme. 353
XLVII. La Charité 359
XLVIII. Douceur, Patience, Bonté 368
XLIX. L'Amour 373
L. Résignation dans l'Adversité . . . 377
LI. La Prière 390
LII. Travail, Sobriété, Continence. . . 400
LIII. L'Étude 405
LIV. L'Éducation 409
LV. Questions sociales. 413
LVI. La Loi morale 420

Résumé 423
Conclusion 428

Fin de la table des matières

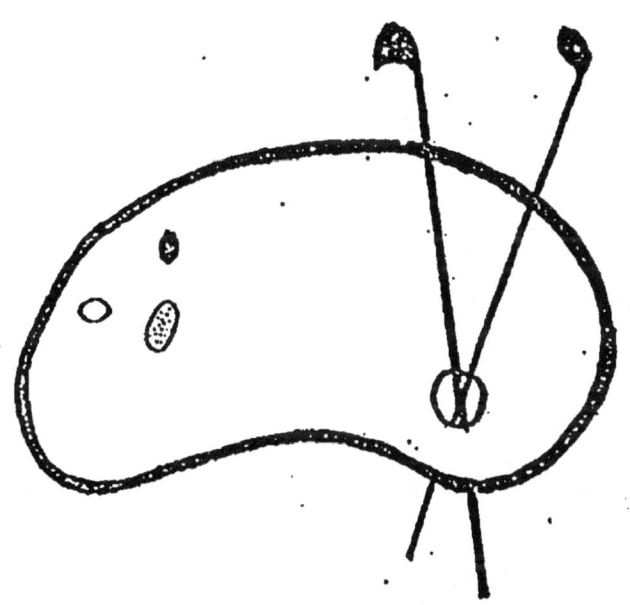

ORIGINAL EN COULEUR
NF Z 43-120-8

www.ingramcontent.com/pod-product-compliance
Lightning Source LLC
Chambersburg PA
CBHW060928230426
43665CB00015B/1870